# 小清新旅行地TOP50

Xiaoqingxin Lüxingdi Top50

《旅游圣经》编辑部 著

人民交通出版社股份有限公司
China Communications Press Co.,Ltd.

**图书在版编目（CIP）数据**

小清新旅行地TOP50 / 《旅游圣经》编辑部著. --
北京 : 人民交通出版社股份有限公司, 2015.5
ISBN 978-7-114-12066-4

Ⅰ. ①小… Ⅱ. ①旅… Ⅲ. ①旅游指南－中国 Ⅳ.
①K928.9

中国版本图书馆CIP数据核字(2015)第030360号

**内容提要**

二十余位旅行达人历经多年时间遍寻中国大地上的美景，为读者奉上心血之作。资深作者以TOP50的精选形式，把他们认为最值得推荐的50个小清新旅行地倾情介绍给读者。同时，作者还提供了鲜活的私人食宿攻略及最新交通旅游图，为读者提供食宿行的方便。这是一本完善的私人旅行指南。

**书　　名**：**小清新旅行地TOP50**
**著 作 者**：《旅游圣经》编辑部
**策划编辑**：毛　鹏
**责任编辑**：徐　菲　李秀平
**出版发行**：人民交通出版社股份有限公司
**地　　址**：（100011）北京市朝阳区安定门外外馆斜街3号
**网　　址**：http://www.ccpress.com.cn
**经销电话**：（010）59757615、59757988
**总 经 销**：人民交通出版社股份有限公司发行部
**经　　销**：各地新华书店
**印　　刷**：北京市凯鑫彩色印刷有限公司
**开　　本**：880×1230 1/32
**印　　张**：10
**版　　次**：2015年5月 第1版 第1次印刷
**书　　号**：ISBN 978-7-114-12066-4
**定　　价**：39.00元
**审 图 号**：GS（2015）432 号


本书中国国界线系按照中国地图出版社1989年出版的1：400万《中华人民共和国地形图》绘制

# 前 言

这是一个优秀的旅游图书原创团队。《旅游圣经》团队于2005年成立，二十余位作者均为资深背包客，主要成员多为硕士以上学历。从那时起，团队分批委派作者赴全国各地采线，从草长莺飞的江南到冰天雪地的塞北，从风光旖旎的东部海滨到充满神秘的雪域高原，短短几年间，走过了许许多多的城镇、村庄和山川，完成了对全国所有重点旅游地区的采线，近年来又不断丰富和完善。至今已在多家出版社出版三十余本旅游图书，深受广大驴友好评。

这是一本荟萃了《旅游圣经》团队心目中最值得推荐的50个小清新旅行地的书。"小清新"代表了一种清新、唯美、文艺的生活方式，深受清新风格影响的年轻人都被称为"小清新"。"小清新"近年已成为一种时尚的文化现象，成为很多年轻人特别是80后、90后女孩正在实践的生活方式。在当今物欲横流的社会里，小清新不随大流，追求内心的宁静，拥有自己独特的生活方式和态度，喜欢独自旅行，偏爱小清新风格的景点、客栈、餐厅。

《旅游圣经》团队的九位旅行达人在走遍中国后，精心挑选了最适合小清新的50个地方，紧扣小清新风格，关注小清新热点。每篇文章不仅文字优美，充满了作者鲜活的私人体验，而且具备精心的视角，对每个地方的交通、美食、住宿做出了星级评判，并提供了贴心的小攻略。我们以此书奉献给所有热爱生活、热爱旅行的小清新们。

《旅游圣经》编辑部

## 《小清新旅行地TOP50》主要作者

陈玉贞　自由撰稿人，攒了钱就到处溜达。待在一个地方久了，然后琢磨着下一站去哪里。没什么特别的爱好，爱吃爱玩爱聊天，有时安静有时热闹，爱聊天，爱撒野。旅行中爱喝酒，爱交新朋友。著有《老上海新上海》。

王　蔚　热爱行走的天秤座女子。走未曾走过的路，看没有看过的风景，遇见不一样的人和世界。喜欢路上的风景，更爱有故事的旅行。著有《恋恋四川》等书。

冯　丹　一路打工旅行，穿过南中国，停在盛夏的藏地，翻过喜马拉雅山麓造访沙漠古堡，走过南亚的雨季和阿拉斯加的冰天雪地；在马尔代夫做旅游代理，在环游世界豪华游轮上做翻译，在南太平洋深处的海岛做导游……心向远方，走走停停。

胡海燕　网名金陵娘子，女，中文系毕业，生在西北，长在南京，生活在广州，从事过媒体、广告行业，2000年开始"驴行"生涯。性情淡泊、闲散，无甚大志，但求随心所欲，如闲云野鹤一般欢度短暂人生。著有《最美云南》等书。

梅　梅　网名"叮当"，出生于贵州遵义的摩羯座女子。曾就职于高校和科研机构，最终选择自由职业。在厦门生活近二十年，现居北京。旅行已经成为生活的一部分。著有《一个人旅行，直到世界尽头》等书。

关巧巧　一个七十年代出生在广西一个悠远小镇的小女子。远方，永远有一份诱惑，去过之后，总能收获一份淳朴，一份自然，一份感动。这就足够了。著有《西藏——走出来的旅行指南》。

王晓雨　酷爱旅行，喜欢行走。在漫漫长路上走走停停，在路上体味成长，在路上学会宽容。著有《湘西旅游圣经》等书。

韩天雪　十余年自助旅行经历，走出自己内心的海阔天空。喜欢享受行走的自由，感受生活的领悟，用文字记录下成长的印迹。著有《十年旅行》。

陈惊鸿　清华大学中文系硕士，现为国内知名地理杂志编辑。旅行对她而言，是一种清澈的激情。著有《桂林旅游圣经》。

# 目录

**北京／2**

**北京交通旅游图／2**

南锣鼓巷——玩的就是味道／4

方家胡同——源于自然，归于自然／10

五道营胡同——花下醉眠一场／16

后海——吃货的愉悦感／22

798艺术区——京城里的前卫艺术／28

**上海／34**

**上海交通旅游图／34**

武康路——逗着春意扫街／36

田子坊——时尚艺术和老上海生活／42

新天地——城市记忆的碎片／48

M50创意园区——被艺术设计围城／54

衡山路——看上海的流彩与流年／58

复旦大学——从相辉堂到燕园／62

**江苏／66**

**江苏交通旅游图／66**

南京颐和路——情迷忧患之城／68

南京秦淮河——浆声灯影下的六朝烟月／74

苏州平江路——三里桐花照眼明／80

周庄——花间一壶酒／86

福建／92

**福建交通旅游图／92**

厦门鼓浪屿——时间是用来浪费的／94

厦门曾厝垵——风来有心算日月／98

厦门大学——缅怀年少时光／104

浙江／110

**浙江交通旅游图／110**

西塘——半壕春水一城花／112

乌镇——心静处是我家／118

千岛湖——玉盘珠贝离人泪／124

西湖——寻找属于你的西湖／130

西溪湿地——西溪且留下／134

云南／138

**云南交通旅游图／138**

昆明翠湖——让烦恼随红嘴鸥消逝无踪／140

昆明文化巷——清新可爱的美女街／144

双廊——简单的生活如此馥郁／148

束河——幽幽古道闻茶香／156

大理——小清新的天空之城／162

丽江——嘀嗒嘀嗒的惬意／168

和顺——人家尽在画图中／174

泸沽湖——干净的笑脸和透明的心／180

# 目录

**海南／188**

**海南交通旅游图／188**

三亚海滨——北纬十八度的梦幻蓝／190

三亚亚龙湾森林公园——尽赏天堂景致／196

文昌东郊椰林——独享那片最宁静的海／202

**广西／208**

**广西交通旅游图／208**

阳朔西街——寻找你的小王子和狐狸／210

北海老街——斑驳老墙下的恬淡闲散／216

**四川／220**

**成都交通旅游图／220**

成都宽窄巷子——感受名城慢生活／222

成都锦里——蕴含传统文化和三国风情的商业街／228

**西藏／232**

**西藏交通旅游图／232**

拉萨八廓街——你我都是路人甲／234

鲁朗——当江南水乡邂逅瑞士风情／240

**其他** / 246

江西婺源思溪村——青色山水润笔忙 / 246

新疆伊犁河谷——万亩薰衣草的魅力 / 254

湖北武汉大学——凋零也好，此刻盛开 / 260

湖南凤凰——文艺气息与浪漫情怀 / 266

内蒙古呼伦贝尔草原——把远方的远归还草原 / 274

哈尔滨太阳岛——秋日暖阳下的浪漫 / 286

重庆磁器口——繁华与寂寞共存的古镇 / 290

甘肃郎木寺——忘却红尘归处 / 296

天津五大道——重拾斑驳历史 / 302

青岛八大关——迷失在浪漫古典中的老街区 / 306

# 图　例

| | |
|---|---|
| 北京市 | 首都 |
| 西安市 | 省级行政中心　外国首都 |
| 青岛市 | 地级行政中心　外国主要城市 |
| 玉树市 | 州　盟　地区行政中心 |
| 朝阳区 | 县级行政中心 |
| 宝山镇 | 主要乡镇 |
| 大营村 | 村庄外国、一般城镇 |
| | 河流　湖泊 |
| 738（米） | 山峰及高程 |
| | 港口　机场 |
| | 世界遗产　国家级风景名胜区 |
| | 自然保护区　森林公园 |
| | 地质公园　一般景区景点 |

| | |
|---|---|
| | 已通高速公路 |
| | 未通车高速公路 |
| G1 主线　G91 地区环线　GW4 并行线　G1011 联络线 | 国家高速网编号 |
| 312 | 国道及编号 |
| | 省道 |
| 隧道　桥梁 | 县乡道 |
| | 铁路 |
| 未定 | 国界 |
| 未定 | 省级界 |
| | 特别行政区界 |
| | 地区界　军事分界线 |
| | 长城 |

北京
上地信息产业基地
百家水度假山庄
北京植物园
中国蜜蜂博物馆
香山公园
玉峰桥
功德寺桥
昆明湖
圆明园展览馆
福海
曙光科技园
清华大学
北京大学
中关村
海淀桥
四海桥
蓝靛厂桥
八大处公园
杏石口桥
五路站
定慧桥
玉渊潭公园
田村山
北京北站
北京西站
西直门桥
阜成门桥
复兴门桥
广安门站
莲花池公园
丽泽长途汽车站
北京南站
丰台站
丰台西站
丰台南站
长辛店站
大宁水库
世纪森林公园
中国人民大学
紫竹院公园
航天桥
金沟河桥
五棵松桥
岳家楼桥
六里桥
新发地长途汽车站
北京汽车博物馆
总部基地·金融港
花乡桥
万柳桥
玉泉营桥
宛平桥
卢沟桥医院
大瓦窑桥
京原一号桥
京原二号桥
衙门口桥
八角桥
鲁谷桥
晋元桥
西黄村桥
闵西桥
香泉桥
卢师山
马家楼桥
公益西桥
中国农业大学
北京体育大学
北京师范大学
北京航空航天大学
清河
上清桥
学院桥
北沙滩桥

大屯路
温榆桥
管头桥
仰山桥
北苑桥
顾家庄桥
来广营西桥
来广营桥
广顺桥
广泽桥
五环路服务区
北湖渠桥
湖光桥
望和桥
望京桥
四元西桥
四元桥
东风北桥
五元桥
大山桥
环铁北桥
酒仙桥北路
798艺术区
电子城创新产业园
中国电影博物馆
北京航空航天模型博物馆
中国铁道博物馆
中国延安精神展馆
首都机场高速
机场第二高速
东坝医院
七棵树桥
三元桥
三元西桥
三元东桥
燕莎桥
太阳宫桥
和平西桥
安慧桥
朝阳公园
星火站
平房桥
姚家园路
东坝郊野公园
东四十条
东直门
农展桥
全国农业展览馆
长虹桥
朝阳公园桥
朝阳公园南路
红领巾北桥
中科创意产业园
国美第一城
市电话局
朝阳桥
朝阳医院
京广桥
红领巾桥
慈云寺桥
光华桥
四惠桥
远通桥
高碑店桥
双桥
双会桥
管庄中医院
中国传媒大学
国际交流中心
北京站
建国门桥
国贸桥
大望桥
华贸桥
四惠长途汽车站
北京东站
八王坟长途汽车站
百子湾桥
双桥站
东便门桥
双井桥
广渠门桥
光明桥
劲松桥
潘家园桥
华威桥
十里河桥
大郊亭桥
窑洼湖桥
四方桥
厚俸桥
弘燕桥
工大桥
王四营桥
五方桥
东马各庄桥
黑庄户桥
定辛庄桥
景泰蓝工业旅游区
北京工业大学
天坛公园
龙潭公园
永定门
左安门桥
玉蜓桥
分钟寺桥
方庄桥
刘家窑桥
赵公口桥
小武基桥
化工桥
十八里店桥
十八里店南桥
小红门桥
大红门东桥
大红门桥
榴乡桥
九孔闸桥
红寺桥
肖村桥
庑殿桥
旺兴湖桥
永乐工业园
六合园
六道口桥
康化桥
京津城际铁路
京津塘高速
大羊坊桥
横街子村商业街
亦庄医院
中华航天博物馆
蓝天工业园
新城工业园
新瀛工业园
西京工业园
光联工业园
国际企业文化园
东石村桥
亦庄高铁站
京沈高速
京津高速
直辖市政府

北京 · BEIJING

# 南锣鼓巷

*Nanluogu Xiang*

## ——玩的就是味道

小清新指数

★★★★★

交通指数 ★★★★★

美食指数 ★★★★★

住宿指数 ★★★★☆

胡同坠斜阳

作者手记

1. 南锣鼓巷4小时路线：平安大街——北平咖啡——雨儿胡同——通惠河玉河遗址公园——帽儿胡同——南锣鼓巷主街——菊儿胡同——鼓楼东大街——若水堂——宝钞胡同——钟鼓楼——后海。
2. 北平国际青年旅舍位于南锣鼓巷113-2号，电话：010-64013961。这家青年旅舍超级火爆，建议提早一周订房。
3. 南锣鼓巷美食多多，除了文中提到的之外，再推荐几家：炒豆合作社（宽街炒豆胡同）、锣鼓洞天（南锣鼓巷104-1号）、醉虹楼（帽儿胡同39号）、铃木食堂(小菊儿胡同77号)。

# 解读⊟南锣鼓巷

南锣鼓巷位于北京市东城区的西部，是我国唯一完整保存着元代胡同院落肌理、规模最大、品级最高、资源最丰富的棋盘式传统民居区。这南北走向约800米的南锣鼓巷街区，北边为鼓楼东大街，南边是地安门东大街，西边为地安门外大街，东边是交道口南大街。明清以来，这里居住过许多达官贵人、社会名流，从明朝将军到清朝王爷，从文学大师到画坛巨匠。可以说，这里的每一条胡同都留下了历史的痕迹。现在，胡同里遍布创意小店、餐厅、酒吧、咖啡馆，可谓小清新圣地。

**地理位置**：北京市东城区交道口（地安门东大街与鼓楼东大街之间）

**推荐理由**：四合院、小民居，敞开的小开间门脸儿，各种精致的小玩意儿，传统元素与现代元素交织在一起。

**特色看点**：各种文艺小店、四合院的砖雕门楣

过客酒吧

去北京就喜欢在老城区里遛弯，就着一口口顺口的北京调子走，一走就走进了南锣鼓巷。南锣鼓巷的称谓是从明代“罗锅巷”衍变而来的。因其地势中间高、南北低，如一驼背人，故名罗锅巷，后音转为锣鼓巷。打从多年前起，大大小小的创意店咖啡店就落进这条巷子的怀抱。

南锣鼓巷主流的店多，非主流也不少，光读着墙上稀奇古怪的字眼，趣味就是重重。或许抵御现实的能耐，就在于想象力的无限伸张。对联上的严肃活泼加团结紧张，骑自行车的毛主席，印在T恤或“茶缸子”上的老地铁二号线票，卖衣服的店旁非要扯上一块“这儿没有玉米汁”的招牌。各色有趣的小玩意儿堆满了架子，乱中有序地等着阳光晒，等着你来买。看似黑胶唱片的物件拆出来不过是个本子。七大洋八大海的语言在这里交汇，英语德语西班牙语到正宗北京话和川味十足的“幺妹儿，好多钱”，总叫人十分容易迷失在这段小小的街巷里。我甚至还找到了几十年前卖到大红大紫的“万紫千红”护手油，这又叫我十分不明白南锣鼓巷里关于时空穿越的定义，数十年前的场景似乎在同一个维度完整地交合到了一起，你中有我，我中有你，至死难分。

火柴店是出名的，它说：“也许有些人，不顾一切地颠倒全世界，去换来同一个世界的感觉。”一家出名后，其他家是陆陆续续跟上的，就像是跟着一面洋溢着无限战意的旗帜，现在有三家：火柴时代、火柴语录、火柴天堂。全场几乎都是十块钱三大盒的火柴，买回去摆着也好，点烟也好，口号是鲜亮的，现实是骨感的。这让我想起一个很喜欢攒火柴的朋友，去每一个地方都淘换回火柴，红色的，黑色的，绿色的，酒店的有，KTV的有，高尔夫的也有，大大小小地摞进大盘子，没事扒拉扒拉。他说，好歹也算是知道自己曾去过什么地方，因为有时记忆作假，会跑丢。

交 通

乘地铁六号线南锣鼓巷站下车即到。

文艺小店

又有山东戗面，是块小小的牌子。阴雨天的时候发现的，一看见“戗”字，就觉得铁马冰河的杀气滚滚而来，顿时豪气生得猛烈。大踏步地进去吃了碗热的，果然蒸得人全身是汗，精神百倍，哪管它阴雨天色凄凄惨惨，士气大振继续扫街。扫街在阴雨天是灰的，颜色都不鲜亮，也不透彻，好在小清新们很爱这里，没事就自己搞点植物来，花花草草的，相机下的颜色也好看起来。

人多的时候奔过客去。过客是个餐厅的名字，最早在南锣鼓巷里亮出招牌。PIZZA最有名，尼泊尔风情的饮料小吃拐带了许多喜欢在庭院里进餐的小清新们。主人家喜欢亮招牌的，这些年曾奔过的大大小小的地界特别是尼泊尔，留下的照片足够刷满整座墙。我们曾看着照片上的蓝色，明媚的姑娘，许下过一次又一次结伴去尼泊尔的承诺，都不知道还在不在风里飘，跟我们点燃的那些烟喝下的那些酒一样，可能也都不见了。

人少的时候去文字奶酪店，只要你吃得惯北京的奶。店面是丝毫不起眼的，不知情的人绝对不明白这家店在南锣鼓巷的意义。从双皮奶到奶卷儿，从奶酪到杨梅豆腐，一年四季特供的酸梅汤，都不知花去了主人家的多少心思。南锣鼓巷49号，且替它做个小小的广告。可其实它却不差我的推销，你且去，那附近排队最多的一家便是。

也还记得Fancy-Me，架子上挂着一串掐丝的珐琅饰品。近着南端牌楼，物件都和别处的地方不一样。我和一个意大利朋友喝着啤酒抽着spinedoll进去的，先好奇地看了一圈被店主人一路哄到外头抽完烟才进。我们喝了酒后的耐性特别好，一个一个饰品地问店家，哪来的怎么做的，如何做的，什么工艺，跟谁学的。还是店主人脾气好，答得仔细，却也不管我像不像买家，和我们一通白话。说景泰蓝，说掐丝的工艺，说波斯海域的货船们，说法国文艺复兴时期的调调。我于是明白了，店主人估计也同我们一样喝酒了，耐性好得实在过分。年轻人的结识多快，我们拐着店主人家奔着老伍门口的秘籍鸡翅去，夸着他的鸡翅天下第一，每个人生猛地啃了许多鸡翅落肚。

醒来时住在北平国际青年旅舍，南锣鼓巷113-2号。咖啡的暖意烘得人兴高采烈。窗外，青灰色的屋瓦，残损了的砖雕门楣，水墨黄昏又暖色的灯光一起，古窑里的青花瓷残片，蜡染的绚丽颜色。写诗的人，唱歌给自己的人，酒吧里漂浮的金色啤酒泡沫，永远干净的樟树，靠在枣树下的老人们，榆树叶的轻轻匆匆，仿古的飞檐吊脚，飘满樱花的味道。南锣鼓巷，温婉得像偶尔走过的时髦女子。

南锣鼓巷的步调

北京 · BEIJING

# 方家胡同
# *Fangjia Hutong*

## ——源于自然，归于自然

小清新指数

★★★★★

交通指数 ★★★★★

美食指数 ★★★★☆

住宿指数 ★★★★☆

# 解读→方家胡同

方家胡同西起安定门内大街，东至雍和宫大街，北临国子监街，南为交道口。许多明清的建筑已经不在，原是民宅为多，后有方家胡同46号文化创意园区落成，继而聚集了不同艺术领域的实体，有小剧场、文化沙龙空间等机构。沿着方家胡同46号向东走，稀疏分布的特色小店逐一映入眼帘。窄窄的胡同，浓浓的京味儿，让你一整天都沉浸在平静与欣喜中。

**地理位置**：北京市东城区雍和宫大街

**推荐理由**：这里聚集的人都是将艺术视为生活、将生活视为艺术的人。46号小小的院子里集中了剧场、舞蹈团、酒店、设计工作室、咖啡厅、主题餐厅、玩具店铺子等。在这个胡同里，“你溜达着看一看市井生活，溜达到这里看一场演出，然后再到咖啡厅坐一坐，这些都是跟开车无关的，它不需要速度。你来到的是一个以文化为核心的地带，而文化恰恰不是速成的，它是活的。”

**特色看点**：古琴剧场、特色餐厅、人文艺术、蜡染铺子、特色酒吧、特色小店

胡同的阳光

很多时候想起方家胡同，就觉得浑身痒痒。春暖花开的时候不想，那时到处都是去处，唯独秋天冬天舅舅不疼姥姥不爱的时候去。那里不神奇，跟老北京的每一条胡同一样，如果真要说有什么不同，它可能比其他胡同要更像胡同。路窄房旧，早晨有提着马桶的老大爷大妈们，包子香窜在空中，油条豆浆依次排开，是每日上演的早场大戏。北京人爱胡同也恨胡同，外来人爱北京的胡同也恨北京的胡同，这就像是感情到了的时候总爱恨交织那样。你看，天下的事情都可以如此相似，完全不像电视剧里面的那种如有雷同纯属巧合。

方家胡同谈不上抄谁的，自在的很。满街面的店主们有三分之二不求大富大贵，都想得挺实在：这就是我喜欢的调调，这就是我要卖的货，这就是我要守着的店。卖的货不是市面上常常能见到的东西，有些进口，有些原创。然后狗在墙上爬，乌龟在橱窗里叫唤，羊变成图标贴上了墙，在这里谁都能飞天谁都能遁地。想象力无限地张扬，被小店主们一打一打地附赠了数十双翅膀，每个店里飞一次，结果叫人爱不释手。小清新们有多爱这里我不知道，来了一次还有下一回，一个人来还不够，拖好几个朋友一道才是正道理。不单买，还拍照，做成微店，没事就来进几个拿出去卖。卖时一定配上可爱到爆的表情，以促进销售，以至于某些款突然暴红于网络，叫店主大人好一阵进货忙。

作者手记

① 胡同里有贝勒府邸可以看，胡同的13号和15号。

② 方家胡同46号里的猜火车餐厅非常热门，揣着草坪和露台，也揣着文艺青年们对电影的一场青春无悔梦。

③ el nido小酒馆装修得很地中海风，特色的手绘挂在墙上，接受各种包场和活动。老板最喜欢Brewdog Hardcore IPA 、PUNK 啤酒。你当然也可以尝尝看他家的花椒酒，祝你好胃口。

④ 46号剧场（红方黑方剧场）不定期有实验话剧和小型独立音乐人演唱会。

方家胡同46号内的参差咖啡馆

所以你听懂了，方家胡同中三分之二的店主都是这个款。老毒的铁皮玩具店不知道还在不在，我离开已经有小半年了。我想是应该在的，如果老毒没有遭遇到任何需要关店的危机，房东们似乎也没有加多房租的意向，那他必然是在的。所以大概还是会有神采奕奕脸庞笑起来像苹果的女孩子走进去，再抱出大红的铁皮保险箱或是从小格子里掏出铁皮玩具带回家。老毒大概还是一个人默默地画画，看人顺眼了搭几句话再说，“我要画了，你随便玩。”

交通

乘地铁二号线雍和宫站出，南行可到。

充满时尚元素的方家胡同46号

参差咖啡还在，朋友说的。记得他门前的白兔子，也不知道这个四十平方米大小的店面怎么那么留得住人。每次去，都是有些人，不满不空，就像你走钢丝正走到一半的时候瞻前顾后仍是有些路可以走。壁挂书架前常常站着人，半翻着书，撇下再拿一本，挑到心仪的书便走到矮榻附近，软软地一坐。去看书的人多，爱矮榻的人也多，都是一个路数。但矮榻常常都是被早起的鸟儿占着，一占一整天。店主的电话随手写在小黑板上，你问咖啡的来源也可以，你问咖啡豆的做法也可以，你问从这里打包走的咖啡渣还能来点嘛，答案都是积极的。温柔的心思做出来的咖啡不知不觉就带着点自然可亲的味道，卡布，不酸，淡淡奶香，气质大佳。

方家小酒馆应该也在的，好不容易在姑娘群里做出了名声。戒了大口大口喝的清单啤酒，来点斯洛伐克的自酿苦艾酒。虽然比不上梵高那时候的张狂与神采飞扬，看那火焰燃烧的瞬间依稀还能记得点满画板异样的金黄色。深圳的油画村有人模仿的梵高很赞，有次订货人全要向日葵，于是他的画室门口堆了一堆金黄色，热烈如数十个太阳旋舞。水果啤酒也有人爱，从樱桃到蓝莓，从桃子到桑葚，可你若小觑这些甜甜蜜蜜的味道，下场必然是漫天繁星，几乎每瓶的度数都在七八度，若是喝混了更是凄凉。

Paper Talk可能还在胡同东口，带着对纸张的思念与挂怀。来自世界各地的纸张在这里拼接起来，若有图谱，顺着一摸，西能去云南腾冲，南就没了，东似乎也不够分量。于是拿世界其他国家的纸张来凑合，有纸制家具也有手工纸本，整张贩售的纸张也有，记忆可以从蔡伦起，兜一圈就是中国历史的三千年。

也会想念自然法则，一家安静的小杂货店。从日本带回来的各色小玩意和茶杯等道具堆得散漫，到处都是。看起来却好像一只等待你揉头揉身的可爱吉娃娃，有着笨拙地撒娇味道。灵犀坊知道，却很少去，那里手工定制的旗袍和礼服被我归类到三十岁之后将欣喜之的物件，设计感当然足，价格也不低。

还有古琴剧场，巫娜的。每次去，腰包里必然少五十块钱，听风从哪来，月从何升，心从何灭。有诗文之意，有悲伤难解，有铿锵之力，也有细软如绵。琴声的力道并非最好，技巧也并非最为娴熟，却自由。这份自由赋予它更大的灵巧度，不用太多的循规蹈矩，不占太多的方框圆圈，因心而生，又因才尽而灭，不争不夺不抢不让，是为自然。

北京 · BEIJING

# 五道营胡同

## *Wudaoying Hutong*

——花下醉眠一场

小清新指数

★★★★☆

交通指数 ★★★★★

美食指数 ★★★★☆

住宿指数 ★★★★☆

# 解读→五道营胡同

五道营胡同在雍和宫西侧，北邻北二环，南邻国子监街，西接安定门。胡同里是小清新的天堂，安静而平和，有安静的四合院餐馆，有小小的却温馨的甜点店，有原创设计师的服装店、首饰店，有精心挑选的淘品店，有可以交换旧物的交换商品店。

**地理位置**：北京市东城区雍和宫大街

**推荐理由**：五道营胡同里各式店铺争相登场，静谧与热闹轮番上阵。喜爱摄影的人总为这里的"新奇"雀跃着，从颜色搭配到物品本身的质感，从胡同的框架到行走的游人。最受欢迎的小动物是猫儿，三三两两舒坦着。

**特色看点**：特色咖啡馆、异域餐厅、服装店、老胡同、四合院

早年南锣鼓巷的名声响，一家家特色店遍地开花。后来上头来了批文，说这个地方好，咱们整合整合吧。一整合，多了点东西，却也少了点东西。满大街越来越多和别处一样的店铺，从星期一到星期五越来越多的游客填满了整条巷子。那些原本喜欢又清净又小资的店主就不干了，一个一个往外头扩，非得找个称心如意的地方来。

几个老外鬼使神差地选择了五道营胡同，当时这个地方不要说老外，许多北京人都不知道。第一家开的店当然是有名的四合院餐厅葡萄院儿，接着是"耍NATOOKE"的自行车杂耍店。前者渐渐成了五道营胡同的传说，后者也仍然在北京的"死飞"车主中活蹦乱跳。别看如今满淘宝都是死飞单车的广告，传说中国第一家经营固定齿轮自行车店的名号，还是落在"耍NATOOKE"上。

和上海喜欢死飞单车的俱乐部成员一样，这家同样也把简简单单的代步工具玩出了花样。色彩鲜明的车轮被嵌进墙里的感觉，老远一望像是一圈圈彩色的圈圈装饰。死飞先是纽约人的喜好，再跑去日本逛了一圈成为传奇，这才慢慢地招摇来了中国。许多来拼装车子的人，都爱装完后骑着出胡同。可五道营胡同的路实在太窄，一不留神对面来了个几个人，车子就得斜靠地让着。他们的车多半不安刹车，有时急急忙忙了还得靠双脚的帮忙撑着地刹车。久而久之，俱乐部的人都习惯像胡同里的老住户一样，推着手上的自行车出去，一路推出了胡同口才"甩蹬上马"，一路吆喝着出去了。

交通

乘地铁5号线或2号线安定门下车均可到达。

时尚的氛围吸引不少美女来拍摄艺术照

五道营如今也出名了，长久点的铺子今天还在，短点的铺子也要看，有些还坚持，有些不到半年就搬走了。铺子其实并不算多，来来回回的都是那么几十家店铺，这条街总不会为了店铺的数量再加长。不论是店主也好，帮忙的小工也好，在胡同里待了一段时间后就跟老胡同人一样喜欢串门。今天说天气真好啊，咱们聊会天吧；明天说您最近都吃什么了，气色真不错；后天再提一提我昨天前天大前天都干了些什么，您生意怎么样啊？反正日子一天天地过，他们也一天天聊着。你进饰品店见得到服装店的名片，你进服装店见得到餐厅的名片，你进餐厅又见得到饰品店的名片。这胡同里的人似乎都给串到了一块儿，人情味道满满。

这两家店落在胡同里，大爷大妈们出门回来总喜欢惦记着看一眼，玻璃窗玻璃门内的世界怎么就和平日里的不太一样？再后来，咖啡馆多了，设计店多了，原住民却还是原来那一些。当然心思活络的人多半将沿胡同老房子租给了商铺主，一家五六千一个月，带院子的价格还更高些。带院子的老房子，总是受欢迎的，平地添了好大一些情调在里头，可以做阳光房，可以扔出几张椅子几张桌子喝咖啡。总之因为各种小资装修的缘故，它们的价格总被抬得高高的。记得有一年冬天去的五道营，先找了个地方喝咖啡，又找了个地方修指甲。外头风雪虽然没有，可寒气是逼人的，指甲店把暖气都开足了。我坐在沙发上，还裹了一条毯子，抬头看看屋顶，是被挖空的，装了玻璃。这抬眼一瞧，直接望过了玻璃，瞧见楼顶上的那株黄色枝叶。说不出来是什么味道，那树枝儿自己摇晃得开心，不见一点点叶子飞下来，一时暖意袭人得很。店里的人后来告诉我，看着我一点点睡过去的，睡得还挺开心。

我还记得第一次来五道营胡同，完全是不晓得这个名号。朋友一脸卖关子地带着我去了，踩着雪水。我没料到北京下雪，穿的运动鞋很透气，出门发现也透雪，穿久了怕感冒，于是一路窜进了五道营，指望那家有空调什么热东西给烤烤，再买双鞋就是。冬天的胡同没有太多人，又或许是我们早上十点半就光顾的缘故。走在胡同里的人明显都没睡醒，从骨头到身形都是懒散的。两侧的店铺关得严严实实的，却在门口挂一个正在营业的牌子，有点姜太公钓鱼的意思。

**作者手记**

① 600米的胡同里特色小店无数，著名的有沙卵石西餐屋、藏红花西餐厅、交换商店、SAVE AS概念商店、Sattva藏工艺店、小协奏曲笔记本专卖店、朋坐西厨堂、葡萄院儿餐吧、闲散光音餐吧、Vanguard吧等。

② 这里有一家孔夫子国际青年旅舍，在五道营胡同38号（五道营胡同和箭厂胡同东南侧），电话：010-64022082。

③ 胡同东侧即是雍和宫，南侧为国子监街，再向南就到了北新桥簋街一带，可顺便游览。

朋友给拖着去的一家咖啡店，我也忘了名字。他说里面有很多猫，配合的时候很知道怎么当模特。记得在右手边的位置，进胡同大概十几步的样子，上台阶推门，听得一阵风铃响，有个年轻人迎了出来，给招呼到靠胡同的窗口坐下。四把沙发椅，软软地可以陷进去，点了两杯花式咖啡，有两只猫横卧在上。二楼转角处候着看行情的四只猫，一只一只地跟着跑出来，胆子最大的小跑步走到我们桌前一丈的地方，尾巴一甩，坐下继续观望。其他三只分随左右，有的居高临下窜上了书架找了好的观察位，有的胆子小窜在最靠楼梯的沙发上，远远地蹲着，喵呜一声再无响动。半个小时后，我们点的西餐上来，肉肠的香味窜起来，自厨房到我们的座位。那几只猫儿的脑袋就随着年轻人手里的盘子从左转到右，终于小心翼翼地往前靠，最后终于判定我们是无害的，一时松懈下来，懒散地在窗台卧着。一脸期盼看着我等肉吃的是胆子最大的，还有几只被猫儿草草折腾几下就逃跑了。肚子饱了身子暖了后，往窗户外望去，怎么看都是一个天然的取景框，人来人往，只要咔嚓一下就好。

老北京胡同的变迁见证

大杂院里人来人往，提着菜的蹬着老式自行车的居民，铲着雪的环卫工人，买了咖啡奶茶的行人，穿着打扮都很前卫的年轻人，穿着校服笑笑闹闹一路回家的小学生，扛着死飞车出胡同的人，踩着三轮车的送货人，如此交错在窗外，似乎每一个人都有故事。“浓与淡、动与静、中与洋、多与寡、艳与素”，这些在五道营胡同已经找到了自己的位置。

古老的四合院内别有洞天

北京 · BEIJING

# 后海 Houhai

## ——吃货的愉悦感

小清新指数 ★★★★★

交通指数 ★★★★★

美食指数 ★★★★★

住宿指数 ★★★★☆

# 解读→北京后海

后海东起地安门外大街，西至新街口大街，南起平安大街，北至北二环。作为元大都漕运的终点，多少年来后海都是热热闹闹的。有水能观山，垂柳勤拂岸，年代久远的建筑在湖畔安坐，大大小小的胡同绕着湖畔勾连，古老的水域有着讲不完的故事。鸦儿胡同、白米斜街、烟袋斜街、南锣鼓巷，恭亲王府、醇亲王府、宋庆龄故居、郭沫若故居，不过是其中名声略大的地方，后海的精彩需要一点点看。

花园般的宋庆龄故居

说得直白些，去后海当真为吃的缘故多。

后海胡同，四十四号厨房。原是老四合院子，重新装修后是主人喜欢的精致感，重家庭氛围。淘来的老物件很多，大大的吧台是曾经供奉神佛的龛，青砖灰瓦的老房子里，搜罗来的一碗一杯都有传奇。墙上挂着饰品，图片都是主人手作。院子左侧的大厅里，爱靠窗的一排桌椅，常常被午后的阳光喜欢上，长久地流连住。另一旁的书吧也得人喜欢，长卧和圆桌，挂饰和摆满了书籍的书架也同样适合午后安逸的时光。此地的酸汤鱼十分可爱，喜用翠绿的香菜，汤味酸辣味美，是百分之百西红柿发酵的汁液，不同寻常的口感。

又或者去苇林酒阁。“门外鸟啼花香，阁内饭熟酒香”，是主人家赋予的意境，没什么夸张可言。就近着后海，在南岸，隔水看着宋庆龄故居，窜进这座两层的玻璃小楼。远处，从浓郁的松树林和桃树间，隐约见得到餐厅白色的屋顶，里头是落地透窗配上薄纱厚幔，是线条简拙的石狁、精美的石础门墩、斑驳的木匾、雅重的长条供案，是没事就得传承一下的文化气质，是绵软香甜的秘制花生与咸香脆爽的天香萝卜，是香酥爽口的娃娃菜香，是香到骨头的傅氏煨牛肋。有时吃着吃着思绪就飘了，在古色古香的衣柜上绕一圈，看一眼摇头摆尾的小金鱼，摸一下古色古香的老家具，绕一绕二楼的葡萄酒展柜，作罢或是继续，且看半日心情究竟是好是坏。

后海盆菜，是走到烟袋斜街的最爱。且看着人潮往湖边涌，我们却往这盆菜店里走，只因这里的巧思精细动人。先被奶白的浓汤打动，是用牛头加上各种秘制的调料熬制48小时以上而成的浓汤，配墨鱼丸、虾丸以及海螺片收汁，浓郁足够香袭天下。又喜欢上辽参和鲍鱼，也爱墨鱼丸和虾丸，总觉得顺着宫廷秘方吃下肚后又离着海近了一层。

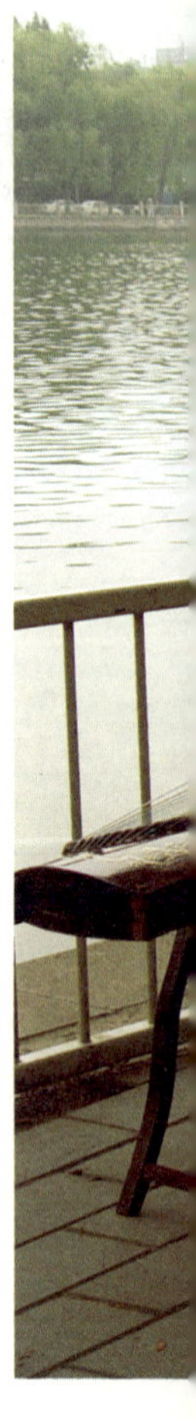

吃完总喜欢顺着烟袋斜街走，有时并不知道彼此在说些什么，但语言翻飞后留在街上的往往是令行人诧异的大笑声。因有朋友在，又有后海的大片水，也不会觉得离了江南水乡是件多令人难过的事情，有时甚至会忘记湿漉漉的空气，忘记杨柳岸晓风残月，后海是能织补一些离乡的不足。

有时喜欢转到荷花市场，那时是夏季。看一团团一簇簇的小小荷叶飘在水上。有时能遇上画画的男生，一个人或者一群人。面前架着画板，衣服上头发上略微留下了曾用过的颜色。他的表情专注，我们经过或驻足，我们微笑或嬉闹都不能影响他们半分。北京城那无休止的快速节奏因他的专注慢下来，脚步不能再匆匆。

秋天来听得到清脆的虫鸣，不管人多人少都叫得欢。人声有时鼎沸到可以遮住虫鸣，有时则单薄些。我更喜欢后者，所谓“清风徐来，

**地理位置**：北京市西城区（地安门外大街和新街口大街之间）

**推荐理由**：后海是老北京的奇葩。在皇城和王府间的这片水域，一直是纨绔子弟的乐园，直到今天，仍是一个京城里难得的好去处。只有这里的北京，有古城风韵，也有昼夜繁华。银锭桥上虽然早就看不见西山，可是后海的水面仍然热闹。

**特色看点**：酒吧、创意名餐、清代老建筑、老胡同、小吃、百年老店、名人故居

水波不兴。”来后海越勤快，越能知道岸边的柳树如何弯腰垂进后海，一点一点，一叶一叶。接着等，等落霞渐渐地自柳梢处收走，等精致的房檐们全都褪色，等到泡妞的小伙子们殷勤地带着姑娘消失在一家家酒吧里，等着手持长枪短炮的哥们全都灭了闪光灯，再等到布鲁斯音乐与摇滚嘶吼的声音弥漫在整条街上，然后一切又都安静了。

有风情的海子

银锭桥边的夏日等待

交通

乘坐地铁6号线北海北站下，向东步行一段可到。

有朋友曾经形容过在后海什么都不干，活生生如此等上数十个小时的滋味。他说这就是生活，会记得在你舒坦的时候摔你一跤，在你没劲的时候拽你一把。他说来吧来吧，日子还长，姑娘还多，有什么想不开的喝一杯思考思考人生的意义，管你是醉一场还是靠着沙发发一场无休止的呆，都随你。他说，只要你记得醒来该干什么就行。说是这样说，他其实最喜欢踩着夕阳到后海，约个朋友谈谈心，喝个啤酒，聊点家常，听歌声四溢。

我也坐在后海堤岸旁，呆呆看过来往的人群。情人，三轮，纹身大哥，天上的乌云，岸边的酒吧，湖上的游船，纪念馆的大红门，门口的垂柳，柳下打球的老人，背吉他的男孩，撞上过宋东野唱《董小姐》，撞上过"清风抚柳之时，众飒蜜半倚栏杆，烟酒相倾，莺嗔燕叱"，撞上过一干资深文青高谈阔论。但这些印象都渐渐地淡了下去，唯独记得冬天某日的后海。

冰车

那时的后海是冰场，被网子分了好几份，冰面上被刮得很平坦，像是一个大大的江湖。有人混战，有人独占山头，有人聚啸山林，一个飙过，顺着一阵寒风扑人面，低下头还有些跌倒爬不起来的初学者，挣扎着，滚动着。那种欢闹嘈杂，那种边滑边跺和连滚带爬的壮烈，一时间令我欢快不已。老北京人和我一样喜欢结冰的后海。阿杰说，从小学起，我每年冬季都被大人带到后海玩冰，把屁股摔成八瓣，然后提着后臀回家。现在听到后海两个字，他仍是感觉好像被人重重地一脚踹在尾巴骨上一样，酸疼酸疼，可又特别想念。大胖描述在后海观滑冰，说眼睛里只剩下红装素裹的姑娘们，看一日看到醉，然后兴高采烈地回家。

## 作者手记

1. 后海周边是适合发呆和晒太阳的，一片片京城灰色传统胡同密集于此，人力车缓缓游走在狭窄细长的胡同里，与老树、老房子还有鲜亮汽车交杂成一种奇特的缠绵。建议坐三轮人力车环绕后海游玩，也可以租自行车慢慢地转悠。
2. 宋庆龄故居原是末代皇帝溥仪的父亲载沣的府邸花园，春天里海棠盛开，牡丹争艳，清新雅致美不胜收。院子不小，大概一个多小时看完，但是如果想在国母的院子里打个秋千晒晒太阳也很写意，眯起眼睛打个盹也非常舒服。说起下午打盹，银锭桥边云海肴也合适，老奶洋芋好吃，临窗位置看得到“海景”。
3. sofa de cafe是我最爱的咖啡馆，在银锭桥胡同10号。小店闹中取静，店主是台湾美食达人。食物特别精致美味，取料新鲜，奶酪红茶是京城独一家，茶香混着奶油的香甜，特别惊艳。初夏傍晚在天台坐坐，看晚霞变幻出美丽色彩，吹着凉凉的夏日小风，很舒坦。

北京 · BEIJING

# 798艺术区

*798 Yishuqu*

## ——京城里的前卫艺术

小清新指数

★★★★☆

交通指数 ★★★★☆

美食指数 ★★★★☆

住宿指数 ★★★☆☆

## 解读→798艺术区

原为国营798厂等电子工业的老厂区所在地，现发展为当代艺术区，曾被美国《时代周刊》评为全球最有文化标志性的22个城市艺术中心之一。该区域西起酒仙桥路，东至京包铁路，北起酒仙桥北路，南至将台路，总面积60多万平方米。本世纪初，有一些艺术家和文化机构率先租用厂房，在保存原有历史文化遗留的前提下，将原有厂房进行了重新设计和改造，逐渐发展成为画廊、艺术中心、艺术家工作室、设计公司、餐饮酒吧等，至今已形成了具有国际化色彩的"SOHO式艺术聚落"和"LOFT生活方式"。

有一多半的北京人大概并不知道798是什么，它在国际上的知名度远远超过它在这座古老城市中的声望，就像当代艺术并不被当代人所欣赏一般，798在很多人心中只是一个怪异的另类的艺术工厂代名词。

### 作者手记

1. 厂区非常大，如果每个地方都想细细逛到大概要一天的时间，一般花上半天时间基本就可以看个大概，建议下午前往，晚上就在厂区内用餐，还可以泡泡酒吧，有时候还能赶上一些小型艺术表演。
2. 这里有一些酒吧和咖啡馆，如微薄之盐，环境很舒适，酒水价格也适中，而且配备了成影设备，为在这里演出的艺人专门拍摄现场视频。"闲着也是闲着"是一家由厂房改成的咖啡厅，香浓的咖啡，免费的无线网络，舒适的沙发，让人很容易就会忘记时间的流逝。
3. 厂区内一家名叫"天下盐"的川菜馆很有特色，装修独特，是仓库原型，墙上贴满了大字报，非常有意思。沈记菜馆是798里面比较老的一家餐馆，店面很有风格，小小的木头招牌，看上去十分有质感，最出名的一道菜是沈记红烧肉。

选择在大山子地区的798老工厂厂区内建立一个艺术聚集地，并不是来源于某种刻意追求的奇思妙想，大片的闲置厂房和相对廉价的租金才是吸引艺术家来此的第一要素。艺术工作者总是清贫而又清高的，在这些画廊和工作室中你所能感受到的是一种极度个人化情绪思想的展示，他们似乎不需要你读懂，不需要你接受，更不奢望任何共鸣。虽然也有作品标上价签，但是商业的买卖并不是这里流通的主旋律，艺术这个字眼终于在金钱面前展现出了更高一等的魔力。

798艺术区厂房

**地理位置：** 北京市朝阳区酒仙桥街道大山子地区

**推荐理由：** 在这里，先锋意识与传统情调共存，实验色彩与社会责任并重，体现了精英与大众的互动。

**特色看点：** 包豪斯建筑、画廊、工作室

这片叫做798的大厂区其实是797、718、798、706、707几个工厂的联合体，曾被称为"新中国电子工业的摇篮"，中国研制的第一颗原子弹和第一颗人造卫星的许多关键元器件都在此生产。如今你走入厂区，外在的格局面貌并没有大的改造，多的无非是一些鲜艳夺目又带有西方文化色彩的广告指示牌。厂房虽然老了破了旧了，可是建筑的灵魂永远是不朽的，由苏联援建、原民主德国负责设计施工的包豪斯建筑风格的轻工业厂房如今依然展现着它独到的魅力。那些挑高十余米的大空间，倾斜的大扇玻璃窗，简洁毫无装饰的红砖墙，四分之一蛋壳状的屋顶隐约让人联想到悉尼歌剧院的帆船造型。可以说，抛开艺术元素的粉饰不提，这片老厂房也依然是值得流连的经典工业建筑。

正是这样的风格建筑吸引了艺术家们高傲的目光，2002年一位美国人率先在这里租下了曾经的回民食堂，开辟了前店后厂的艺术公司，之后艺术群体纷至沓来，机构滚雪球般壮大起来，这样的发展历程无疑和当年美国纽约苏荷区的情况如出一辙。

走在798厂区内，一切都是那样随意和自由，越是不起眼的角落越是藏着新奇古怪的玩意儿，各家画廊工作室都是大门敞开，无论你是欣赏艺术佳作还是摄影猎奇，没人跟你索要门票也没人向你投以猜疑审视的目光。厂区内也仍驻扎着一些电子企业，某些车间还在继续着它们原本的任务，高楼上的烟囱仍然吐着白烟，地上排列的粗管道也在冒着热气，工厂的架构依旧正常地运转，艺术的符号时隐时现，两者似乎毫不搭干，却又在这里得到了和谐的统一。一座大窑炉车间内部早已改头换面，然而包围在车间外的管道依旧，大窑炉的名字也依旧，裸露的钢筋水泥和铁锈斑驳的框架反而成为了现代艺术最好的演绎视角。

706大厂房

当你推开那些锈迹斑斑的大铁门，走过狭长黑暗的小过道，进入某一家工作室敞亮而又空旷的内部空间。你会发现，在这里似乎永远看不到现代风格的装修元素，墙上那些遗留下来的朱红色毛主席语录和大字标语，时不时夹杂着"安全生产"的提示牌，这些无疑就是艺术空间内最好的装饰品，也许只有搞艺术的人才能懂得将这些东西保留并且恰到好处地点缀其中。我们在这里感受到的不仅仅是一种艺术视觉的美感，分明也是与历史瞬间的一场对话，虽然只有短暂的五十余年，却仍然清晰地感受到时代的变迁。

798以形形色色的画廊和个人工作室为主体，油画、雕塑、手工作品、影像、装置，五花八门千奇百怪，一些酒吧、服装店、书店、家具店、演出小剧场等也适时地加入其中，万变不离艺术内涵之宗旨。最值得一看的是706大厂房，这间8000多平方米的厂房是区内最大的展示空间，也是包豪斯建筑风格的经典之作。厂房内横置的管道、红色的大幅标语和几台残留下来的老机床诉说着光阴的流逝，而充斥空间内的大幅色彩跳跃的油画和奇形怪状的雕塑作品又在演绎着强烈的时空穿插感。三层的创意图书馆目前收集了4000余种创意类书籍和影

交通

位于酒仙桥路4号院内，乘坐地铁2号线或13号线在东直门站下车，换乘401、420、405、909、955、991、988路公共汽车可到。如果乘出租车，只能到门口，不能进入厂区。

像，80%为外国原版，全部免费开放，可让你大饱眼福。"时态空间"也是厂区内著名的大厂房，和706有异曲同工之妙，屋顶上"毛主席万岁万万岁"的大红标语几乎成为了798最负盛名的代表作。他的主人叫徐勇，可是一位曾以拍摄老北京胡同闻名的摄影家呢。

如今798的艺术区已被冠上了显赫的"国际"字样，它用前卫艺术这样一条途径向世界传达着来自北京乃至中国的心声：在古老的传统文明熏陶中同样升腾着可与国际接轨的艺术奇葩。

雕塑作品

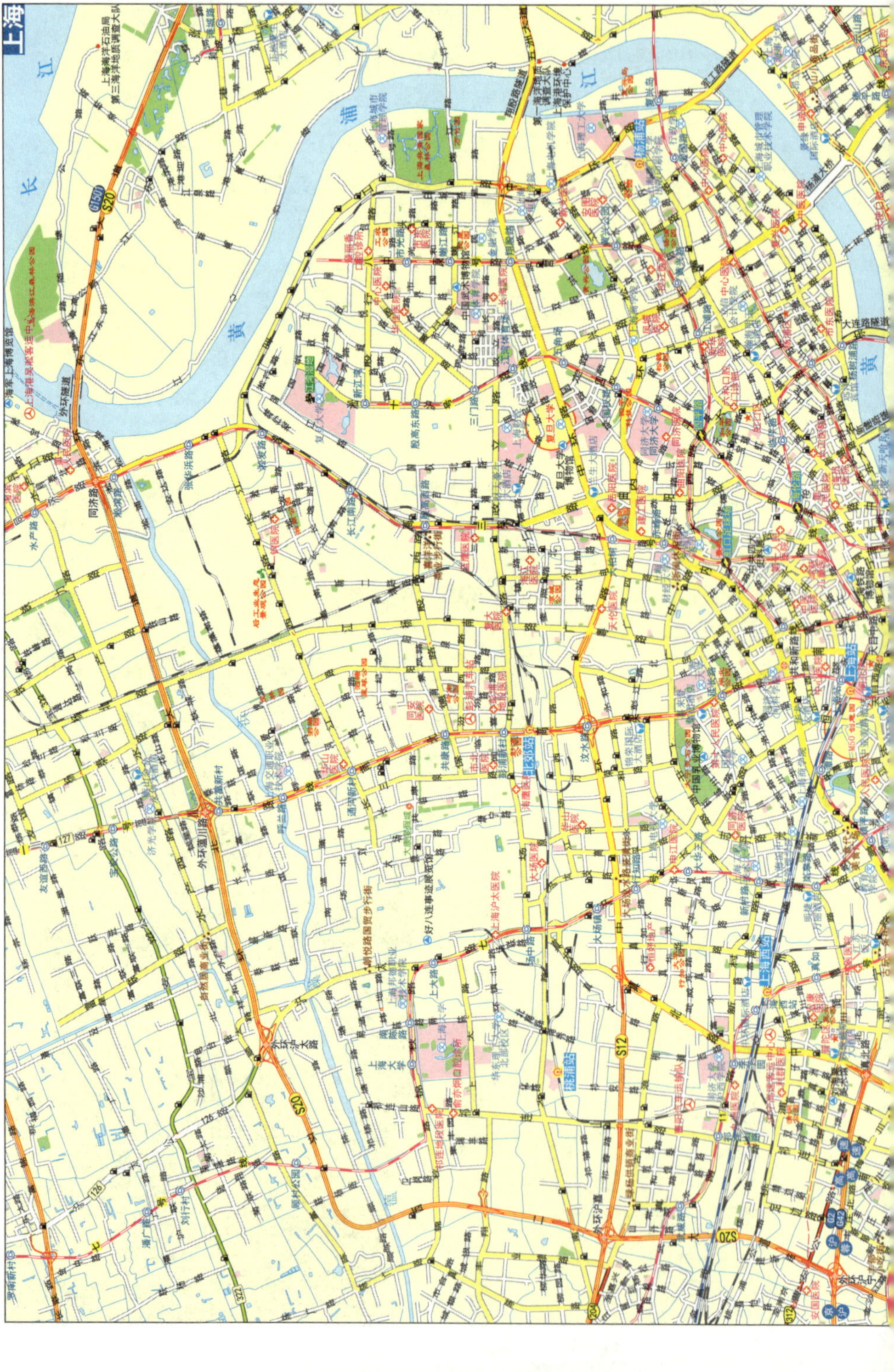
上海

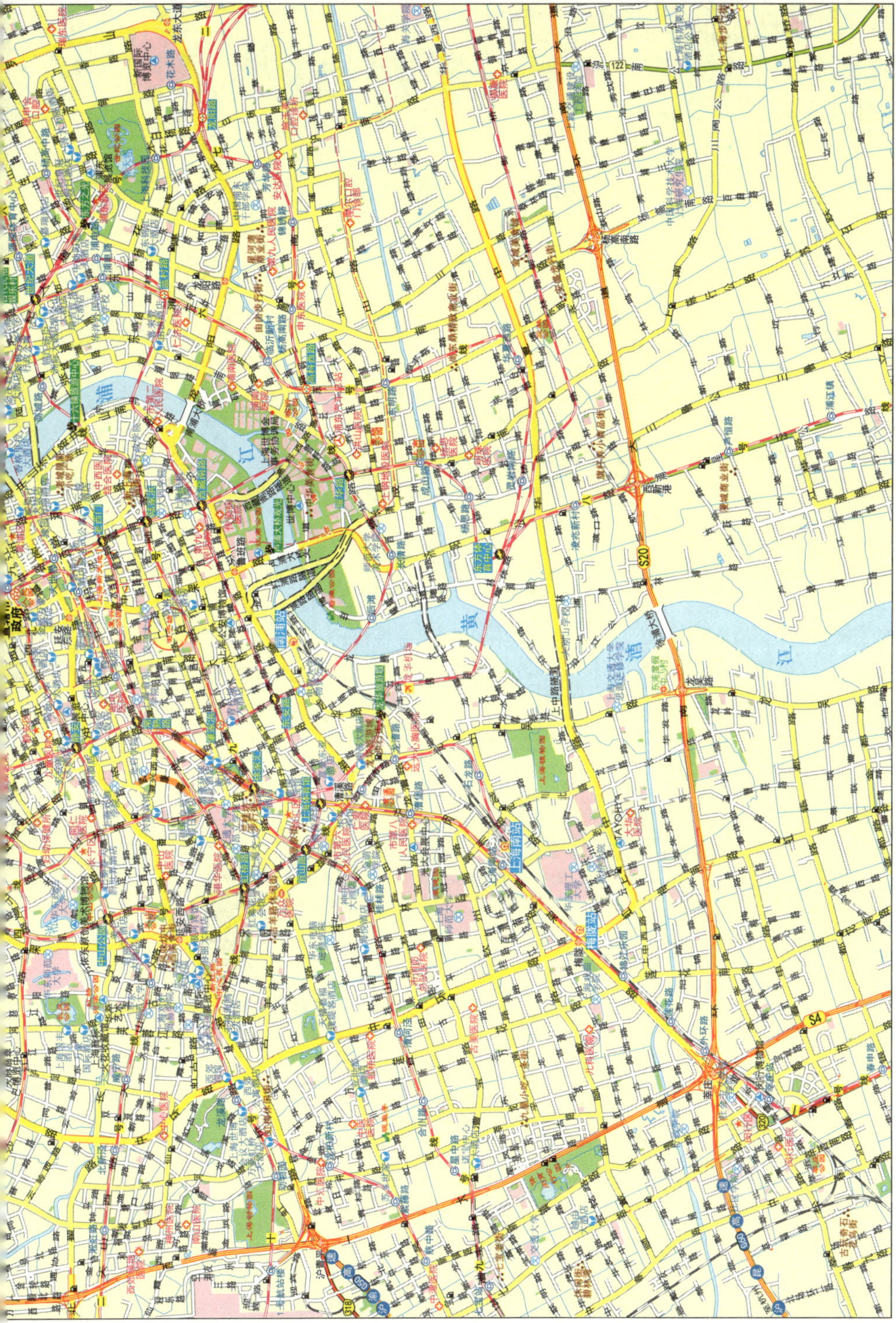
上海南站
S20
S4

上海 · SHANGHAI

# 武康路

# *Wukang Lu*

## ——逗着春意扫街

小清新指数

★★★★★

交通指数 ★★★★★

美食指数 ★★★★☆

住宿指数 ★★★★☆

## 解读→武康路

武康路原名福开森路，由上海法租界公董局修筑于1907年，以美国传教士福开森的名字命名。1943年汪精卫政府接收租界时改名武康路。大致为南北走向，北起华山路，南至淮海中路接天平路、余庆路，长1183米，宽12米到16米。老法租界时的建筑保留了许多，梧桐树叶茂密可挡烈日炎炎，一年四季都有慕名而来的参观者。

### 交通

可乘地铁10号线上海图书馆站下车，可自湖南路进入武康路。

“每天午后，柔阳逗着春意，蜜蜂翅上驮着薄薄的东风，在黄杨木上纷飞，同居的伙伴们都到山麓去了，我总独自伫立院前，对望春作许久的顾盼，而且常不免为它担忧，花开得早，自然也就谢得早，来时寂寞，去时寂寞，岂不辜负了大好的春光！”借诗人的一段话，张口道来上海旧时法租界的身影。到现在，上海还都留下了几条法租界老路，从华山路开始，武康路、淮海中路、衡山路、岳阳路、襄阳南路，一直到陕西南路，都被茂密的梧桐树关照起来。这其中，武康路是我常去的。

### 作者手记

1. 武康路393号是旅游咨询中心，凭个人有效证件可以办理租自行车卡，只要支付IC卡押金300元并充值100元即可。单次租车10分钟内免费，超过10分钟的话，第一个小时收费2元，第二个小时起收费4元。另外徐汇区在第六百货、衡山路天平路、徐汇区天主教堂附近都设有租车和还车点。
2. 376号的武康庭是很好的约会地点，有咖啡店和一些设计小店，适合谋杀时间。

武康路上多是别墅，一幢接着一幢。旧主人都是旧上海的名流，名字都在报纸杂志上挂过名号。如唐绍仪、陈果夫等等，便是当中挑头的人物。可大部分住宅都被保护起来，不能进去参观，只能贴着漏风的围墙看看。造型优雅的半圆形阳台，藤蔓枝枝，装饰派风格的小楼，武康路是那样适合边走边拍照。

也不用带单反，挑一个好日子就可以出门。太阳高高低低都可以，下雨也可以，就是薄雾的时候凄凉些，我却是不愿意出门的。可我会老想着那几个花瓶状的西班牙小阳台，总是藏在街里的小花店，想着黑色的铸铁栏杆、绳纹柱与钢窗，常常出现的红色的缓坡屋顶。它们转呐转呐，有时看电影的时候我会想起它们，有时听音乐的时候我会想起它们。想得狠了，那就不管天气如何，必须要出门。

**地理位置：** 上海市徐家汇区武康路

**推荐理由：** 上海的法租界，有特色的街道很多，但武康路无疑是最独特的一条。相机的大小，颜色的明暗，在这里都不算太重要。只要你有一颗会欣赏的心。

**特色看点：** 法租界、梧桐树、民国建筑、武康庭、咖啡香

武康路55号，马里昂巴咖啡馆。早几年喜欢泡咖啡的人，大概没有不知道她家的。拿旧报纸糊了屋顶，从各地淘来的老式样的家私们，看似凌乱却有章法的摆设。一杯咖啡是景，几个朋友聊天对话也是景，坐一个下午是心安理得。

武康路99号，拍过《色戒》，是建于1928年的英商大班住宅。旧主人是英国大班，也将当时最潮流的英国乡村别墅格调搬进武康路。屋顶挂着红瓦朝两面一斜，高高红红的哥特式壁炉烟囱像一只尖帽子高高地坐在那里，它当然也有头顶冒尖的老虎窗，院子里当然也有浓密的树木。我记得夏天的枝叶最繁盛，还会探头出墙外，打开一点余荫。

路上

武康路107弄2号，陈果夫的故居。同99号一样，也是红色双陡坡瓦屋顶，烟囱却直率一些，用清水砖砌成，颜色自是不同。"底层东南侧设置带有出檐的开敞拱券式门洞"，还留着当年的余味。不远处的Fedora美甲店，常常有人晒着太阳做着指甲，也不知道哪来的惬意灵感，来的客人捧场得很。

武康路113号，巴金的故居。这幢英国乡村式花园洋房，是巴金先生在上海最后的寓所，也是他在上海定居后住得最长久的地方。小楼很少开门，巴金先生以前有许多访客的。他喜欢窝在回廊的缝纫机桌上打字，靠着阳光靠着花园，一张一张地写着自己的想法。《创作回忆录》《往事与随想》《长夜》《一双美丽的眼睛》等等，所有的文字自这里都是一个一个蹦出来的。

武康路376号，一个不容易找的幽深巷子。门口的花店Rosa Gallica，老板是荷兰人，她在云南有自己的花圃，所以店内所有的花都是从自家的花圃摘下空运到上海的。花店原本很大，面积渐渐地被画廊吃掉，如今只能缩小三分之二的体积，仍候在门口。这其实是一个欧式的小街区，当五座小楼一座连着一座被出租后，武康庭的名字一炮打响。Franck无疑是最有名的一家餐厅，原本请了日本米其林厨师，装扮得很像是欧洲常见的小店，店面一点都不大，屋里几桌，屋外几桌。太阳好的时候能晒得庭院里暖暖和和的，也不怎么在桌上放花。俄国的女助理长得很漂亮，拍她几张照片，张张都能入画。如果穿上旧时沙俄的宫廷服饰，还说不定真有公主的派头。牛排烧得很好，物料都是每天新取的，也没什么固定菜单，什么新鲜便吃什么。旁边的Coffee Tree在周末常常被外国人占着，露天座位更是全满。据说餐厅是德国老板送给思乡太太的礼物，特别青睐血统纯正的德国大厨，用天下最自然的脾胃安慰法。不知道是不是行之有效，不过总开了好多年。周末常常有孩子喜欢跑上跑下，在几幢楼之间呼啸着一阵过去，真像是在欧洲的某个小镇。唯一的画廊狮语，很安静地展示着。门口的位置时不时有张新海报贴在窗口，说着谁的展览，谁的新作。

有时我也全然不看门牌号码，就随便走。散步就像是一种寻找灵感的灵药，看见什么总能藏进心里的，停一停歇一歇，不用刻意做什么。有时却也看门牌，不知不觉总想在心中勾勒一点点这些建筑原本的模样。看了太多老上海

陈果夫的故居，红色双陡坡瓦屋顶依然如旧

武康庭一角

的书，也看过太多老上海的黑白照片，那个身段，衣裳的剪裁，有力度的面部表情，细腻的语言文字，这些总在我走街的时候一个接一个地冒出来。

比如看到武康大楼，我便想起邬达克，是他执笔设计的楼，法国文艺复兴建筑式样，外廊式的公寓建筑。以前曾叫诺曼底公寓，大楼的标志性铭牌上记录了前生今世。从远处看，这座大楼三层和顶层的阳台式长走廊很有美人味，像是一根围住女人小蛮腰的细腰带，四至五层立面有部分宽大的外挑阳台。这幢建筑是富有的，从建筑的细节来说处处有值得显摆的地方——那些刻有螺旋花纹的“牛腿”，拥有三角形古典山花的窗楣以及外墙的镶拼色彩，大约便是如此。电梯换过，指针盘还在。如今的居民已经被打散，一家一户或是一家几户地在里头住着。政府不让换掉这个老电梯，每天都是一格一格地上上下下。看着那指针，时光如水，徐徐果然不知去处了。

上海 · SHANGHAI

# 田子坊 Tianzifang

## ——时尚艺术和老上海生活

小清新指数 ★★★★★

交通指数 ★★★★★

美食指数 ★★★★☆

住宿指数 ★★★★☆

# 解读⊡田子坊

田子坊是由上海特有的石库门建筑群改建后形成的时尚地标性创意产业聚集区，也是不少艺术家的创意工作基地。1998年，陈逸飞、尔冬强等艺术家先后在泰康路210弄开了艺术工作室，田子坊渐渐进入人们的视线。第二年，黄永玉老先生欣然为泰康路题名"田子坊"。田子坊是"田子方"的谐音，而田子方相传是中国最古老的画家，其意可见。如今田子坊不仅仅是指泰康路210弄，而是指210弄、248弄、274弄连绵在一起、密不可分的三条弄堂，而艺术"苏荷"区的概念则辐射更远——整条泰康路艺术街以及由泰康路、思南路、建国路和瑞金二路所组成的整个街区。在田子坊，从茶馆、露天餐厅、露天咖啡座、画廊、家居摆设到手工艺品，以及众多沪上知名的创意工作室，可谓应有尽有。这里目前已成为上海最出名的创意园区，吸引着越来越多的艺术家、摄影师和旅行者前来参观。

Mojito 调酒师

**地理位置：** 上海市卢湾区泰康路210弄

**推荐理由：** 这里是新上海的时尚艺术地标，也保留着老上海的典型建筑和生活。

**特色看点：** 石库门建筑、工作室、画廊、创意小店

## 作者手记

1. 泰康路210弄的门口就是上海旅游咨询服务中心，提供上海旅游信息。弄堂口还有特色的泰康路地图售卖。
2. 弄堂里的门牌号码跳跃性很大，几乎没有关联。弄堂也四通八达有许多出口，有的会把你带到建国路，可千万别迷路了。很多店家卖田子坊的手绘地图。
3. 田子坊旁不远处的八号桥创意园区有许多画廊，不怕走路的话可走上一刻钟去参观。

所有于上世纪90年代之前在上海长大的人，对于弄堂或许都有着这样相似的记忆："上海的弄堂是形形种种，声色各异的。它们有时候是那样，有时候是这样，莫衷一是的模样。其实它们是万变不离其宗，形变神不变的，它们是倒过来倒过去最终说的还是那一桩事，千人千面，又万众一心的。……它们表面上是袒露的，实际上却神秘莫测，有着曲折的内心。黄昏时分，鸽群盘桓在上海的空中，寻找着各自的巢。屋脊连绵起伏，横看成岭侧成峰的样子。站在制高点上，它们全都连成一片，无边无际的，东南西北有些分不清。它们还是如水漫流，见缝就钻，看上去有些乱，实际上却是错落有致的。它们又辽阔又密实，有些像农人撒播然后丰收的麦田，还有些像原始森林，自生自灭的。它们实在是极其美丽的景象。"（王安忆《长恨歌》）。弄堂，是王琦瑶及她的后代们曾经生活的地方，承载着许多我们对老日子的回忆，又渐渐演变成一个个璀璨的传奇。

夜灯迷离下的小店

田子坊就是这样一个地方。穿梭在田子坊的小弄堂里真是最惬意不过的事情。那里仿佛一个迷宫，藏掖着许多意想不到的风景——叫你迷路，叫你感慨，叫你欢喜，叫你赞叹，叫你绝不会失望。别人的镜头和自己的镜头常常交错一起，相互叠加，相互映衬，在这里，一切都是为了相遇。遇见陌生的人和微笑，遇见新鲜的事和物品，遇见弄堂的记忆和传奇。

2号，陈逸飞工作室。来田子坊，如果惊叹于整个弄堂的别致，该来这里看看，这里是田子坊的起源。要将时钟拨回到1998年，中国知名的艺术家陈逸飞在这里租了两个厂房，准备扎在人群中搞艺术。陈先生喜欢热闹，喜欢喧嚣，他看上了这里的生机勃勃。故事的过程不重要，结局才重要。艺术家们被相继吸引过来，各自租了点儿地方当工作室。人越来越多，就有了创意园区——田子坊。现在，这个社区生活着来自23个国家和地区的老外及华人，开着240多家小店、小公司，每日游人无数。

很难想象，这些店是怎么塞进这小小弄堂里的。这里有手工点心店和咖啡馆，铺陈得好像自己的客厅那样，有些杂，有些乱，可看上去怎么那么舒服，坐起来也叫屁股十分满意；这里有号称上海最好的MOJITO鸡尾酒店，街边的瓦片屋一间，挂满了游客喝酒派对的照片，除了坐满的高脚凳外，几乎没有站立的位置。三层楼的泰迪之家，亲手做个泰迪熊如何？啊，你不会寂寞的，墙上有无数只可爱的泰迪熊看着你，还有堆在墙面前的那一系列泰迪熊。说这话的时候，我不能忘记眼角扫到

田子坊巷景

的一角床单，九十年代的风格，三楼位置，由竹竿撑出，也随着一阵咖啡香在风里摇啊摇。我也不能忘记一旁小凳上坐的阿姆，银丝白发，拄着拐杖看着川流不息的人群。她的头上是一家复古饰品店的招牌样式，三十年代的调调。

市井气息就是这样一点点地融进田子坊的，就像28寸的黑色凤凰牌自行车那样，一边挂着青菜，一边挂着招财猫。看似不伦不类，却相当得配。至于精品店铺、设计师工作室、画廊、酒吧乃至餐厅，也早就融进了田子坊。时光在这片小小的角落，慢了下来，好像受了咖啡蛋糕香的勾引，愿意放人一马。旅行者若到了这里，大概真的可以放松一下心情，不用担心明天的行程，不用担心赶哪趟火车，不用担心该怎么写信，就像是回到了自己家，一屁股坐下，想吃就吃，想喝就喝。

喜空SKY窝在田子坊里，不怎么出挑。伴着狭窄的小木楼梯，是细细碎碎的只字片语，老式的物件和满是鲜花的小陶罐群，风尘仆仆的旅行感知和柔软的沙发组合在一起，明信片寄去的情怀和回忆的时光。坐在SKY里，看着走街串巷的如织游人，有一种待在自家起居室看热闹的感觉。明信片慢递服务，最早的服务之一，让你或许愿意写封信给未来。

田子坊里有许多美食，最多的是西餐和东南亚菜。泰迪之家是一家建在老式的石库门房子里的泰国餐厅。整座房子的布置古色古香，很有老上海的味道。餐厅的墙上有主人家早年的黑白照片，最妙的是橱窗里，还有一只可爱的泰迪大熊呢。另一家太泰也是以正宗的泰国菜著称，最有特色的是可以在二楼的露台，一边看风景一边享受美味。华越楼则是田子坊里唯一一家越南菜馆。黑椒香茅牛柳、牛肉河粉还有芝麻花生刨冰都是他们家的特色。田子坊里还有很多颇有特色的咖啡店、甜品店。宝珠奶酪虽然门面很小，但是红豆双皮奶和原味奶酪却吸引了很多人。他家的提拉米苏，据说是上海数一数二的好货。四四方方的一小块，入口后是几层香味的裹包，浓郁的芝士香，甜而不腻的奶油，一点点辛辣的酒味，还有略微苦的可可。咖啡是纯手工研磨的，这就意味着这里的客人不会太多，客人等得起老板的慢悠悠，等得起一个下午的悠闲时光！

当然，田子坊的吸引力还不在于这些，更在于它与当代上海人的生活依旧那么密切相关。虽然许多房子都被改造成工作室、商铺、饭店，但是弄堂里还有许多生活的痕迹。高高地晾在外面的内衣和外套，敞开房门里的灶头和水桶，以及不远处的泰康路菜市场，无不诉说着上海人当下的日子，如何如何，种种种种。

王琦瑶们的生活就在你眼前。

**交通**

乘坐地铁9号线打浦桥站下1号出口右转可到。

上海 · SHANGHAI

# 新天地

## *Xintiandi*

### ——城市记忆的碎片

小清新指数

★★★★☆

交通指数 ★★★★★

美食指数 ★★★★★

住宿指数 ★★★★☆

# 解读新天地

新天地位于淮海中路南侧，东至黄陂南路，西到马当路，北沿太仓路，南接自忠路，占地面积3万平方米，建筑面积6万平方米。这是一个以石库门建筑为主体，有着欧式风情的休闲和娱乐总汇，汇集了各式画廊、时装店、主题餐馆、咖啡馆、酒吧等。这里有中共一大的会址，目前这里已经成为了上海的新地标和高级生活方式的典范。

摄影留念是必然的，从某条街走至某个巷子，穿行于某段时光中

## 作者手记

1 新天地是擅长玩情调的，菜色精致，下午茶闲适，不同酒吧的现场乐队都使出浑身解数招揽来宾。然而逛新天地的人，多为饱口腹之欲，或是与朋友小憩一番，冲着历史来的人毕竟是少数。当然这里时常举办活动，在豆瓣同城上可以看到，如展览、服装走秀、音乐会、跳蚤集市类。

2 推荐翡翠酒家的午市。很正宗的港式茶餐厅，中国红的装修，点心很优。叉烧肠粉、凤爪、虾饺皮薄料足，半透明的外皮隐约可见里面坚韧的心——整虾，一口一个，吃起来特别满足；肠粉吃口正好，不黏不断，也是每桌的必点菜。

3 来自法国的百年面包老店Paul，就在新天地的入口。作为享誉全球的最好的法国手工面包甜点品牌，Paul的客人们都要排队等位哦。

4 屋里厢（石库门民居陈列馆）复原了这片石库门居民区的旧貌，是了解老上海的一个契机。

木地板在脚下发出结实的闷响。下午两点，阳光从透明琉璃窗扫进餐厅，空气中不曾休止的颗粒被映照得一览无余，桌上的白色桌巾仿若有了自己的生命，若用黑白胶片定格住，足可回到三四十年前的光阴。

在新天地寻找老上海的情怀，这当然不是第一次，也应该不是最后一次。上海的商场越来越多，能够半日闲暇散漫的餐厅咖啡馆也越来越多，不叫人厌倦而愿常常久久想起的，新天地要算其中一个。和许多朋友聊过，他们说或许这同新天地保留的那些老建筑有关。或许，我的印象里还常常有路过老新天地时听见的广播声，嘶哑嘈杂，声音像是回荡在另一个时空，不清脆，却有质感，像在听三十年代的老爵士。印象里还常常有弄堂属性的记忆碎片，放不好的脸盆架子，堆在墙角的自行车，搪瓷缸子，稀稀疏疏的花盆。

**地理位置：** 上海市淮海中路

**推荐理由：** 石库门建筑的清水砖墙，咖啡浓郁的暖香，时不时窜出的展览时装秀，圣诞节无尽欢愉的庆典活动，十里洋场的摩登和老式里弄的市井，悄无声息地融合在一起，关于过去和未来的故事，回忆与希望的交织，它总能理解到最好。

**特色看点：** 老石库门建筑、特色餐厅、精品设计店铺、咖啡馆、特色酒吧

## 交通

乘坐地铁1号线在黄陂南路站或10号线新天地站下可到。

真正潮流的人，是那些换一套衣服就轻易改变容貌的人

但新天地的好处是可念旧，也可履新。记忆的碎片不断往上跳，却常常被转角咖啡馆里飘出的香味打散，或是喷泉旁的玉器馆，或是Shanghai Tang里试穿旗袍的洋妞，或是星巴克门口永远坐满的位置，或是一片从树下跳下的叶子。我朋友说，城市就像一块海绵，吸汲着这些不断涌流的记忆的潮水，并且随之膨胀着。可能和新天地有缘，所以分外吸汲着记忆，分外膨胀着思绪。坦白说，能与一座城市共同成长二十年，这是一种幸运。走在熟悉的街道和楼角，走过熟悉的楼宇，越过一根又一根街旁的电线杆，偶尔有畅快淋漓的感觉。

略年轻的孩子，没我的惆怅，他们愉快地看着说着笑着，从我身边一个一个走过。我认识的一个90后孩子，喜欢用相机去记录身边所有的一切。不是一时爱好，很长性。我上他家拜读过，见到过他眼中的新天地。那些建筑物仿若自有生命，与他悄悄对谈着记忆深处藏着的一切，从光影到线条，从颜色到配景。它们有脑袋，有枝干，有伸展有情绪，它们会说话。不独建筑物，花草也是，五颜六色的情绪渲染住站在相册外的我。欢喜的情绪更多，像是天使一样，轻轻柔柔地拂面而过。

这孩子更喜欢在下雨天拍照，他说那时的人更真实，比平日里褪去了更多伪装。所以等在Luna的门口，躲在大伞下，任由一杯咖啡失宠从热到冷，丝毫不会焦灼他的情绪。他只是等着，抓拍面前的某人。是那张隐藏不住笑意的脸，手亲亲热热地握着另一个人，伞下自有甜蜜；是那试探的肢体语言，欲近又怕的担忧，脚下没有耐性地踩着水跑；被雨水浇头的姑娘，身子紧紧地拘束着，被一杯热巧克力温暖后顿时放松的表情。“所谓记忆，有时就靠这些表情记录，真实而具体。”他说。

照片里，还有新天地2013艺术文化季的碎影。本土乐队“野孩子”，“五条人”以及来自以色列的“也门布鲁斯”、印度“沙漠滑行乐队”、日本“龟岛乐队”，以黑白映画的方式被他留了下来。仰头披发嘶吼的一瞬间，闭眼钟情默默的样子，好几个纹身的特写，倔强的嘴角，汗滴自额头低落的一瞬，身后的光影光晕。他说这些都存着，等老了拿出来给人看，说明我也曾经年轻过热血过爱过这个世界。

星巴克的咖啡座，每个周末都会坐满人。有时来晚了，都难以寻觅上一处有阳光的好座位

上海 · SHANGHAI

# M50创意园区

*M50 Chuangyiyuanqu*

## ——被艺术设计围城

小清新指数

★★★☆☆

交通指数 ★★★★☆

美食指数 ★★★☆☆

住宿指数 ★★★☆☆

# 解读→M50创意园区

原为上海春明粗纺厂所在地，位于苏州河南岸半岛地带，占地面积约23633平方米，拥有自上世纪30年代以来各个历史时期的工业建筑41000平方米。自2003年开始，一批艺术家及创意设计机构入驻这里，将老厂房改造为画廊和工作室，并成功举办了一系列时尚活动，使之成为苏州河边独特的人文景观。作为老厂房改建艺术园区的成功典范，这里已经成了一个上海时尚文化新地标。

**地理位置**：上海市普陀区莫干山路50号

**推荐理由**：被称为“上海的798艺术区”，与田子坊不同，这里基本都以个人工作室为主，并不十分商业化。

**特色看点**：涂鸦墙、画廊、工作室

M50创意园区，应该是无界限的。这里有的是创意，有的是无限扩展的想象力

这些红砖墙面，本就普通，贴着地排了一排。对门是仓库，大量的辅料货物自这儿走，搬上货运车，各奔前程。没人知道这些涂鸦什么时候出现的，大概是某一天。眼睛突然兴奋，连跳几下，大概也是看到了新鲜的缘故。也没人知道这些涂鸦何时更新过，大概也是某一天，手指点墙面，嘴里喊着，又换新的了！可能是新的怪兽出品，可能是更可爱的卡通形象出现，也可能是几个片断，一双看透世情的大眼睛，一双不明去向的双手，或者干脆一声尖叫。色彩是猛烈的，互相撞击、融合。有时明快，如艳阳高照暖人心脾；有时妖冶，像小猫爪子一摇一晃地勾着掌心，似痒非痒；有时也沉痛，暗色调的忧虑焦躁，看客都能明白。而这面涂鸦墙，对于要进入M50创意园区的人而言，不过是道开胃菜，有点酸，有点甜，让人吃了还想吃。

创意园本身，是安静的。进门位置并不张扬，门口的几家咖啡馆总放着最为闲适的音乐，带着散漫，带着一点俏皮，自客人推门的瞬间，冲向外面，总能引得一两个人驻足，歪头想着是否要进去。这里的咖啡馆与别处，在吃喝上并无太大差别，都是醇香扑鼻的浓郁咖啡，都是品质上佳的新鲜蛋糕们。真正不同的是坐在咖啡馆里的人，那些创意设计者、画家们、画廊运营者，还有他们带来的大批朋友，那些对艺术和创意有着狂热爱好的人们，才是咖啡馆的主角。

让我们暂时告别咖啡馆的惬意融洽，回到2003年，去看一看M50创意园区的前身。纺织厂早就撤掉了，能搬走的机器也都搬走了，偌大的厂房，空空的，堆满了废弃物。金属生锈的味道，混合着尘埃，竭力扑向人的口耳鼻舌。正常情况下，最多再过上几年，这些建筑的墙面上就该用白色的线条粗粗地划出一个“拆”字。可是不然，至少莫干山路50号老厂房的命运，并非如此。

充满创意的人们，看中了这里，看中了这些旧而无用的老厂房。他们说，我们要把这里打造成一个独一无二的创意园区。让无穷的想法在这里碰撞，让无数的创意在这里实现！自他们说这些话的那日起，老厂房就不一样了。当年那些敢于梦想敢于努力的人们，只用了三年就做到了。2005年的M50，名声大起，不仅是在上海，不仅是在中国，而且是在全球！

画儿有时寂寞，有时丰盈，有时舒畅，有时爱恋。画儿本身有情绪有感官，一一都落在墙面上

**交通**

乘坐地铁1、3或4号线在上海火车站下车，出南广场往天目路走，右转后过长寿桥路，右手边有台阶可以下桥，顺着目所能及的西苏州河路走到莫干山路即可，约15分钟路程。

没有改造原有的建筑构件，原有的管道，原有的铁门，他们甚至还给恋旧的老厂房保留了许多东西，什么不再旋转的工厂用电风扇，什么冷冰冰的开关柜子，都给留下了。明黄、橙红、亮蓝、天青色，轮番上阵，只是这样一场单纯的颜色拼撞，就一下子扒下灰蒙蒙的色调。三年的时间里，老厂房也迎来了新鲜无比的房客们，个性张扬的独立画廊，不同类别的创意工作室，作品极富张力的摄影工作间，尝试融合多种元素的音乐工作室，富有内涵的书店，独特设计的个性服饰品牌，彰显个性的建筑设计公司，都是新生代的房客们。这些都是M50主角们的工作室，构想着，实施着自己的梦想。不仅仅是这些新生品牌，M50当然也有艺术大牌的存在，比如瑞士香格纳画廊、法国东廊艺术、英国领事馆文化艺术处艺术家工作室，加拿大艺术景画廊等等，都在M50有一席之地。要知道，香格纳画廊和北京现在画廊，是目前国内仅有的入选2008巴塞尔艺术博览会的专业画廊。

入夜后的园区，更为安静，灯光是微微的，指引着道路。那些白日里没有留神的铭牌，都被灯光勾勒出更为显眼的弧度。书店关门最早，隔着透明的落地窗户，看见满几架上的书，都在静静的入眠，很是奇特的满足感就冒了出来；隔壁的咖啡馆，还亮着灯，隐约听到一些音乐声，看见几个人影闪动着。白日里满满的车位，全都空了出来，偶有几辆车坚守阵地，当然它们很快也会自车位中消失，只需再等一些时间。

园区的夜晚，不都是如此安静，也有热闹非常，火爆无比的场面，比如时尚来的时候。可能是汽车，可能是手表，可能是衣服，可能是配饰，只要时尚来了，选了M50做品牌发布地，夜不再静。光影变化下的老厂房，厚重年份渗进的那种质感慢慢地现了痕迹。名车名美人，蜂拥而至的媒体，身着华服的模特，聚光灯下的炫目，珠宝的灿烂，都是引子而已。老上海的记忆，慢慢地飘了出来，飘过这些品牌发布会，飘过长长的苏州河岸，慢慢地飘着，能飘足一个夜晚。

### 作者手记

1. 1号楼底的半度雨棚，有个小巧院落，是园区内比较舒适的咖啡馆。下午喝茶人最多。
2. 铁哥们的店铺，很受欢迎，不过不能拍照。店里的设计，有小巧，有阳光，多是童心十足的体现。

上海 · SHANGHAI

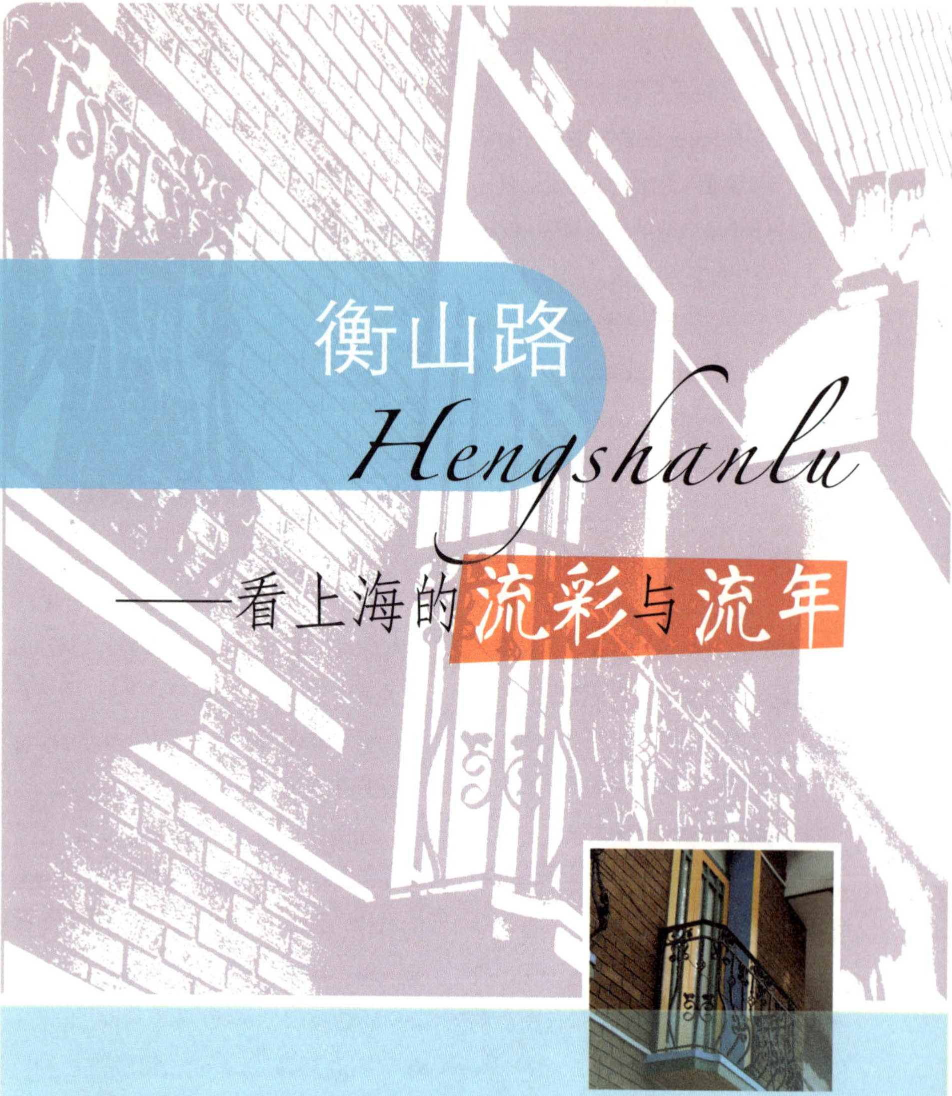

# 衡山路

*Hengshanlu*

## ——看上海的流彩与流年

小清新指数 ★★★★☆

交通指数 ★★★★★

美食指数 ★★★★☆

住宿指数 ★★★☆☆

# 解读⊡衡山路

衡山路是以各国风味餐饮、酒吧茶坊为主的高雅消费区，原名贝当路，由法公董局于1892年修建而成，曾是上海法租界的高级住宅区。整条街长2.3公里，南接徐家汇，北邻淮海路，紧临领馆区。衡山路上有很多休闲场所，风格各异，包括酒吧、茶坊、酒店、娱乐中心、画廊等。这里是上海最具特色的住宅群落，汇聚了世界各国的建筑精华和艺术风格，道路两旁繁茂的法国梧桐和各类高档欧陆建筑，为衡山路增添了浓郁的异国文化气息。

**地理位置**：上海市徐汇区

**推荐理由**：曾经最具风情的休闲街区，可以泡吧，也可以逛逛花园老洋房。

**特色看点**：酒吧、特色店铺、老建筑

与梧桐树影交织的片段

## 交通

乘坐地铁1号线衡山路站或地铁10号线上海图书馆站下车可到。

老建筑

衡山路的白天属于摄影爱好者，夜晚则属于风尚人士。宽阔的道路两旁是挺拔的法国梧桐，人行道是红褐色的道路，沿街随处可见充满异国情调的欧洲花园式别墅，倾诉着旧上海当年的繁华与风情。

衡山路的白天和夜晚可以说是判若两“街”。日光里的衡山路，虽然比邻徐家汇商业中心，却是一派宁静祥和，人与车都不算多，沿街的商铺也是低调，静悄悄地开着。待到夜色摇曳，灯影暧昧时，城市的多情与沉醉才尽情地弥漫开来。

若是想用餐，衡山小馆经营正宗的粤菜，装潢也颇有腔调，生意更是好，晚去了可能没座位。而在玻璃房子般的香樟花园时尚厨房的中央，有棵巨大的香樟树，这也是餐厅得名的来由。在这里可以看到最美的上海，不论是下午茶还是情侣晚餐，香樟花园都是最有情调的地方。吃完晚饭，可以稍稍地逛一逛酒吧，上海最早的酒吧文化即兴起于此。整条衡山路上，几乎三步一家，五步一隔，都是酒吧：时光倒流、真爱、棉花俱乐部……

然而衡山路上可以称得上地标性建筑的，却不是这些酒吧和餐厅，而是坐落在衡山路53号的上海国际礼拜堂。礼拜堂是一座近代哥特式砖木结构的建筑，颇有英国乡村风格，堂体平面呈L型，屋顶呈交叉形木屋架。教堂前的草坪终年翠绿，与古朴庄重的红砖教堂相互映衬，在繁华的衡山路上，显得格外肃穆。这座基督教新教教堂建成于1925年，当时来做礼拜的多是美国侨民。在1950年以前，该堂一直用英语进行礼拜，牧师均为美国人（除第二次世界大战太平洋战场期间）。朝鲜战争爆发后，外国侨民纷纷离华回国，此后国际礼拜堂改由中国牧师管理，来礼拜的教徒绝大部分是中国教徒，聚会也由用英语改为普通话。在十年"文革"中，国际礼拜堂与全国其他的教堂一样，遭到了史无前例的破坏。教堂里的管风琴、洗礼池、铜十字架等宗教设施都毁于一旦。衡山路礼拜堂的兴衰其实也是基督教新教在中国的历史缩影。

如果你去衡山路，一定不要错过它的枝枝杈杈，那里藏着老上海的精华，比起衡山路来少了几分喧哗，多了几分静谧。其实上海人说的衡山路，不仅仅指全长2046米的衡山路本身，而是包括周边这些岔路的整个休闲娱乐的"衡山概念"。沿着乌鲁木齐路往北，你可以去到与衡山路平行的淮海中路、复兴西路和安福路。这一代有许多花园老洋房的建筑，陈年往事隔着厚厚的灰白墙壁渗透出来。淮海中路上有上海图书馆，安福路上则有著名的小剧场，都很值得一看。而这几条路上，最多的就是情调咖啡馆和特色商铺，是老外和小资们的聚集地。这一带也是著名的领馆区和名人故里，上海的许多老文化人也都住在这附近。

而衡山路的南面，有雅致的东平路和桃江路。这里几乎成了上海街拍的必选之地，深受摄影师和模特的喜爱。著名的普希金铜像就在东平路、桃江路、岳阳路和汾阳路四条小路的交汇之处。上海女作家陈丹燕有篇文章《有普希金像的街角》写的就是这里。铜像是由在上海的俄侨为纪念普希金逝世100周年而建，所在的位置是当年法租界的俄国小区。普希金像与上海一起饱经历史的沧桑，岁月流转，一切似乎就如诗人的那句名言：希望是厄运的忠实的姐妹。

**作者手记**

1. 上海的马路都是曲里拐弯，所谓东西南北只是相对概念。这一地区尤其如此，好比复兴西路和淮海中路时而相交时而平行，似乎就是为了让人迷路而准备的。不过如果你不赶时间的话，不妨随遇而安，反正到处是风景。
2. 上海国际礼拜堂每逢主日礼拜，上午是普通话正道，下午则是英语正道，下午只有持外国护照和港澳通行证的侨胞可以入内。周六去的话，也许还可以看到信徒结婚行礼呢。
3. 衡山路附近可以找到各种中西美食，但所有的情调都需要代价，餐厅的价格都不菲。
4. 从衡山路乘地铁1号线到黄陂南路站可到新天地，徐家汇也只是步行之遥。

上海 · SHANGHAI

# 复旦大学

*Fudan Daxue*

## ——从相辉堂到燕园

小清新指数

★★★★★

交通指数 ★★★★★

美食指数 ★★★☆☆

住宿指数 ★★★☆☆

一个城市的厚度在于她的大学。虽然复旦的历史不过百余年，然而那些耳熟能详的名字——于右任、冯德培、童第周、夏征农、陈望道、颜福庆、苏步青……却让这座位于城市东北角的校园平添了几分人文色彩。

复旦大学最初叫复旦公学，由教育家马相伯于1905年建立。这是国内第一所由中国人自主创办的高等院校。校名出自《尚书大传·虞夏传》中的名句"日月光华，旦复旦兮"，意取自强不息。校园里著名的相辉堂，就是为了纪念马相伯先生和另一位为复旦鞠躬尽瘁的老校长李登辉。

## 解读→复旦大学

中国著名学府。始建于1905年，初名复旦公学，是中国人自主创办的第一所高等学校。创始人为中国近代知名教育家马相伯，首任校董为国父孙中山先生。现为我国首批7所211工程之一、9所985工程大学之一。拥有邯郸、枫林、张江、新江湾城四大校区，其中邯郸校区通称"本部"，是主校区所在地，风光优美，环境幽雅，知名建筑有博物馆、图书馆、光华楼、文科楼、第三教学楼等。

**地理位置**：上海市杨浦区邯郸路220号

**推荐理由**：中国最著名的大学之一，校园环境一流。

**特色看点**：相辉堂、燕园、奕柱堂、子彬院

校园

复旦的教学楼喜欢被绿色包围住。层层叠叠的几层绿色，又有红黄等花树的配合，视觉效果更偏清新

相辉堂原名登辉堂，1947年初建成时，李校长在此做了他的最后一次演讲：一个大学毕业生，“应当为社会服务，为人类牺牲”，“服务、牺牲、团结，是复旦的精神，更是你们的责任”。六十多年来，相辉堂一直是一个“谈笑有鸿儒，往来无白丁”的地方。各国的最高元首、各界的知名人士都曾经在这里讲演：法国总统德斯坦、美国总统里根、德国思想家哈贝·马斯、法国哲学家德里达……一届又一届的复旦人在这里聚集和流连，思考和提问，也在这里告别母校，走向社会。

**交 通** 地铁10号线有三站可以到复旦邯郸校区的不同地方。如果想去南区，请在国权路站下车，沿着国权路向北走；如果想从复旦正门进入校园，坐到五角场站，沿着邯郸路向西；也可以坐到江湾体育场站，沿政通路到复旦东区。

燕园是复旦另一个必到之处。燕园本是私人别墅，横亘在复旦校舍和排球场之间，师生深感不便。1935年，当时的校长李登辉为校园的统一，不惜借债斥巨资买下。据说此园的前两任主人，一姓王一姓谢，于是复旦师生借了唐人刘禹锡的诗句“旧时王谢堂前燕，飞入寻常百姓家”，以“燕园”命名。园中的小桥流水也是复旦一景，学生来拍毕业照，访客来拍到此一游照，更少不了谈情说爱的年轻情侣。

百年校庆的时候，复旦园里做了很大的修整——红瓦青砖的12号宿舍楼和两个食堂被拆去，一座现代化的双塔高楼拔地而起。尽管校园已经改头换面，过去生活的痕迹难以寻觅，不过校园却依旧青春热闹。第一教学楼门口的校训“博学而笃志，切问而近思”写得中规中矩，似还不足以道出复旦学子的追求和向往。那一个个渴望自由的灵魂总在每年开学之初蓬勃起来，因为校方和民间的各大社团纷纷招募新成员，不亦乐乎；三教四教里常常会举行大型讲座，学生常常把教室围个里外三层；而相辉堂和大家沙龙里，也常有复旦剧社和燕园剧社的公演……

而在复旦最惬意的事，就是在那悠长的林荫小道之上漫步。“南京路”（光华大道）位于三教以北，是横贯校园的主干道。倘若中午时分，下课铃响，学生潮一涌而出，一派鼎沸欢腾。隔壁的“淮海路”（望道路，因陈望道的像而得名）则连接着燕园和曦园，依着学生宿舍和篮球场。到了下午，随处可见挥汗如雨的男生打着篮球或排球。如果是黄昏，一定要踏着校园广播声，去相辉堂前面的登辉环路散步，看那太阳的余晖在房际线后一点点褪去，而周遭年轻的步伐却依旧来来往往，浑然不觉……

## 作者手记

① 两个小时可以把校园走个大概。也可以事先做点功课，看看有没有有趣的讲座或汇演，更深感受一下校园气氛。建议从政通路的东校区开始，再到本部（北校区），最后到南校区。主要的景点都集中在本部，逛完后正好到步行街上吃饭休息，饭后还可以在附近的小书店里淘书。

② 复旦周边有些不错的民营书店。位于国权路334号的鹿鸣书店是复旦周边最出名的民营书店，由复旦中文系的两位师兄所开。庆云书店就在复旦南区著名的步行街上，是一家两层楼的书店。

③ 如果想找一个吃饭休憩的地方，可以考虑东区门口（国定路）价廉物美的老巷，或到政通路国际文化交流学院附近，那里有一些不错的韩国、日本餐馆。还有就是复旦南区的步行街，是复旦学生常去的地方。

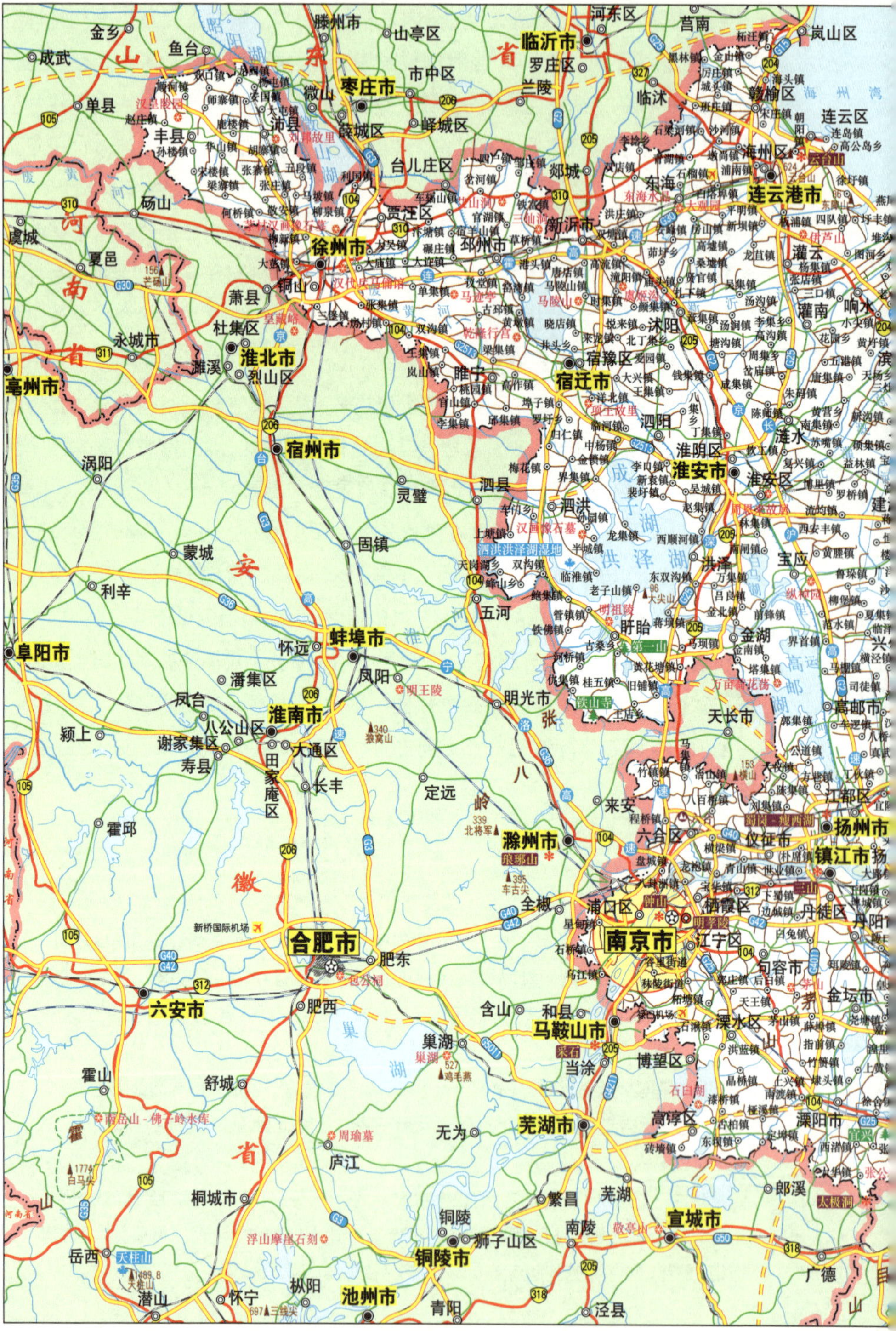
山
东
省
安
徽
省
河
南
省
江
苏
临沂市
枣庄市
徐州市
连云港市
淮北市
宿州市
宿迁市
淮安市
亳州市
阜阳市
蚌埠市
淮南市
滁州市
扬州市
镇江市
南京市
合肥市
六安市
马鞍山市
芜湖市
铜陵市
池州市
宣城市
金乡
成武
鱼台
单县
丰县
沛县
微山
滕州市
山亭区
市中区
薛城区
峄城区
台儿庄区
罗庄区
兰陵
郯城
河东区
莒南
岚山区
临沭
赣榆区
连云区
海州区
东海
新沂市
邳州市
贾汪区
铜山
萧县
砀山
虞城
夏邑
永城市
杜集区
濉溪
烈山区
睢宁
沭阳
宿豫区
灌云
灌南
响水
泗阳
淮阴区
淮安区
涟水
泗县
泗洪
洪泽
宝应
金湖
盱眙
高邮市
天长市
涡阳
蒙城
利辛
灵璧
固镇
五河
怀远
凤阳
明光市
潘集区
凤台
八公山区
谢家集区
大通区
田家庵区
颍上
寿县
长丰
定远
来安
霍邱
全椒
六合区
仪征市
江都区
浦口区
栖霞区
江宁区
丹徒区
句容市
丹阳
金坛市
肥东
肥西
含山
和县
当涂
博望区
溧水区
高淳区
溧阳市
巢湖
舒城
庐江
无为
霍山
桐城市
繁昌
芜湖
南陵
郎溪
广德
铜陵
狮子山区
枞阳
怀宁
潜山
岳西
青阳
泾县
洪泽湖
巢湖
新桥国际机场
汉代兵马俑馆
汉画像石墓
明祖陵
明孝陵
周瑜墓
浮山摩崖石刻
天柱山
琅琊山
第一山
铁山寺
明王陵
项王故里
周恩来故居
泗洪洪泽湖湿地

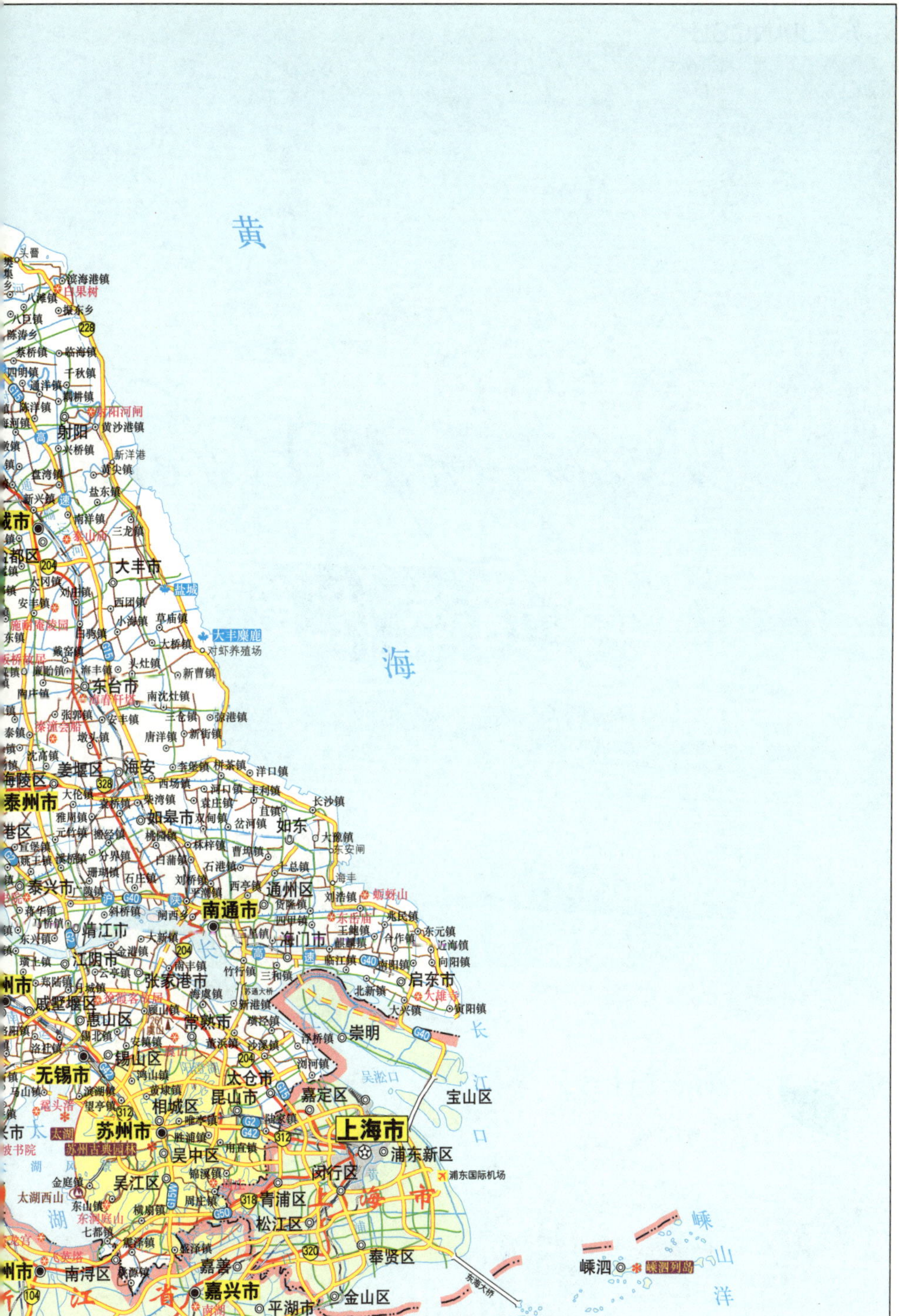
黄
海
头罾
滨海港镇
八滩镇
振东乡
八巨镇
陈涛乡
蔡桥镇
临海镇
四明镇
千秋镇
通洋镇
耦耕镇
陈洋镇
射阳
黄沙港镇
兴桥镇
新洋港
盘湾镇
黄尖镇
新兴镇
盐东镇
南洋镇
三龙镇
大丰市
盐城
西团镇
小海镇
草庙镇
白驹镇
大丰麋鹿
大桥镇
对虾养殖场
戴窑镇
头灶镇
新曹镇
东台市
南沈灶镇
安丰镇
三仓镇
弶港镇
唐洋镇
新街镇
姜堰区
海安
李堡镇
栟茶镇
洋口镇
西场镇
河口镇
丰利镇
海陵区
泰州市
长沙镇
如皋市
双甸镇
岔河镇
如东
大豫镇
东安闸
林梓镇
曹埠镇
石港镇
十总镇
海丰
泰兴市
西亭镇
通州区
刘浩镇
南通市
兆民镇
靖江市
海门市
东元镇
近海镇
江阴市
向阳镇
张家港市
启东市
北新镇
大兴镇
寅阳镇
惠山区
常熟市
崇明
长
江
口
无锡市
锡山区
太仓市
吴淞口
宝山区
嘉定区
昆山市
相城区
苏州市
上海市
浦东新区
吴中区
闵行区
浦东国际机场
吴江区
青浦区
上海市
太湖
松江区
奉贤区
嵊泗
嵊泗列岛
嵊
山
洋
东海大桥
南浔区
嘉兴市
平湖市
金山区
南湖

江苏 · JIANGSU

# 南京颐和路

*Nanjing Yihelu*

## ——情迷忧患之城

小清新指数

★★★★☆

交通指数 ★★★★★

美食指数 ★★★☆☆

住宿指数 ★★★★☆

# 解读⊟颐和路

颐和路位于南京市鼓楼区，长约600米，西南—东北走向，西南到西康路、天竺路，东北到江苏路圆环。密密的树荫下藏着225处之多的民国建筑，住宅区的整体风貌和街巷空间尺度基本都保持了当年的格局。这些精致典雅的花园住宅，以英、法、荷兰、西班牙、意大利式样居多，其中不乏经典之作，青瓦灰墙，简朴凝重。

**地理位置：** 江苏省南京市鼓楼区

**推荐理由：** 一处忘了被收回的民国记忆，不去颐和路寻民国，却又去哪里寻？

**特色看点：** 榆树黄墙、旧时政要宅邸、名人故居

旧楼的线条硬朗却斑驳，这几乎是颐和路上老公馆们的寻常姿态

绿色掩映中的民国建筑

去南京的旅行永远像是有自己的标签，前几次是魏晋南北朝，这一次独独是民国。南京不愧是民国时期的首都，虽然城老了旧了，城墙也拆了换新，可还是留下了些能叫人怀念怀念民国的地方。大部分都聚在鼓楼区，来来回回的都是当年国民政府当权者的盘踞地，走了几遍有些倦了，也觉得太高门大户，于是边走边撤，不知不觉撤到了颐和路附近。

旁边揽活的三轮车夫近前搭话，价十五元，能带着我兜行个十来分钟，看看行走中的颐和路和附近的建筑们。撩帘子上车，看他在车水马龙之间肆意穿行，行的有巧劲，停的有分寸，这一路走去立刻觉得妙趣横生。虽是短短不足一公里的颐和路，同经纬交织的街巷连了起来，这其中的座座建筑都有讲究。时代的印记，被深深地刻在这些矮墙内，榆树下也不知藏了多少旧梦，这一切却要从1929年说起。

1929年，执政的民国政府颁布了一份南京的城市规划，名为《首都计划》。计划中描述得详细，要将山西路以西，西康路以东，草场门以内辟为上层阶级住宅区。地皮批了下来，各方人士都掂量了一番自己的能耐，有钱的砸钱，有人的通路，彼时大家都还对民国政府抱以观望态度，却也不妨碍往自己手里多攒些地皮。但要说真正民国建筑群的形成，却还要把时间轴放在上世纪的三四十年代。

交通

南京市内交通十分便利，乘318路公交车在颐和路下车可到。

颐和路，西康路交界口。

左边的一幢建筑上高挂着江苏省对外联络办的牌子，黑色雕花铁门紧紧地关着，除了看得出一些新鲜粉刷的痕迹外，外人很难知晓这座小公馆的来历。公馆最初的主人是汉奸褚谊民，他把小公馆献给汪精卫时还不知道自己会因判错形势而被处以死刑，但最开始他应该是得趣的，毕竟汪精卫在这里住满了四年，还过了一场满城捧场的六十大寿。院内的法国梧桐一株比一株精神，几十年的岁月足够令其将身板拔得高高的，拔得挺挺的，就是疏朗了些，遮不住阳光。可能是线条硬朗的缘故，公馆38号看起来不怎么讨人喜欢，哪怕曾有美国军官们在这里欢舞满场都无法改变这种冰冰冷冷的感觉。它当然现在也仍是冰冷的，不沾一丝烟火气的样子，呈着一副拒绝所有人的样子，或许黑白底色最能诠释我此时的心境。不会每一次想到民国都念到张爱玲笔下精致的人物形象，"旧象牙色的肌肤，鹅蛋脸，永远沉住一洼微笑的黑的眼"的女人们，彼时也应该会远离这样的居所才对。

一馆之隔的34号公馆明显看起来颜色好一些，不愧是法式风格的建筑。三层建筑，外墙黄色不说，顶部左右两个窄方柱体的烟囱也是黄色，看起来像是一个活泼可爱的娃娃乱窜到了人间一样肆无忌惮。院子里有一棵高大的雪松，右边还有一棵相同的，往顶端上瞧，比左边那株少了个顶，落了点败绩下。铁门是斑驳的，锈迹半红不红地掺和在黑色里，高高地翘起肚皮来，怕人不晓得建筑本身的年份一样。

很难令人想象公馆的旧主是行伍中人，原国民党陆军总司令顾祝同。转念一想，民国的军人们是很有一些拿得出手的。套一句陈丹青的话说民国范儿是天下无双的，"单是特务系统，李克农喜欢养狗打猎，康生在延安穿美式皮夹克，还精于搜刮文玩。"他如此说。我却曾去上海古籍书店兜过一圈，特意选了墙角堆叠的老照片系列看过，果然每个入籍的民国人都有自己的一份成色在，哪怕是夹在人缝中的后排，脸上也是不显分毫，脚步身量压得稳稳的。如此一想，能位列国民党陆军总司令，眼界手段总不是俗人能比的。

藏不住的绿

34号公馆门外的老榆树仍在，叶子绿绿的，枝干却悄悄伸进了对面的29号公馆。曾经的苏联人在民国的尾声住了进来，守了一阵子。同其他两座驻南京的公馆一样，这家公馆也是苏联人的临时落脚地，至解放后退了回去。这座公馆也是三层，欧式红顶，很符合当时欧洲人的喜好，折衷主义建筑风格。旧主是国民党政府空军航空大队长王青莲，只可惜没能住上一段时间就为时局所迫，乖乖地离开。这座建筑本身的风采倒不如菲律宾公使馆旧址的15号公馆和澳大利亚公使馆旧址的32号公馆讨巧。前者是做了圆柱体的立面，很有北欧古堡的意思，后者则胜在院内的一个乘凉架。春来时，随眼往哪处搁都是一片好心情。

笔墨最浓重的是8号的阎锡山公馆。主楼建于1936年，两层的中西小洋楼。“顶部有中国传统的翘角屋檐，二楼到一楼的平台则为圆形的大露台。”外立面的明黄色令其顿然在许多公馆中跳脱出来。说是阎锡山公馆，却也不准确，旧主李宗仁那时不过是想找个顶缸的人物罢了，就选了这幢公馆拉拢起军阀阎锡山。可惜解放军的手脚太快，还未等8号在阎锡山的心窝子上捂热就奔了过来，他只能弃宅而走。院内的雪松已经有些年份，据说是随着公馆一道来的，草地又绿，若是有个美人靠在旁边，穿件镶了银狐皮的红袍子，再捧上腊月梅花瓶，倒也是入画的。

一旁紧邻的6号公馆，则比不得之前的公馆们。砖红色的小楼已经显得十分陈旧，“无金银贴面，无佳人傍身”的那种，可来历却是不俗的。陈布雷，大名鼎鼎的陈布雷在抗战前携着一家老少住在这里。他当然也是蒋介石最倚重的文胆，笔下文章无数，但我总偏爱他更有民国气的那个年纪，他尚年轻的时候。

陈布雷的才华，是出众的，不曾被打压，而是一路扶摇直上。1911年，陈布雷进入上海《天铎报》，此后记者生涯畅快无比。孙中山代表临时政府用英文起草的《对外宣言》，就是由年轻的陈布雷翻译成中文最先在《天铎报》上发表的。数年后，陈布雷转做《商报》编辑主任，更是落笔揭露许多北洋军阀的统治内幕，特别是其腐朽本质——著名报人邹韬奋也写文章推崇他，然而被蒋介石收拢后，陈布雷的笔下虽然文章也文采动人，却多了另一个人的灵魂。同是文人，更能明白“捉刀”的苦楚，未免与本心相背。这座公馆，于胶片大概只能选了棕色调来拍，老老的旧旧的，令人不忍回首望旧事，却也无心看今朝。

民国啊民国，总是在诸般纠结中生存的一个时代，一如这些建筑浑身散发的气息一样。粗糙的与精致的，完成的与未完成的，前卫的和古典的，桩桩件件都是费思量的。我站在路口，回望刚才走过的路，虽是一眼可以望到头，却又像是什么都望不到望不穿。历史总会把人和事的纠葛洒上一层迷雾再揣进口袋，等哪一日想起来掏出来了，一切却早已经面目全非。

**作者手记**

1. 瞻园国际青年旅舍在夫子庙大石坝街142号，电话：025-66036707。时光国际青年旅舍在总统府梅园新村雍园6-5号（梅园饭店正前150米），电话：025-85569053 。这两家青年旅舍都有自行车租车服务。
2. 若不满足颐和路，可去1912街区看看，总是带着点民国纪念意义的地方，白天是梧桐树下欧式建筑的悠闲烂漫，晚上则是华灯初上、纸醉金迷般的夜生活。

江苏 · JIANGSU

# 南京秦淮河

*Nanjing Qinhuaihe*

## ——桨声灯影下的六朝烟月

小清新指数 ★★★★★

交通指数 ★★★★★

美食指数 ★★★★☆

住宿指数 ★★★★☆

# 解读→秦淮河

秦淮河是南京的母亲河，素称“六朝烟月之区，金粉荟萃之所”，更兼十代繁华之地，被称为“中国第一历史文化名河”。明清两代是十里秦淮的鼎盛时期，富贾云集，青楼林立，画舫凌波。今天的秦淮河已经开发为一条丰富多彩的旅游风光带，有夫子庙、瞻园、白鹭洲、中华门、桃叶渡、古迹、园林、画舫、市街、楼阁等。

秦淮河，这个名字让人联想到的第一印象绝不会是长江的一条支流，或者南京的母亲河。

这条河流演绎的历史传奇已远远超过了它的自然风貌。

秦淮河中飘荡的是六朝金粉的鼎盛繁荣，商贾云集，文人荟萃，金粉楼台，画舫凌波；秦淮河里倒映的是秦淮八艳的佳丽倩影，在香艳的才子佳人传奇中演绎着一段具有历史情怀的流离与动荡。“江南锦绣之邦，金陵风雅之薮”，那彩灯高挂的河岸两边，寺庙王府私家园林古建林立，那乌衣巷内出入的，都是王孙贵族世家子弟。粉黛奢靡，一转眼，秦淮河水洗尽铅华，一场繁华一场梦，“旧时王谢堂前燕”，终于“飞入寻常百姓家”。

光影流转的十里秦淮

夫子庙乃是孔庙的俗称，全国各地建有孔庙的地方很多，棂星门、大成门、大成殿、明德堂、尊经阁，建筑犹在，当年供奉祭祀的文庙如今已成为城市的商业旅游中心。明清风格的仿古街打造起来了，酒肆茶楼热闹起来了，风味小吃和土特产充斥其间，这里成为游客来南京的必游之地。但今时今刻，人们心中牵念的不再是万世师表，于古老文化遗存中体验现世繁华，正是古城文化之旅约定俗成的惯用伎俩。

瞻园

**地理位置**：江苏省南京市鼓楼区

**推荐理由**：一条南京的母亲河，两岸风光旖旎，夜晚灯火绚烂，河水中飘荡的是十里秦淮的粉黛生香，也是六朝古都的历史往事。

**特色看点**：夫子庙、江南贡院、乌衣巷、瞻园、中华门

秦淮河的游览总是从夫子庙开始，这并不是一条多么壮阔包容的城市之河，像流经南阳的白河，她也更不是一条山明水秀的乡野之河，如阳朔之遇龙河。在秦淮河看的不是这条河水的风姿靓貌，甚至也不完全是那灯火通明的夜景灿烂，秦淮河水映射的永远是那些数不尽道不完的历史渊源，她背后的传奇和掌故远远要比这条河水的波光潋滟更加让人心驰神往。

这江南贡院中考中了58名状元，走出了唐伯虎、郑板桥、翁同龢、张謇，名士风流。

那乌衣巷内，王、谢两大豪门巨族鼎立，如今可还寻得到旧日富贵的痕迹？

南岸媚香楼内住过名妓李香君，“白骨青灰长艾箫，桃花扇底送南朝”，那血染桃花扇的烈性奇女子，难道不胜过那些自命风流却最终苟且偷生的公子名士？秦淮八艳的故事为人们津津乐道，并不只是为这些南国佳丽的绝色倾城，也不只为那才子佳人的风流韵事，她们对忠贞爱情的向往和追求让人怜惜感慨，她们于生死存亡之间坚守不畏的民族气节更让人击节吟咏。可惜，她们生在乱世流离之中，秦淮河畔的笙歌宴舞打造的不过是一片虚幻平和的假象，朝代变迁的历史洪流最终搅碎了她们的梦想。当我们今天透过历史的尘埃再去审视这几位风尘女子，一个个聪慧、灵秀、坚忍、多才多艺与侠骨芳心的身影跃然眼前，她们的传奇给这条秦淮河水披上幻影婆娑的霓裳，从此，秦淮河多了一丝女性的柔媚风姿。

古时的秦淮河两岸是纸醉金迷的香粉之地

瞻园曾是明中山王徐达的府邸，太平天国时为东王杨秀清王府，亭阁、曲廊、假山，江南园林的经典布局丝丝入扣，如今已成为太平天国历史博物馆，1600多件历史原物展现眼前，可够还原那一场轰轰烈烈却又惨淡收场的农民运动。

白鹭洲公园也是一座园林，15座襟带小桥古雅玲珑，这里也曾是徐达王府的东花园。当年为明王朝开创立下赫赫战功的中山王，"以智勇之资，负柱石之任"，却也留下了朱元璋赐蒸鹅而死的传闻疑案，鸟尽弓藏兔死狗烹的历史悲剧在一代代的帝王将相中不断重复着相似的结局，是不是扭转乾坤容易，改变人的宿命却比登天还难。

桃叶渡，秦淮河上的一个古老渡口，只因为当年王献之在这里迎接他的爱妾桃叶而取了这样一个婉约的名字。"桃叶复桃叶，渡江不用楫，但渡无所苦，我自来迎接"，王献之写了一首又一首桃叶诗，古老的渡口从此成为世世代代女子心目中的爱情守望地。可是，王献之的爱情生活却并不幸福，他即使贵为世家公子，即使书法造诣之名与其父并驾齐驱，可是皇帝一纸令下，他依然不得不休妻再娶。休了青梅竹马的郗家女，另娶新安公主，关于他和公主后来的生活状况在史料中找不到什么答案，但想来二人的感情也只多是相敬如宾，要不王献之又怎么会如此宠爱一个小妾，并为她写下了这许多缠绵悱恻的动人诗句？

交通

可乘飞机或火车到达南京，再乘1、4、7、30、31等路公交车到达秦淮河夫子庙一线。

秦淮河的故事何其多，可以轻易让你迷失在历史长河的烟月朦胧中。趁着夜色，乘船而去吧，两岸迷幻的彩灯可会胜过当年十里秦淮的烟火，你是否在浆声灯影中看到有人轻纱曼舞，听到有人丝竹笙歌，有一丝恍惚，有一丝迷醉，有一串串历史人名在脑海里徘徊而过，有穿越时空的错觉却不知停在哪个年代。船形缓缓，驶向灯火阑珊处。

“烟笼寒水月笼沙，夜泊秦淮近酒家。商女不知亡国恨，隔江犹唱后庭花。”那时候诗人笔下的秦淮是一种国恨家仇的绝望，光阴再度轮回，秦淮再度重现，“梨花似雪草如烟，春在秦淮两岸边，一带妆楼临水盖，家家粉影照婵娟”，不一样的时光，不一样的心境，秦淮河却还是那条秦淮河。

江南贡院

作者手记

1. 坐游船游玩秦淮河风光带，在夫子庙大成殿前码头上船，普通路线全程50分钟，票价100元。外秦淮河画舫日游和夜游路线不一样，外秦淮河画舫日游线路长。
2. 贡院街上的晚晴楼与金陵春饭店均有招牌风味小吃“秦淮八绝”以及各式淮扬大菜，价格也相当不便宜，有60元、80元、108元、128元几个档次的南京小吃可以选择。

江苏 · JIANGSU

# 苏州平江路

## *Suzhou Pinjianglu*

——三里**桐花**照眼明

小清新指数 ★★★★★

交通指数 ★★★★★

美食指数 ★★★★☆

住宿指数 ★★★★☆

# 解读 平江路

平江路既是苏州的一条历史文化老街，也是平江路历史街区的主轴线，东西两侧依次排列着悬桥巷、大儒巷、卫道观前、中张家巷、大新桥巷等小巷，保存了小桥流水、粉墙黛瓦的特色，格局和八百年前《平江图》上所刻“双棋盘”格局基本一致，堪称奇迹。如今，平江路在水乡风物的巷陌格局中打造出了一番精致婉约的小清新情调，这里的咖啡馆、书肆、甜品屋、青年旅舍，都在无声中传达着一种散漫逍遥的从容自若。

**地理位置**：江苏省苏州市古城区内

**推荐理由**：最具文艺清新气质的是江南，而江南中，最担得起此名的，无疑是这条平江路了。小桥流水、粉墙黛瓦，圆一个《雨巷》清梦。

**特色看点**：小桥流水江南风情、乌瓦粉墙的老建筑、猫的天空之城、中张家巷的昆曲评弹、巷子里的名人故居

苏州，在文人骚客的笔下，晕染的是小巷、花草，是江南春晓、十里山塘，是吴侬软语、烟火人家，是水乡古镇的静谧与恬淡。苏州是俊秀的，一如娇小俊秀的江南女子，水灵顾盼。

苏州的韵调，只从平江路便可见分晓，它可概括出整座苏州老城的整整八百年。平江路的起始靠近东北街，邻近拙政园与苏州博物馆。全场大约三里，虽然短，却有全晋会馆的“中张家巷”，有洪钧赛金花旧居的“悬桥巷”，芳名远播的“丁香巷”，相比于同样是“水陆并行，河街相邻”的周庄西塘说来，平江路有一种“静水深流”的意韵。

春天的平江路两岸，梧桐花照亮平江河，紫色的喇叭形状的花朵，打着旋儿落在河面上。大新桥巷口，有一株大合欢树，开花的时节非常梦幻，云蒸霞蔚。人民路上有本地阿婆挎着竹篮卖香钏儿，在茉莉花开的季节，自制茉莉花香钏，一块钱一只，这种旧时风物，我只在昆明见过一次，不过苏州的香钏是细铁丝串茉莉花，形状牢靠，戴一天也不会掉，行走处满路生香。

穿行在乌瓦粉墙的小巷里，几乎三步一桥五步一景，常常会偶遇令人惊艳的景致——或是一座深藏幽巷里的名人故居，或是小时背诵诗文里的熟悉的名词，或是民宅里的那架满满当当的紫藤花架，或是巷子口三五成群操着一口吴侬软语的苏州老太一边晒箱底珍藏一边闲侃……

猫的天空之城小店

平江路

丁香巷，位于平江路北部，胡厢思桥和通利桥中段。这个巷子是个意外之美，很容易使人联系上那首广为人知的《雨巷》，"撑着油纸伞/独自/彷徨在悠长、悠长/又寂寥的雨巷/我希望逢着/一个丁香一样的/结着愁怨的姑娘。"这条巷子无他修饰，是一条家居为主的寻常小巷了。可苏州老城里像这样的巷子并不多了，平江路区域外的巷子，大多晚节不保，街头巷尾必是被磨皮锉骨或者打过新补丁的。丁香巷这段美丽公案是巧合还是冥冥中注定现已无从考证了。现在小巷的丁香树也早已无存，但古巷依然小心地保持着旧时颜色与寂寞。多情的游客，好奇的学子，还时不时地驻足巷口，或徜徉其间，总希望能再现戴望舒笔下那段悠长寂寥的雨巷小景。

### 作者手记

1. 明堂青年旅舍在平江路28号，电话：0512-65816769。小雅青年旅舍在平江路大新桥巷21-1号，电话：0512-67551752。这两家青年旅舍都有自行车租车服务。
2. 吃饭点菜需注意苏帮菜口味偏甜，吃不惯的要提前跟饭店老板打声招呼。

下雪的时候，小雅旅舍门口

“鱼木”“琳琅记”“在云端咖啡”“桃叶铺甜品”“曼陀罗华”“停云香馆”“清风嘉物”“一坪的海洋线”“猫的天空之城”……这些都是平江路上的店铺名字，江南的灵秀气韵可见一斑。

不得不要写的是平江路的“猫空”，猫的天空之城，主营明信片、书籍和茶饮的概念书店，“寄张明信片给未来的你”这个创意是“猫空”的专利。老板徐涛就是个爱明信片爱插画的文艺男，店里主要卖的也是团队自己设计的明信片、手绘地图，还有卖一些《恋物志》《读库》之类的小众杂志。离总店不到几百米的距离，平江路上还有新开的猫空私家烘焙主题店，他家的奶茶可都是不添任何添加剂的哦。

**交通**

从苏州火车站乘坐178、Y2、Y5等路公交车或从苏州高铁站乘坐811路车，到醋坊桥观前街东站下车，穿过马路走到对面钮家巷即到。

平江路中段有家"品芳"百年老字号茶室，正宗苏式点心，招牌主打是蟹粉小笼、绿茶佛饼和赤豆糖粥。楼上茶座环境绝佳，临河对窗，苏式点心的甜香在唇齿间回味，整个身心放松下来，最最惬意的下午茶时光。桃叶铺甜品店，主打双皮奶、红豆沙和赤豆小园子，不到十平方米的小店稍显拥挤，地段很好实属旺铺，但是物美价廉，价格很亲民。苏菲甜点，这个甜品铺上过好几次杂志电视，店外高高地挑着布旗，沿河设有露天茶几，杨枝甘露和原味奶酪很不错，就是价格有些小贵。

苏州小雅青旅藏身在平江路东侧的大新桥巷里。它曾是清雍正年间文勤公陈世倌在苏州的行馆，后由庞氏先人庞庆麟在清同治年间购得并修缮。旅舍门口即是典型的江南古镇小河，春有紫藤夏有芭蕉，背邻耦园，巷口即是著名的平江路。这估计是全国最小的一个青年旅舍了，九间房，带了三个院子。我去的时候正赶上春天，小雅院子里的那棵百年老紫藤，开花开得没遮没拦，一整个院子里都是蜜蜂"嗡嗡"声和馥郁的香气。住在苏州小雅青旅，没有了平江路的游客喧嚣，搬张椅子坐门口，偷得浮生半日闲，院外河边瓠子花白丝瓜黄，苏州风日好。

斑驳灰墙上攀爬着碧绿的爬山虎，沿街河道上小桥里浆影摇橹。几千年来，小巷里都是这样亘古不变的生活，岁月就这样在船娘的《茉莉花》歌声里拉得悠长悠长。

江苏 · JIANGSU

# 周庄

## Zhouzhuang

### ——花间一壶酒

小清新指数 ★★★★☆

交通指数 ★★★★☆

美食指数 ★★★☆☆

住宿指数 ★★★★☆

小桥流水人家

## 解读→周庄

中国第一水乡古镇，已有九百余年历史。因为四面临水的缘故，周庄躲过了历次的战火波及。又因为元末明初出了沈万三这位江南巨富，明清两代留下了沈厅、张厅等百余座古典宅院，加上多条繁华的石板路和14座形态各异的石桥，共同构造了一幅美妙的"小桥、流水、人家"的水乡风景画。在这里，所有古镇的特质都齐备。吃小笼包，听昆曲，坐坐船，发发呆，时光易过。

"浓荫匝地，那是夏天来临的第一个暗示。你可以看到田野上它在树下的阴凉的环影，或是树林里它更为深浓和凉爽的隐居地。在河流对面的山坡上，好几个月在早晨和正午的阳光下只稍微有些阴影的痕迹，或者说阴影的线条构成的浮雕细工；但在五月的某个早晨我远眺时，看见大块密无空隙的阴影从树木斜落在山坡的草地上。"约翰·布罗斯是喜欢大自然的。这位作家深信所有我们与大自然交流的语言都来自我们内心。"大自然提供条件——孤寂，灵魂提供乐趣。"

我一共去了周庄九次，刚学素描的时候去过。画板一支，河边坐坐，茶楼坐坐，老房子里蹲着。画过溪流桥梁，画过老屋宅，可惜线条总是硬邦邦的，不流畅。渐渐地也不去素描课了，算又多交了学费，同西班牙语一样，终是没能坚持下去。只带着朋友去周庄。

周庄的线条一直很简单，无论有没有游客，骨架脉络都不曾变过。最近一次去，还是六月的事情。如果在花圃里，雏菊该开了，雪白的颜色星星点点地缀着，替所有清新美好的事情发声，欢迎夏天的到来。在周庄，雏菊很少，散在少有游客注意的窗台上、阳台上。可能与少年时的经历有关，看见雏菊就想到蜜蜂的嗡嗡声，想到燕子的啁啾，或是闻到青草的味道，青春的味道突然跑到面前来。你可以想象到，在花间堂住下时发现一颗正嫩着的雏菊时，我的心情有多好。

三间堂，是Dariel Studio设计的。取材于三幢明清风格的民国建筑，每幢四进二厢房。旧主人是戴家三兄弟，自药材起家，然后各做各的营生。时间当然不曾给过情面，与其他未受保护的老宅一样，这三幢独栋建筑分别被用作博物馆、茶室、客栈，还有一部分已经被舍弃了。Dariel Studio却统统拿了来，修复，合并，改建。他们采用了“拼图”式设计手法，统一地面高低，保留并加固主梁龙骨和整体框架，修复和重建门窗，然后清空内部，重新划分结构，于是才有了这20套客房。

他们没有装电梯，轻的行李还好，笨重的行李就要半抬半拖着上楼梯，一层一层挨着楼梯走。形状古老的钥匙被捏在手心里，纹路是特意选的。中式的房间，梳妆台回归，写字台被踢了出去，阳光丝丝绵绵地自百叶窗的纹路透出来。这些光线不吵闹，就那样散在一角，早上是不容易被晒醒的。房间的层高保留着，所以看来难免有些冷清，很像是备受寂寞的老房子，空旷了。我真是在钢筋混泥土里住久了，宽敞一些都觉得别扭，很是靠近百叶窗站了一会。

**交通**

可从上海、苏州、昆山、南京转乘旅游专线或班车到达。

**地理位置：** 江苏省苏州昆山市

**推荐理由：** 在周庄，可以等。坐着等，喝着茶等，哼着曲等，不着急，不慌不忙。春有春来处，四季皆是如此。

**特色看点：** 小桥流水风情、明清建筑、花间堂、昆曲、名人故居

周庄双桥

来时周庄的忙碌，与住进酒店的清闲是明显的反差。住店的客人各有来路，看书的看书，品茶的品茶，聊天的聊天，全都是不慌不忙的。这种随意的情绪，不用语言来表达，斜靠在沙发上放松的肢体语言，或是不带丝毫隐藏情绪的微笑，已是足够。小天井里的光线很好，花草也盛，我便在这里找到雏菊。欲开未开，丝蕊已经抽得高了，等到全开也不过一日光阴。于是去书架上选了一本大部头，叫了份下午茶，很是悠闲的过了一下午。等那雏菊半开的时候，阳光已经远远地撤了开。看着它，叶子小小摇了摇，我有种今日不辜负春光的感觉。

阿婆茶居里的阿婆

深宅大院里，不易听见外头的喧嚣。不过我却想出门，周庄的夜生活是酷的，我一直很喜欢坐在河边的感觉。"一侧是南北市河静静地流淌，一侧是古老的江南建筑，河对岸一排小小的红灯笼沿廊棚挂着。"路边不断有卖艺的人，静静地走上前来等个一两分钟，若没有表示他们就继续下去，直到有人愿意请他们演奏一首。他们穿着江南的衣服，带着二胡和曲谱，或是天生的嗓子，在这座古镇上逗了一圈又一圈。我记得北京曾出过几张二胡的经典唱片，有几首曲子听着就像是在落雨天坐着，看人拉着旧二胡，声音哑哑地唱着，就像是雷雨天雷电如何肆虐都撕不开的天幕一样。

身边的情侣嘻嘻哈哈，点了一曲。那声音会窜，一时高一时低，绕梁，缠屋，又飘上了天，像是想勾一点雨水落下的样子。我想起在苏州平江路遇上的一个二胡艺人。热天，靠着河边坐着，他就一个人。时不时拿二胡吊个音，绕一绕，揉一下鼻子，又接着来。说没有怎么学过，就是自己喜欢，不知不觉就靠着拉乐器走四方了。来来往往的人不在意，他也不着急，就那么一小段一小段地吊。旁边柳树都能感知的燥热，似乎到他身边都停了下来。

周庄的二胡艺人当场没能把雨赶下来，等到我回到酒店洗漱后却听见淅淅落落的声音。收起百叶窗，拉开窗户，一股清凉大呼小叫地跑进了房间，顿时让浑身上下的毛孔都顺了一把。外头的天色黑了，屋檐在与雨水对抗着，时不时蹦出几颗大雨滴，像是砸金豆一般地往地面上滚。本来被暑气侵袭过的身体，被唤醒。恬静、美满和愉快。

这样一场雨落下，曾经是古宅的檐苔墙霉处处处都是生机。接下来的三天内，我眼瞧着绿苔藓一脚一脚地圈出自己的地盘。那种绿色在阳光下居然有点瑰丽的色泽，我难得认为苔藓很美。这或许又是美的本质，又像是一点预示，或是憧憬。这种奇异光照下的瞬时效果，一色新绿，恐怕是繁花遍野也无法披靡。这让我想到家里的淡紫丁香，它不丰腴，也老了。我总因为它能顺利从我手中活下来而备感欣喜，所以格外爱它。它就像是这墙边的苔藓，总能抓住一切机会。我无法用言语来表达这种生命的复苏之美，经过时会情不自禁地看着它们，看着娇小的身躯翠映整面墙。愉悦，并有希望。

作者手记

1. 周庄花间堂唯美人义客栈在中市西街贞丰桥畔，“三毛茶楼”对面，房价较高。
2. 周庄门票100元，含15个景点。留宿的游客请到售票处旁边的拍照点进行免费拍照，门票有效期将延长3天。夜游周庄门票80元，只限当晚游玩，下午4点开始，含张厅、沈厅两个景点。游玩“怪楼”需另付20元/人。
3. 节假日游人很多，黄金周更是人头涌涌，难以感受那种水乡风情，交通吃饭住宿也很成问题，应尽量避免。
4. 马晓晖二胡沙龙听二胡，古戏台听昆曲，贞丰街老茶馆听评弹，都是不错的选择。

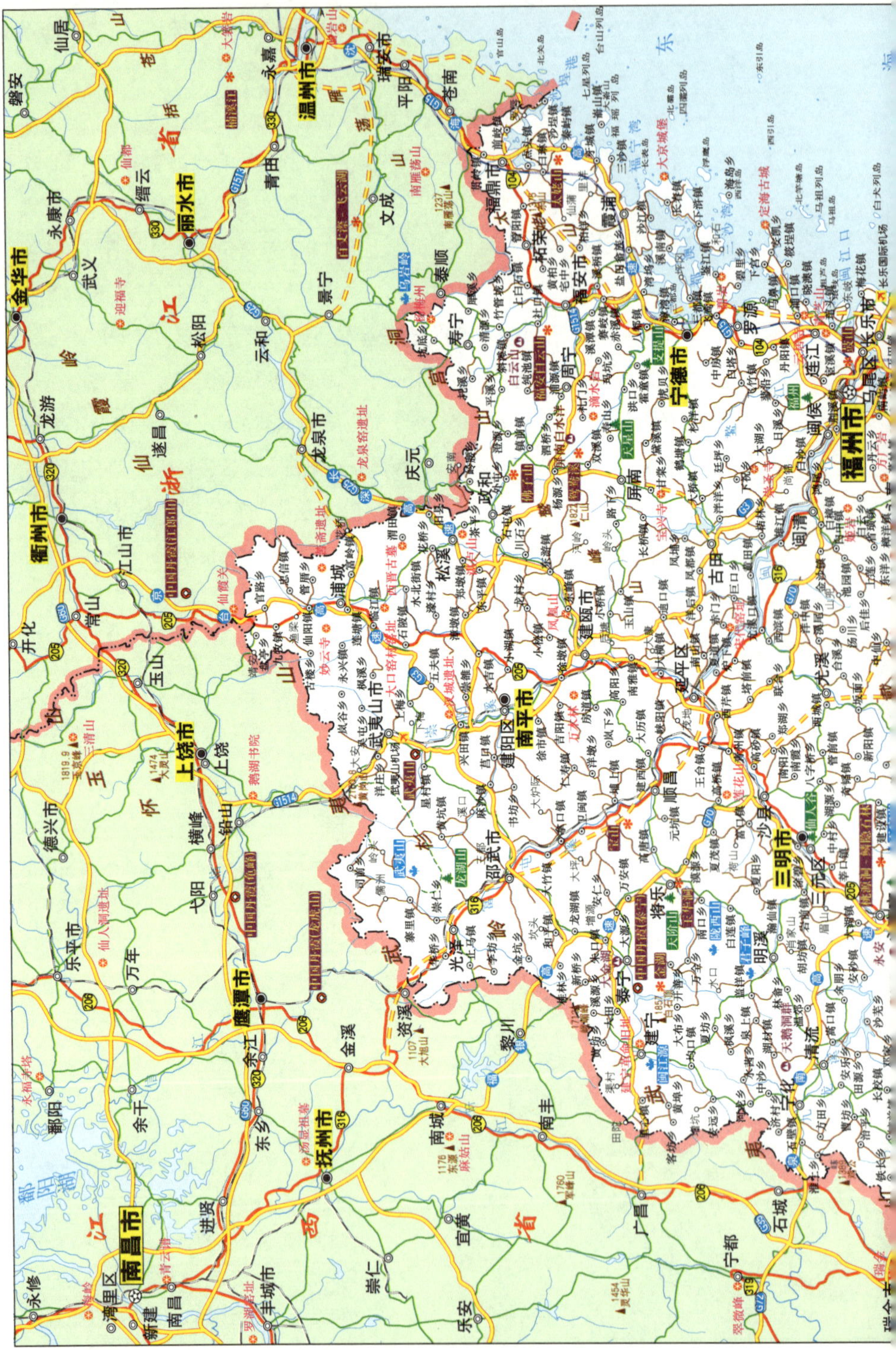

温州市
丽水市
金华市
衢州市
上饶市
鹰潭市
抚州市
南昌市
南平市
宁德市
福州市
三明市
建瓯市
邵武市
武夷山市
福鼎市
福安市
龙泉市
江山市
浦城
松溪
政和
庆元
泰顺
寿宁
周宁
屏南
古田
闽清
延平区
建阳区
顺昌
将乐
泰宁
建宁
光泽
资溪
黎川
南城
南丰
广昌
宁化
清流
明溪
沙县
尤溪
永安
石城
宁都
连江
罗源
马尾区
长乐市
平阳
苍南
瑞安市
永嘉
青田
文成
景宁
云和
松阳
遂昌
龙游
武义
永康市
缙云
仙居
磐安
开化
常山
玉山
广丰
上饶
铅山
横峰
弋阳
德兴市
乐平市
万年
余江
贵溪市
金溪
东乡
余干
鄱阳
进贤
南昌
新建
湾里区
丰城市
崇仁
宜黄
乐安
浙江省
福建省
江西省
鄱阳湖
东海

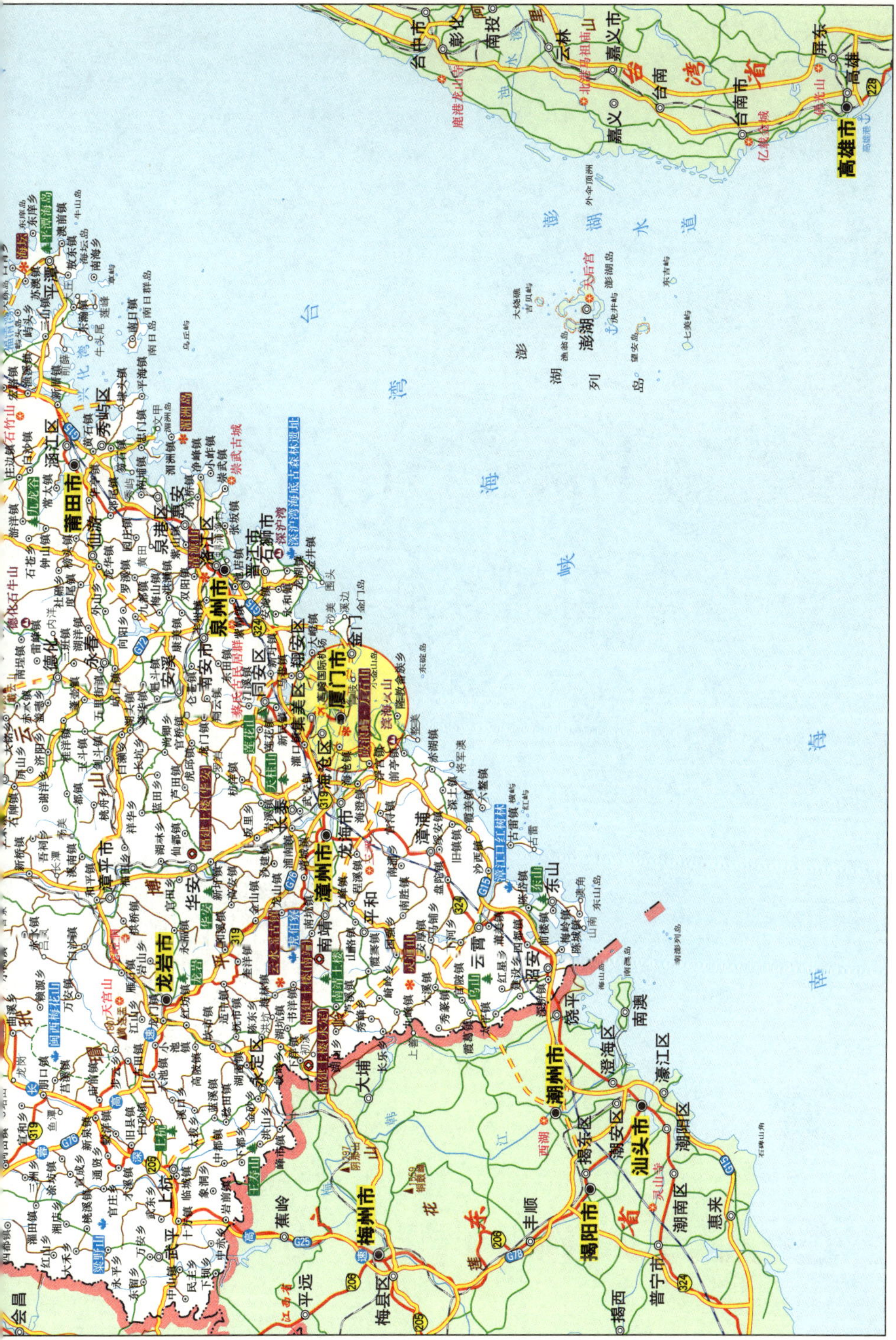
台湾海峡
澎湖列岛
澎湖水道
南海
厦门市
泉州市
漳州市
莆田市
龙岩市
石狮市
晋江市
南安市
龙海市
漳平市
永春
安溪
华安
南靖
平和
云霄
漳浦
诏安
东山
金门
翔安区
同安区
集美区
海沧区
涵江区
秀屿区
仙游
德化
大田
永定区
上杭
武平
潮州市
汕头市
揭阳市
梅州市
饶平
南澳
澄海区
潮阳区
潮南区
惠来
普宁市
揭西
丰顺
蕉岭
平远
大埔
梅县区
会昌
台中市
彰化
南投
云林
嘉义市
嘉义
台南
台南市
高雄市
高雄
屏东
澎湖
台湾省
广东省

福建 · FUJIAN

# 厦门鼓浪屿

*Xiamen Gulangyu*

## ——时间是用来浪费的

小清新指数 ★★★★☆

交通指数 ★★★★★

美食指数 ★★★★★

住宿指数 ★★★★★

# 解读→鼓浪屿

鼓浪屿在厦门市西南隅，与厦门岛隔海相望，因岛上有许许多多中外风格各异的建筑物，素有“万国建筑博览”之称。龙头路商业街常常布满行人，热热闹闹。到了夜晚，岛上常有美妙的音乐溢出，都是爱乐人的作品。钢琴拥有密度居全国之冠，又得美名“钢琴之岛”。近年来创意小店越开越多，成了小清新们常爱造访的一块热土。

日光岩上眺望鼓浪屿

跟着旅行团，很难进鼓浪屿的腹地。我迷上了一家叫红堂生活旅馆的地方，也在鼓浪屿的腹地深处，宝顺巷。要往“鸡山路以下，陈士京墓碑再往下，拐了又拐，进入公平路”，才算到。

公平路的路名有来历。因为它巷窄坡陡，凡有轿到此，轿中的达官权贵都得和老百姓一样下轿步行，所以在日伪时期改名为公平路，并沿用至今。墙色浅，路窄窄的，顺着斜斜的坡走。原本身上的包还显重，这么一走份量倒浅了，可以慢慢行。前方无来客，后来也无追兵，似是安逸又安逸，便选了这条路上的旅馆。

红堂生活本没有什么特别，这附近都是些深藏不露的别墅，唯独打理颇好的几家中它也有份。这里的别墅都是草木相生的，大部分还留着断石朽木，差不多都有个院子，花草参杂。拐角处的别墅曾住着一票文人，似是夫妻两个，安安静静地过日子。先生似乎姓贺，太太很美丽。两人教着学生，周末时办个文化沙龙，还有法语角。贺先生喜欢唱古典的曲子，办过个人独唱会，往来宾客五花八门，大学教授和留学生不少，左邻右舍串门的也多，痴痴顽童也是有的。门一开一关之间，略哑的声音传得高高。

他们当然已经不住在宝顺巷了，前两年已是离开这个亲手打理好的屋宅，至于去了哪里，却也不知道。红堂生活的主人大潘认识他们一段时间，才有了这个缘分做下这个旅馆。其实周围的屋宅中，料理好的当真不多，若能俯瞰整条小街，仍是衰败的气息更强。可他讲："生活总是多样的，你见它衰败，我见它是快乐的、明媚的、怀旧的、舒心的。"大潘用足了心思，要找到一种能与老宅心灵相通水乳交融的方式。一草一木，一砖一瓦，朴实的取材和素雅的色调，都费了许多功夫。这才便宜了我，亲眼见到舒适的光阴恰到好处地穿梭于整座建筑之间。

庭院依山，是新辟出来的，比起开始腐朽的房梁更显生命力。里头不止栽了许多植物，且辟出了一块田来，种点瓜果蔬菜。修饰是半点也无，就像农家的果园菜园一样，只归置得好看些。看多了路边小摊和无休止的游人，这绿色的叶子们一摆就

**地理位置**：厦门市西南隅

**推荐理由**：每年都有许多人去鼓浪屿，而观赏这座小岛最适合的方式就是随意转转，看看老房子，吃吃真正本土特色的小吃，漫步幽静的小道，一切都是简单而自然，不需要过多的言语和装饰。

**特色看点**：老建筑群、音乐厅、特色咖啡馆、创意小店、海景

### 作者手记

① 鼓浪屿可以小住几日，慢慢闲逛。岛上道路纵横，主道路是一纵一横一圈，一纵就是轮渡-农贸市场-泉州路-鼓声路到底；一横，站在泉州路/永春路的交叉口，往左沿着永春路到底-马约翰小广场-港仔后路到菽庄花园；往右沿着永春路到底-笔架山洞-内厝沃路到环岛路，这是一横；到了内厝沃的海边，离沙滩不远的地方就是环岛路，可以绕岛一圈。

② 很多老式建筑可以细细地看，如海天堂构、黄荣远堂、容谷、番婆楼。闽南的木偶戏和南音还有传承，在海天堂构，9:30起逢半点表演。

③ 公平路最安静，田尾路也不差，鹿礁路适合黄昏与傍晚时刻逛，笔山路也很可爱。

④ 每天晚上7点半到8点半之间，在鼓浪屿音乐厅内都会举行专场音乐会，免费向公众开放。

⑤ BabyCat私家御饼屋的饼干很细腻，百年鱼丸店——原巷口的招牌鱼丸汤、至尊鲨鱼丸、炸五香和海蛎煎值得强力推荐，思明区龙头路290号KFC对面的黄则和花生汤店，花生汤很甜很甜。

交通

在厦门轮渡码头乘轮渡十分钟可达。

深巷

送一阵清润来，心肺相当领情。曾贴过土地的人，即便身在城市多年，仍是会恋着幼时记忆的片段，对山亲，对水亲，对瓜果亲，对草地亲。这种亲昵带着一种幼时被满足的依恋感，难以忘记，心下十分满足。

大潘忙他的，总有许多琐事要料理。我惦记了一下果园里的新鲜也就罢了，转身拿了鼓浪屿手绘图朝外慢慢走。没带相机，因为眼睛所见的美才是美，留在相机上的已经是二道贩子的眼光，美却没了第一眼的缘分。慢慢走，风吹花也香，整座岛除却游客最聚集的商业中心外，其余地方都是用来散步的，那些曲曲折折的小巷里散落了许许多多细碎的美好。若是将豆瓣上的植物达人搬来，应当能引起阵阵兴奋，可是我却不行。那些或高或矮的树里至少有三分之二令我难辨种类。冬季的鼓浪屿一点儿都不像在冬季，叶子绿，枝条挺，百花凋尽在这里就是一句玩笑话，树荫密密地还在继续执行替人遮阳的功效。

墙上垂下了许多花来，黄黄的小花可爱，仔细一看是一簇簇的凌霄花。花旁是一水的旧洋房，白色百叶窗和雕花石柱们。有的有招牌，显然有人打理，有得没有，破败积尘中，一砖一瓦一木一草上都是细细的皱纹。若他们能开口说话，第一句会讲什么？若他们能许一个愿望，第一个愿望又会是什么？那些老老的故事，那些精彩的故事，只留下他们做了见证，却永远开不了口，令人无果地探寻。

在泉州路街口遇上板栗咖啡馆，门口放着整齐的二手书架。喜欢书，家里买的也多，可能因不怎么翻阅的缘故，怎么也没有这些二手书来得有味道。多是泛着黄色的印记，闻上去有种陈年的味道。很多人都喜欢来这里看看，一本大概十块来钱，都是老旧的文学书。我是许久不看书的人，站着看了一段时间就踩着夕阳的点儿撤退。

福建 · FUJIAN

# 厦门曾厝垵

*Xiamen Cengcuoan*

## ——风来有心算日月

小清新指数 ★★★★★

交通指数 ★★★★★

美食指数 ★★★☆☆

住宿指数 ★★★★☆

# 解读→曾厝垵

曾厝垵位于厦门岛东南部，东至白石炮台与黄厝接壤，西至胡里山炮台，南至环岛路与大担岛隔海相望，北至御屏山西姑岭，三面环山，一面临海。早年曾经是闽南一带非常传统的渔村，曾经也是一座军事要塞。近些年模样已经不同，偏小清新的咖啡馆饮料店和客栈开遍整座村子。

小资调调

小店名字都特别“文艺”

**地理位置：** 厦门市思明区

**推荐理由：** 近海，是占便宜的。江南的小清新应该能找到熟悉却又不一般的感觉。老式的古砖墙，形形色色的店招牌，稳稳地走着路的人，随处可见的铁花，从院子墙头窜得高高的红花绿叶，是曾厝垵。

**特色看点：** 文艺小店、民宿

飞机落地，一大票人奔着跑着去向鼓浪屿。一小撮年轻人慢慢悠悠地拿行李，慢慢悠悠地打车，不着不慌地叮嘱司机可以绕着环岛路开一圈再到目的地，然后拿着行李快快乐乐地住进民宿主人亲手打理的客栈。客栈常常都有院子，大大的，被绿色的藤蔓绕来绕去。紫色的小碎花影影绰绰，老板说九月是它们最好的时光。那时候紫色愿意从星星点点长大，长大成满墙满园的浪漫花屋。老板说：“那时我的生意最好，所有人从外面看见我家的花墙，都会跑来打声招呼，说了几句肯定是住下的。”但若你去问老板，这花叫做什么，老板却不知道。只是盘下这院子后，不知不觉发现有了这花的，落雨不怕，狂风不惧，渐渐地每年必要繁盛一次。

老板早晨必要喝茶的。喝茶的茶具就放在院子里，木头的桌案是整块木头雕刻而成，却谈不上形状，看起来奇奇怪怪。老板姓张，喝茶时碰上我们总要多洗几个杯子的，匀一些热茶暖暖。我们坐在院子里，看着热茶的香气一丝两丝冉冉而起。院子里的花草味有些浅，老板说雨后的话它们会贡献出一股清青的香气，和茶叶的香气一道，很醒神。

老板是从别处来的，虽然也是福建人。嫁了一个音乐人，在云南呆久了，撤到曾厝垵开了一家民宿。她说，这里几乎大部分民宿都比她家开得晚，却都是怀着一样的心情来的——面对大海，等春暖，看花开。我们在几天后的一次夜宵，碰上了她的先生，拿着一双筷子，轮流在桌面碗筷上敲击出旋律感。旁侧是他们的乐队同伴，在云南待腻了，跑来访友。老板的先生说，他来就好，就有人说说话，聊聊天。他们轮流唱着，从《彩云之南》到许巍的《蓝莲花》。很难辨识他们的心情，有些刻意撕裂的摇滚嗓音中是约莫十年的心事。我们只听着，吃着烧烤，摸着脚下几只舒服得一塌糊涂的猫，一待就是整夜。

我们当然也喝咖啡，在全族公祠改的咖啡馆，"别院"。它当然不只是一个咖啡馆，也是西餐厅。卡普做得很不错，拉花的小伙子大概很喜欢汪星人，一行四人的卡普上都是不同样子的汪星人。他说只打算在这里打工半年，边看海边工作边练英文。别院当然是出名的，闽南古宅的特色都在。老板拿下它后，重新装修时不过添了花花草草增色，散一散祠堂常年的阴冷色调。早晨冷，上午阴，下午有阳光的时候最好，你看那阳光一丝一丝地朝屋子里奔，平日的暗淡色全都跑得干干净净，所以人也最多。聊天的，抱着笔记本不放的，看书的，每个人都有一个让自己舒坦的理由。晚上却不，平日冷清些，到了周末就聚齐了人。你说你的三六五，我说我的三四七。中国的山光海色，异域的绝色风情，于嘴唇一张一合之间轻轻松松可达。

## 作者手记

1. 三月客栈，电话：0592-3302760；厦门角落民宿，电话：0592-2087572 。厦门间隔年青旅客栈、厦门金海家缘客栈、厦门燕子坞客栈、厦门羚羊客栈、厦门哦啊间（OR间）客栈、厦门8090后舍，都属于新开的客栈。若时间多，可以一家一家地看过来，喜欢哪家选哪家。
2. 春天季节最好，6－8月尽量少去，不然很容易被暴雨浇得满身都是。
3. 蜗牛先森有曾厝垵的手绘地图，走一家文艺青年店，敲一记自己的喜爱心情，从左转到右，兜上一圈又一圈。
4. 周末的教堂有老外英语讲座，一半都是当地教民。布道的方式已融人了当地人的思维方式，还是比较有趣的。
5. 沙茶面和鸭肉粥一起，是曾厝垵人一早就选的早餐。来试一下，看看你会不会爱上这种欲语还休的美味。

曾厝垵里古老的红砖厝

那些足迹曾经遍布欧亚大陆的人，或是翻山越岭走过众多幅员辽阔地的人，往往成为当晚的主角。我们听着，我们也说着，接着来点酒，来一点，多来一点。我们说自己的梦想，自己的迷惘，说好的，说不好的，说别人的故事，说自己的故事，然后又是一晚安然而过，舒舒服服睡到天明。

我们当然也看海，和当地人一样。厦门本地人挑剔，真正下海的地方不会选在厦大门口，常去的地点是曾厝垵。自曾厝垵村口对面被刷得粉嫩嫩的公共汽车屋后面，一路沿海朝着厦大的方向走，朝右。初时还没有人，渐渐地迎风就飘来一阵阵嬉笑的声音。曾厝垵的原住民除了自己家开院子招待客人外，都喜欢下午跑来海里疯一阵，不管老的少的男的女的，皆是如此。去时，都像是被放出笼中的鸟儿。对着陌生人笑起来，莫名其妙地心情转好，无论春夏秋冬。跑到蓝色和粉色的房子中间，真的就面朝大海，春暖花开。

所有住进曾厝垵的年轻人，大概都和我们一样，喝茶、喝酒、谈音乐、玩吉他才是正经事。几十个文艺青年，从几十个客栈出来，走街串巷地聚到一起。吹东西南北的事，吃东西南北的菜，这些都是略带着“神性”的人们，各具功能：会修房子，能装玻璃，会做木工，好烧菜，搞音乐。他们聚到了一起，一个社区的功能就圆满了。也所以，你在曾厝垵有奶茶喝，有披萨吃，有吉他弹，有歌儿唱，有字写，有画描，有陶笛吹，有饭“被请”。

我们喜欢蜗牛先森，门口摆放的地图让我们像侦探一样一家一家寻找着心目中最好的曾厝垵。买了户口本，在喜欢的小店店主那里讨一个印章，家家都是自己的标识符号，盖一下戳一下，又是我们一段新的旅途。你可以选文艺青年或是屌丝青年的，你是有自己选择权的，你可以装清纯或是扮傻，青春的好处就是拥有无限可能的张扬。我们四人都不是很怀念校园生活，在看了“程序员”菜单后，速度飞快地离开了三年二班，我们要离老师远一点，更不要说去找校长结账。

所以我们还是最爱烧烤一条街的。当我们逛完了吃货一条街、文艺青年街和自杀一条街，大榕树下的那起子烧烤摊是唯一的去处。所有的悲愤都化作力量，用在桌上的餐餐盘盘上，鸡腿鸡翅鸡胗，红烧肉肉串鱼干，香蕉韭菜绿叶菜，鱼苗鱼干混着烤。我们低头吃着肉，抬头看着天上的星星，说说今天下午喝到的芒果汁怎么那么新鲜，抱怨一些教堂里的参与者怎么那么多，害大家全都站在外面听了两个小时，赞一下烧烤者的水平，再往肉串上抹上一层辣椒油，狠狠地一口咬下。

烧烤摊主姓陈，到这里也没几年，随着曾厝垵的民宿渐渐起来的。原先的两台小桌子，如今是十台，夜夜生意好，从晚上八点到凌晨两点收工。他说是看着曾厝垵起来的，看着一家家民宿开起来，看着宗祠里的temple bar拿位置闹风波再开到如今。他听着许多客人赞赏着梦旅人的音乐会，听着许多人夸奖民国风的“吴家饼店”，和“晴天见”的老板聊天，说其实他也爱晴天就是不想开店。他说曾厝垵是一个令人想不到的地方，画家和音乐家遍地都是，你说哲学就有人和你滔滔不绝谈哲学。

我们相信他的话，我们来过住在这里，喜欢曾厝垵是一开始就被点燃的情绪，也日日在烧。我们看见一张又一张微电影的海报，我们听过一张又一张原创的发烧碟，我们学着在墙面上留下自己的彩色涂鸦。关于文化与美感的冲击力，再没有一个地方能如曾厝垵这样令人散漫却自由地独舞。或许我们喜欢曾厝垵，是因为它的无限可能，是因为它的宽容豁达，你是穷的富的，你是少的老的，它全然不在乎。城市的夹缝中，总有恋恋不舍的飞鸟居住，留下些希望，慢慢发芽生长。

听，陈升说：

海

明天天气会晴朗
鱼儿们都会醒来
年轻的他急着要出航
星星开始在闪耀

## 交通

从厦门火车站到曾厝垵，可以直接坐旅游2线；机场可搭计程车到曾厝垵，费用50元上下。曾厝垵村门口有公车可直达市内，如鼓浪屿和市中心都可直达。

福建 · FUJIAN

# 厦门大学

*Xiamen daxue*

——缅怀年少时光

小清新指数

★★★★☆

交通指数 ★★★★★

美食指数 ★★★☆☆

住宿指数 ★★★☆☆

# 解读⊡厦门大学

厦门大学是国家"211工程"和"985工程"重点建设的著名学府，1921年由陈嘉庚先生创办。学校一边是南普陀寺，一边是海滨与胡里山炮台，校园里有芙蓉湖、情人谷等景点，有"谈情说爱在厦大"之说，被誉为"中国最美的大学校园"。上弦场和建南大礼堂是厦大的标志性建筑。

厦大湖心岛

**地理位置**：福建省厦门市

**推荐理由**：中国最美的大学，值得一去。

**特色看点**：上弦场、建南大礼堂、群贤楼、情人谷

这个被誉为中国最美丽的大学建于1921年。校园里依然保留了许多石板小径，两旁是各色果树或花树，阳光明媚的日子让人心情爽朗，细雨霏霏的时候就比较适合怀旧或者冥想。若是春天，定然要到芙蓉湖畔的林荫道上走一遭，那条路上开满雪白和粉紫的洋紫荆，浓郁的香气弥漫在空气中。春天鲜艳的刺桐和木棉，夏天火红的凤凰花和艳丽的三角梅，冬天圣诞红，映衬着红墙绿瓦中西合璧的特色建筑，碧波荡漾的湖水，湖边被鲜花点缀的草坪，轻拂水面的绿柳，眼前是一张张充满朝气的笑脸，心情自然轻松愉快。

群贤楼是校园里最早的建筑群，楼前的道路全都用花岗岩铺就，陈嘉庚先生手捧礼帽绅士地伫立在楼群正中的小广场上，凝视着这个花费了他毕生心血的学校，不曾离去。这幢经历了80多年沧桑的中西合璧的楼房正是这位让人爱戴的老人所设计，被称之为"嘉庚风格"的建筑，和映雪、集美、同安、囊萤、芙蓉、建南、成智等楼一样是这个校园里最有特色的建筑。闽南民居特有的飞檐、红砖，加上醒目的绿色琉璃瓦，再配以西洋的长廊和圆拱。这是春天，群贤楼前高大的木棉盛开，遒劲的树干上绚烂的红色花朵，映衬得那楼沧桑里又带有妩媚，让人心动。

厦大群贤楼群

鲁迅纪念馆有两层楼房，一楼现在是教室，二楼的某个房间是鲁迅先生当年的卧室兼书房，摆设依旧，他在那里给他的许广平兄写了许多信。有一年拍摄陈景润的剧组，在这楼前的棕榈树下设了场景，身穿灰布长衫的青年陈景润和同学一起走过，如同当年他在这里求学的情景。还有丁香一般惆怅的女孩儿，在光影班驳的圆拱长廊里倚墙而立，为她最美丽的青春留下记忆。

而众多的学生们，就在这里的公共教室里挑灯夜读，准备参加一次又一次的考试。群贤、同安和从前的映雪是大家最爱去的公教，灰色条石的老式楼房冬暖夏凉，和图书馆一样抢手，去得晚了便没有座位，只能回宿舍温习功课。清晨和黄昏的芙蓉湖畔、上弦场边也是勤奋的同学青睐之地，大家隔着三五步的距离沉浸在知识的海洋中。三家村是全校最热闹的地方，集散着学术讲座、文体比赛、社团活动、书讯影讯等信息。

美丽的校园

## 交通

在厦门市区乘公交车可到。

## 作者手记

1. 通常从大南校门进人，先到嘉庚楼群前的小广场，看看最新版的嘉庚风格建筑，然后沿着芙蓉湖边小径到湖对面芙蓉二前的小舞台，参观芙蓉二和芙蓉四，到三家村后右转，从芙蓉一后面的台阶走到建南大礼堂和上弦场，接下来经过鲁迅雕像回到主干道，再从群贤楼前前往西校门，中途经过鲁迅纪念馆和陈嘉庚铜像。这是最便捷的行走路线。
2. 建南大礼堂曾经是国内高校中最大的礼堂，芙蓉一、二、三和四都是典型的嘉庚风格建筑，也是校园里年代最久远的楼房，翘屋檐、红砖地板、绿色琉璃瓦、长廊，一看就是中西合璧的产物。
3. 厦大校园内食堂众多，而且口味不错，可点好饭菜问好价格再去买票。

上弦场是一定要去的。这个操场由于形如上弦月而得名，南边隔着公路临着大海，北边的看台边上矗立着建南大礼堂和南安楼等建筑，仍然是典型的嘉庚建筑风格，即主楼居中，两侧副楼各二的格局，加上楼前一排常年碧绿的棕榈树，庄严而充满生机的气息让人忍不住驻足。

著名的情人谷原本是厦大的水库，被满山的台湾相思树所围绕，近年由于开山修路，成为通往海滨东区公路旁的一道风景，虽然不再有往日的深邃神秘，但仍然是个幽静的地方，让人内心一片安宁。

倘若有机会，登上嘉庚楼主楼的21层，站在顶楼俯瞰，这个美丽校园的所有，便尽收眼底了。

芜湖
繁昌
铜陵
铜陵市
狮子山区
南陵
宣城市
郎溪
广德
池州市
枞阳
青阳
泾县
宁国市
安
徽
省
九华山
黄山区
旌德
石台
绩溪
祁门
黟县
歙县
徽州区
休宁
黄山市
湖州市
长兴
南浔区
嘉兴市
桐乡市
安吉
德清
余杭区
杭州市
临安市
萧山区
柯桥区
绍兴市
富阳区
桐庐
淳安
千岛湖
建德市
浦江
诸暨市
义乌市
东阳市
兰溪市
金东区
金华市
磐安
永康市
武义
衢州市
龙游
常山
江山市
开化
婺源
德兴市
玉山
上饶市
上饶
广丰
横峰
弋阳
铅山
遂昌
松阳
丽水市
缙云
青田
云和
龙泉市
景宁
文成
庆元
泰顺
平阳
苍南
永嘉
浦城
武夷山市
松溪
政和
南平市
建阳区
邵武市
光泽
寿宁
周宁
福鼎市
柘荣
福安市
建瓯市
江
西
省
福
建
省

上海市
浦东新区
浦东国际机场
青浦区
闵行区
松江区
奉贤区
金山区
平湖市
九龙山
乍浦镇
王盘山
嵊泗
嵊泗列岛
花鸟乡
北鼎星岛
马鞍列岛
菜园镇
五龙乡
嵊泗列岛
嵊山镇
黄龙乡
崎岖列岛
川湖列岛
小洋山
大洋山
大白山
滩浒山
立人山
洋山镇
小衢山
黄泽山
对口山
中块岛
衢山镇
衢山岛
鼠浪湖岛
火山列岛
岱山岛
岱山
七姊八妹列岛
小鱼山
大鱼山
小长涂山
岱东镇
岱山
大长涂山
中街山列岛
两兄弟屿
西福山
高亭镇
秀山乡
大西寨岛
东极镇
四姊妹岛
东福山
长白岛
东沙镇
小沙镇
舟山市
普陀山
定海区
普陀区
朱家尖镇
朱家尖
登步岛
朱家尖岛
桃花镇
桃花岛
虾峙岛
虾峙镇
六横镇
六横岛
佛渡乡
梅散列岛
庵东镇
长河镇
慈溪市
观海卫镇
掌起镇
龙山镇
余姚市
河姆渡遗址
瀣浦镇
镇海区
宁波市
北仑区
大榭岛
蚂蚁岛乡
梅山岛
五乡镇
天童寺
春晓镇
鄞州区
东吴镇
咸祥镇
奉化市
溪口镇
雪窦山
王羲之墓
莼湖镇
塘溪镇
裘村镇
贤庠镇
涂茨镇
大徐镇
西周镇
象山
西店镇
大佳何镇
墙头镇
东陈乡
南韭山
韭山列岛
宁海
力洋镇
渔山列岛
定塘镇
石浦镇
鹤浦镇
檀头山
高塘岛乡
南田岛
三门
六敖镇
健跳镇
南山
临海市
花桥镇
海游镇
北渔山
渔山列岛
南渔山
小鹅冠岛
雀儿岙岛
东矶列岛
东矶岛
南门坑
台州市
上盘镇
黄岩区
田岙岛
头门岛
一江山岛
戚继光纪念馆
路桥区
金清镇
黄琅
上大陈岛
下大陈岛
大陈镇
台州列岛
温岭市
松门镇
牛山岛
石塘镇
玉环
玉环岛
坎门
鸡山乡
披山岛
洞头
洞头岛
洞头列岛
南策岛
北麂列岛
北麂乡
南麂岛
南麂列岛
杭州湾
岱衢洋
黄大洋
普陀洋
磨盘洋
大目洋
猫头洋
洞头洋
东海

浙江 · ZHEJIANG

# 西塘

*Xitang*

——半壕春水一城花

小清新指数

★★★★☆

交通指数 ★★★★☆

美食指数 ★★★★☆

住宿指数 ★★★★☆

西塘的“火柴天堂”，也许你也可以来找找自己喜欢的

# 解读→西塘

这是一座有着千年历史的江南古镇，因水而生，因水而活。没有哪个古镇的廊棚能像西塘的这么长、这么完整、这么诗情画意。它把沿河1000多米长的古老民居紧密地联结到了一起，高低错落绵延不断，即使刮风下雨也行走无碍，实在是西塘一绝。西塘的古弄是另外一绝，尤其那条窄窄的石皮弄，更是绝中之绝。

## 交通

可先到上海或嘉兴，换乘直达西塘的大巴可到。

“春未老，风细柳斜斜。试上超然台上看，半壕春水一城花。烟雨暗千家。”一路上借苏老的这番意境，又去了西塘。常去古镇的人，大部分都会喜欢住在临河临街的老房子。小小的门面，不见窄逼，不见怯意，落落大方。

“陈家老宅”便是这样。开脸只见高高的柜台，四角椅上铺了暗红色的布，四周的方角垂了流苏下来，沾了古意。这只是门面，要朝里走，过一个露天的四方天井。西塘的客栈只要有点年份，定然每家都是有个天井的，沾福添彩所用，露点阳光滋润滋润小屋里的生活。“陈家老宅”的天井种了许多花草，一点红一点绿，仔细一瞧中间还间了两株梅花。春日将散未散，余香飘一阵歇一阵，去不了远方，只能在院子里来回。四周是茶座，不大不小的空间，桌上铺了厚厚的织布，挡水挡茶挡春寒。这却还不能进屋。还得再七弯，再八拐，穿堂过巷，才是客房。

客房当然也是雕花大床在内，缠着帐子，铜色的钩和蓝色的床单被褥，能够入眼。讨巧的地方是藏在后头的后花园，载树种花，若干假山点缀。跟在后面的店主人说，园子里本是荒草，特意花了两三年的功夫收拾出来的，就当给客栈添个景。“按照四季种了点东西，梅花好养活点，芭蕉也有，别的就还得再看看。”想要达成某座小园林的效果，的确还是要再费些功夫的，寻常的江南园林不都需要约莫十年的功夫才能瞧？

游船慢慢摇过去

**地理位置：** 浙江省嘉兴市嘉善县

**推荐理由：** 越来越多的文艺客栈和小铺子开进西塘，小清新的文艺范儿正在颠覆着江南小镇的乌篷船和烟雨长廊。精心选择的物件，天南地北的故事，一份份小心思，带着年轻的梦想可以跑得很远。

**特色看点：** 乌瓦粉墙的老建筑、文艺范儿的客栈和小店、烟雨长廊、古弄

相比较而言，单就园子，“七老爷”客栈更精致点。门厅、小巷、廊道、拱门依次而过，还有座“短小精悍”的拱桥陪着流水。假山旁的枝枝丫丫，扯出来许多，有些随着阳光伸得太长，一路朝水面移了去，有那红金鱼时不时绕上一圈，绿水浮萍点了一亮点，如此便是一门一户。

不论是“陈家老宅”或是“七老爷”，一门一户之外，都连着石板长街，都临着溪水靠着长廊。都有斜柳相伴，第一抹阳光是撒在柳枝斜出去的最前沿，金色混住了老柳树的深绿色，很有质感。走得近些，柳枝的绿芽儿已是抽了些出来，因嫩，风吹动得更快。我仿佛能听见这些绿芽儿的嬉笑声，带着世俗的欢愉在里头，拥有爱且持续生长着。这座小镇在春日所洋溢着温润坚韧，不追随任何的潮流。

老宅式的客栈后来又遇上了几家，注意力就被更文艺范儿的地方给吸引走。“转角爱”是其中一家，老板是一个年轻漂亮的姑娘，来了西塘，看上西塘，就跑东跑西盘下了这家店。两层楼，占地很少，可却是个文物。她说不清楚这个屋宅的由来，总是传了好几代的祖宅，被她盘了下来。一楼开了奶茶铺，也卖点零碎小玩意，放了些凳子桌椅，吧台精致而小，榻榻米很懒散，碎花布的沙发，余下的就是几排货架，几乎没有什么位置让人落脚。二楼是客房，才三间，要踩着又窄又抖的楼梯上去。房间很欧式田园风，小小的碎花，小心拼成的色块，是属于年轻人的骄傲。

## 作者手记

1. 西塘100元联票，含11个小景点。在西塘游览最好是沿着长廊漫行，但开放景点大都在廊棚对岸的西街上。景点其实大都是些利用民居设立的各式展馆，不感兴趣大可不进，也可省去不菲的门票钱。
2. 陈家老宅在送子来凤桥与永宁桥之间的烟雨长廊中心段，电话：13600533339；西塘左邻右舍客栈在三埭街5号，电话：18367320717。西塘的私人客栈大多数房间不太多，最好提前预订。
3. 西街是西塘最主要的一条商业街道，街上所售的大都是中国结、农民画、民间剪纸、水墨画、蓝印花布等传统乡土工艺品。长廊一侧的彩云堂原创旅行笔记本店、觅古寻花笔记本店、尚绣坊等特色小店中的笔记本、信封、绣花鞋等小饰品，还有塘东街上的杂货店里的月饼模子、菜篮、茶壶、油灯，都很有江南味道。
4. 西街上的钟福堂、阿牛粉蒸肉庄、翔符粽子坊是其中分别以制作出售八珍糕、粉蒸肉、粽子为主的著名店铺。另外像永宁桥和安镜桥处空地的钱氏豆腐花、陆氏小馄饨、油炸臭豆腐，以及长廊一侧的老马荷叶粉蒸肉、扎肉、熏毛豆，还有过安镜桥西不远的天下第一面里的三鲜爆鳝面，都是独具水乡特色解馋又美味的小食。

夕阳、老树、流水、篷船

阳光暖时可以推开窗，栏杆外是水，你知道的，游船会过，人物会过，视线稍稍收进来点儿就是一楼街上的人来人往。也有偏河边坐着喝茶的人，一杯茶喝了又喝，茉莉花淡出了味道也不肯撒嘴，绿色转成淡白色才肯款款离去。毕竟，远离城市后能乖乖地饶一个有太阳的下午就是幸事。

沿着胥塘河走，慢慢走，随身背包被各种明信片之类的塞满。买了一杯茶，借了一下午河边的竹凳子。闲逛到了几个铺子，脚步又被一家咖啡馆停住。店主搜罗了世界各地的小东西，墙面上是不同产地的明信片、便利签、动车票，有来自广州的、南京的、东北的、上海的、苏杭的，各式各样，被木质的夹子和线绳，串联在一起，虽然和许多咖啡馆里的扮相略相似，但对着甜甜说话的姑娘到底是不同的。

长廊里的红灯笼开始亮了，一条条红色的流苏往河里淌。歇了相机，歇了一支支飘远的许愿船，该是晃夜西塘的时候。偶尔站上桥，或是在某家铺子旁边。当地居民的声音从一个又一个后门板内传进我耳朵，打牌的聊天的吃菜的，做什么的都有。饭菜的香味冲过了门板与门板间的缝隙，朝我扑了过来，却又乖乖地撤了回去。我腹中的馋虫受了一秒钟的勾引，看什么都是诱人的。

在江南忆，喝了酒，也费了酒。用手指蘸了酒，到处涂鸦，墙上桌子上椅子上，微醺的感觉找了来。外头的木藤椅渐渐坐满了，旁边的长板凳被一群又一群的人分了一二三四只，啤酒和冰块的组合帮助醒了神，却又陷入更快的微醺中。回到客栈，不想回房，坐在天井看星星。看着星星，外头的光亮一点点歇，人声也一点点低下来，就剩了水声"哗哗"地被拨开又合拢，如此又是一晚的江南。

这个世界有快递，但这里有慢递，给未来写一张明信片吧

浙江 · ZHEJIANG

# 乌镇

*Wuzhen*

## ——心静处是我家

小清新指数

★★★★☆

交通指数 ★★★★★

美食指数 ★★★★☆

住宿指数 ★★★★☆

乌镇的定胜糕与乌米饭

# 解读→乌镇

乌镇位于浙江省桐乡市北端，距桐乡市区13公里，与周庄、同里、角直、西塘、南浔并称为江南六大古镇，素有"鱼米之乡，丝绸之府"的美称。弄堂狭长，徽式瓦房，叹息的橹声，临水的人家，低垂的酒旗，幽幽酒香，垂挂的徒步，晨曦的五爱，制酱的大缸，浓郁的豆豉香，千工大床，古宅杉木，紫铜扣环，老的和旧的并存，江南同摩登共生。

在乌镇，总要听评弹的。

船家把船篙一搭，拢住对岸的石头，等着客人们陆陆续续地撤离，又一个接一个地往评弹剧院的楼上跑。调子是苏州的方言，北方的人压根沾不得边。还是如今的技术先进，演员嘴里蹦出的词在一旁的台词器上都有显摘。可是一边看人 边看词，难免还是不爽，到底不如本地人爱评弹爱的多。他们并不讲究，不讲究听评弹的地方，是不是现场听曲，也不讲究是不是名角。茶余饭后歇息时，顺着石阶的纹路打扫一二时，会在院子里点上昆曲的频道。左一吊，右一转，调子悠悠地荡着飘着。据说太阳晒人舒服的时候，听几段就该美滋滋地入睡了，小歇片刻，尚有傍晚的活要忙。

## 作者手记

1. 乌镇联票150元（含西栅夜景票）。东栅单独票价100元，西栅单独票价120元（含夜游）。
2. 乌镇的民宿很多，大街小巷都有，若是行李少，何妨当作小小探险，一家一家民宿访过来。
3. 老木酒吧的演唱者，声音醇厚质感，入夜后微醺时听，更宜起共鸣。河边小坐，杭白菊一杯是必须的。尝一口定胜糕，取个好彩头。

我听评弹还是好几年前的事情，以前是不会刻意去听的。记得小时候祖居地二楼，住着一位爱打麻将的上海老太太。那些牌搭子很喜欢上她这里来。只要来了，呼噜呼噜的麻将声起来，点上几根烟就开始杀回合。只要麻将一开始，老太太必然将评弹打开，咿呀呀地唱着来，混着糊牌的得意声，日复一日如此。后来去了乌镇，听一回，又记得听第二回，接着就听了下去。

评弹是淡淡的起承回转，是渐渐走近人心的。却有一点，我听评弹要酒足饭饱后才有感觉，算是一项怪癖。我喜欢西栅大街，长有长的走法，短有短的走法。靠边的位置总有一家两家民宿散着在商铺间，有的写酒店招，有的写茶店招，有些干脆就写有吃有住。每家到晚上都放一两盏红灯笼，盈盈那么一立，晚上一看，总和水里的红灯应和上，成了另外一副模样。这样的景象，总让我停一会。再闻到白米饭的香味，看它软软地往饭碗里一趴，立时能叫我食欲大开。

弯弯折折，一个转身，或许你又可以站在某一座桥上，看到那高高的白莲塔

吃饱饭，可以整个镇子乱跑，也可以去西栅大街的水剧场。走西栅大街的时候，很少看到野花开得好的地方，可这却不代表没有。有一日我串错了地方，只因天色太早。四周还安静，等着开门生意的民宿有点没睡醒的半开半闭，被晨雾打湿的石板路上有零散的行人走过，刚才路过的码头也是空荡荡一个人都没有，小河上的渡船荡着荡着，不当真也不当假。顺着桥旁的走廊一直走了下去，却发现了镇子里深藏的一个秘密小花园。黄色的小野花开道，满满的薰衣草，淡紫色高低高低地挺立着。然后又走，又见着满是青苔的走廊，碧绿碧绿的攀上折下，很招人喜欢。

水剧场就在西栅大街的尽头，坐台由青石板铺成，一坐下，脚底就踩上了厚厚的草。隔着水，是舞台，全画幅，开阔得很。没有戏的时候，一个人坐着很自在，这景又好，境界也好，不觉得孤独，反倒是平平静静。

**地理位置**：浙江省嘉兴桐乡市

**推荐理由**：乌镇的小清新，永远同似水年华系在一起。年华伴着水流，曲折的木桥和永远回响着的江南余韵，一场幽梦，散落。

**特色看点**：老宅新作、乌镇剧院、昭明书舍、酒吧夜色

当然木心阅览室也是平平静静的心情，在昭明书院的后头。阳光不怎么大，窗外的盆景养得不大也不小，几间阅览室的书架上还是有些文艺范儿的书，外加基本诗集，平素读读看看，大半日就该没有了。或许该学文征明，“雨涤山花湿木乾，野云流影入栏干。泉声漱醒山人梦，一卷残书竹里看。”

老木头酒吧门口的大木椅

然后，又走到乌镇剧院那里。我始终记得姚仁喜这位建筑师眼中的乌镇，唯美至极。他说，宛如梦境似的古镇。剧院像一盏并蒂莲，盛开水面。于是便有了这座湖心上的建筑，沉着且质朴，当真像是一尊优雅的水中莲花，夜色下明媚绽放着，朝外的斜墙就是层层叠叠的莲花瓣。莲瓣的伸展有着完美的弧度，据说是建筑师特别测算过的，配合上京砖的细腻温婉，这座现代建筑物竟然萌生出一种难得的温暖。

午后半晌，会叫人想喝点什么。在乌镇总要喝茶的，喝茶也不讲究，镇上多的是茶馆。一支支茶楼的小旗子飘扬着。茶钱也不算贵，十来元，玻璃杯倒满热茶，可添水，有茶点相赠。同高门大户的茶点不同，是度日子用的。有的人家还用搪瓷杯，明眼人看都晓得是二十年前的款式，却新，也不知道是从哪淘来的，店主说耐摔，也挺好。水煮嫩花生，我是很喜欢的，一小把一小把地送入口。若是吃得多了，我再添点茶钱，省得下回老板娘见我吝啬倒是拿别的茶点招待我，却又不美。

茶客们有同我一样的人，也有镇上退休的老者，认识的人总能很快扯上一局象棋或牌。如我，谁都不认识，只能当个看客。茶馆的伙计，早就不用长嘴铜壶了，也不会用凤凰三点头，只能热水壶热热地泡上茶，就是好的。冷清时冷清，热闹时热闹，说笑声，喝茶声，时而有不知道哪来的烟雾绕来绕去，旧时收音机有时不嫌弃地蹦出几段曲子，大概茶馆的日子也同其他古镇的没太多区别。

入夜的巷子，越发显得深。脚下的青石板大概有了晚雾的滋润，新鲜且湿润，粗糙又凹凸。因镇子的人都往家里跑，街上人已不多，踩在石板上冒出回响声。大部分民宿的门窗都用门板挡了起来，有一只从门板特设的小洞溜回家的小猫咪，动作不娴熟，屁股留在外面半晌才进去。我走了半个小时，踱着小步子，也归了民宿，看了小半会儿书，香香地睡去了。

东栅的枕水人家

交通

可先到嘉兴，嘉兴汽车西站大约每半小时就有一班车去乌镇，也可先乘车到桐乡，那里到乌镇的车更加多。约一小时车程。

浙江 · ZHEJIANG

# 千岛湖
## *Qiandaohu*

## ——玉盘珠贝离人泪

小清新指数 ★★★☆☆

交通指数 ★★★★★

美食指数 ★★★★★

住宿指数 ★★★★☆

# 解读→千岛湖

千岛湖位于浙江淳安境内（部分位于安徽歙县），距离杭州市约165公里，是世界上岛屿最多的湖。湖水晶莹透澈，岛屿千座散落其中，站到高处望过去可谓“大珠小珠落玉盘”。景区总面积982平方公里，其中湖区面积573平方公里，平均水深34米，水质澄清，透明度在7米左右，属国家一级水体。多姿多彩的山峦和岛屿耸峙在湖面，形成了1078个岛屿，分中心、东南、西北、西南、东北五个各具特色的湖区。

千岛湖风光

## 交通

从杭州汽车西站乘班车前往千岛湖镇，车程约2小时。也可从歙县深渡镇乘船到达千岛湖镇，全程需5小时。

从黄山下来，自屯溪老街乘车来到深渡码头，本来只是想烟花三月下杭州，从水路自千岛湖绕道苏杭，却被千岛湖景惊艳了一整个春天。沿着新安江顺流而下，两岸青山连绵，虽只是些矮矮的小山头，有的甚至还在出水的底部漏出沙石，但却郁郁葱葱，苍翠满眼。间或可见沿江而居的小村庄，水边埋有养鱼的网箱，三三两两泊着小木船，竹篾船舱里不见渔者，岸上也不见前来浣纱的农妇，岸边田间的油菜花只开了淡淡一点，映在水中如雾气一般，趴在船舱边，望着逆水流过的风景，恍惚中自己竟是那个闯入方外的武陵人。

**地理位置：** 浙江省淳安县

**推荐理由：** 一千个岛屿，千百种姿态。湖光山色交相辉映，海瑞祠等众多文化古迹坐落其间。

**特色看点：** 湖光、山色、文化古迹

梅峰观岛，能远眺千岛湖群岛

到了一些有像样码头的小村庄，班船会靠岸，放在船头甲板上的长木板被搭到岸边，村民提着外面买回的大包小包三两步稳稳地走上岸去。那些村庄小小的，就靠着这条水路、这艘班船与外界往来。江边一个小小的渡头，便是通往这个世界的唯一窗口。这是一种多么薄弱的联系啊，若有若无，可有可无，想象着那小村庄里的生活，想不出，只隐隐觉得那里的时光定会另有一番模样。与我同行的是一位来自冰岛的富豪，颇具经济头脑的他对于这般美景的延伸想象则是——该来这里买块地，弄一所度假豪宅。说完，一个劲儿地感叹为什么没有人发现这块宝贵的地方，竟还没有被开发起来。我不知道要回答他些什么，只是暗自庆幸自己没有来得太迟，至少，没有比他晚到。

越到下游，水中的小岛越多，船灵巧地在小岛中穿行。岛群千岛百态，或疏或密，罗列有致，群集处似连非连，断裂处戛然而止，稀疏处湖面开阔宛若海。顺水而下，船行甚疾，不一会就到了千岛湖镇。

买一张小小的船票，交换一次仙境的观光特权，乘一艘慢船前往湖中景区，去爬一爬那非去不可的梅峰。"不上梅峰观群岛，不识千岛真面目"，登上梅峰观景台，如果运气好，碰上晴好的天气，极目可见300余座大大小小的岛屿，是千岛湖登高揽胜的最佳处。浪静时，那是一把碧绿的翡翠洒落透亮的玉盘中；风起处，水光荡出平滑的曲线，欲皱还休。那大若苍山小似沙丘的岛屿，绿绿地点缀，点缀在底色绿如蓝的湖水中。世界的上半部分是湛蓝的天空，一幅渐变的山水画，不着点墨，尽得风流。

山水画

一千个岛屿，千百种姿态。鸟岛上百鸟齐鸣，清心岛上梅花鹿悠然自得，霭云洞团云洞出……穿梭千岛又成了一次探秘之旅。千岛湖溪谷峰岩，交相辉映，地貌景观非常丰富，石灰岩、丹霞地貌、薄层灰岩、花岗岩……组合变化，多姿多彩，千岛湖石林也跻身中国四大石林之一。古时，这里被称作"白云山"，崇山峻岭间，常产云雾茶。

当然，若不想走寻常路，还可以沿着湖边慢走徐行，会有一番别样风景。湖边有大簇大簇的樱花，正值盛放，花枝热闹，落英随风飘下，落在旁边矮处的红叶上，相映成趣。湖湾幽深多姿，景色绚丽多彩。岛上处处密林，在这里森林覆盖率达95%，故有"绿色千岛湖"之说。看不见湖面的路段，错身而过背着背篓的农人，脸上写满暮归的满足。湖面开阔之处，江天苍茫，水中沙洲，一个背影，举杆独钓，不需吟诵已成诗。

都说，千岛湖是杭州的后花园，而那集万般宠爱于一身的杭州被称作天堂的后花园，那么便可解释为什么这湖光山色美得不似人间之物。而它的美有很多的层次，不同的立面。在这一片湖区还有许多文化遗址和古建。海瑞祠，大大小小的书院，五龙岛的新石器时代文化遗址，小塘坞的西周至春秋文化遗址，蜜山岛的骨塔、蜜山庵、尹山庵，还有叶公墓、郑允中墓等名士墓葬，这里似乎被时光雕刻过，留下厚重的印记。但也厚重得令人哀伤，就在这片美丽湖光的下面，埋藏着两座始于汉唐年间，延续千年的古城——“狮城”与“贺城”。当年为了建造新安江水力发电站而拦坝蓄水形成千岛湖，而它们就在这片美景诞生的那一刻沦为沉入水底的亚特兰蒂斯，留给我们的只剩无限的追忆与想象。

作者手记

1. 千岛湖主要景点分为两大湖区。中心湖区A线：梅峰岛、鸵鸟岛、猴岛、三潭岛，B线：神龙岛、龙山岛、五龙岛。东南湖区C线：黄山尖、天池、蜜山岛、鸟岛。
2. 如果计划每一条线都游览的话，建议在网上买联票，会划算很多。基本上一天只能去一条线，每天都需要重新购买船票。
3. 千岛湖盛产87种淡水鱼，还有数万亩森林中盛产的山珍野味，凭借这一流的生态资源，在千岛湖镇上确实能吃到很多地道的山珍野味，其中特色的菜有清蒸桂鱼、千岛玉鳖、八宝鱼头、银鱼羹、鹿肉炒冬笋、野香菇等。千岛湖镇上最出名的饭店当属中国名餐馆——鱼味馆。

浙江 · ZHEJIANG

# 西湖

*Xihu*

## ——寻找属于**你的**西湖

小清新指数

★★★★★

交通指数

★★★★★

美食指数

★★★★★

住宿指数

★★★★★

# 解读→西湖

世界文化遗产，"人间天堂"杭州的核心所在，宋代大文豪苏东坡曾这么写道："天下西湖三十六，就中最好是杭州。"西湖并非古来即有，两千多年前这里还只是一处浅海湾，因各种原因湾口堵塞而形成湖泊，后人为了治理水患而筑堤掏滩，为了改善景观而堆岛建园，于是有了苏堤、白堤、湖心三岛，成了一处城市园林。基本格局为"一山、二塔、三岛、三堤、五湖"。"西湖十景"包括苏堤春晓、曲苑风荷、平湖秋月、断桥残雪、柳浪闻莺、花港观鱼、雷峰夕照、双峰插云、南屏晚钟、三潭印月。

"西湖"，只这一开头的两个字，便不知如何继续，西湖有太多可说的，多到失语。其实，每个人来到西湖，都带着他们所知的关于西湖的故事，也都带着他们自己的故事；每个人都看见了西湖经典的美，也都看见了西湖不同时刻的不同光景。"欲把西湖比西子，淡妆浓抹总相宜。"西湖的美，是山水掩映的风景，是千古流芳的佳话，是文人骚客的诗词，可谓七分景致，掺得两分典故与一分文韵——而西湖的特别之处，便是这十分西湖，与游者飞扬的思绪相融，便不止十分了。

你方踏上断桥，步态便开始轻盈起来了，俊男靓女们迎风而过，许仙与白娘子的动人场景宛然浮现。穿过白堤，便是孤山，遥想一千年前有那么一位梅妻鹤子的林和靖过着逍遥的生活。孤山西口是一处慕才亭，苏小小与书生的凄婉爱情在耳畔浅盏低吟。向前百米便是岳王庙，精忠报国的民族英雄岳飞风姿依旧。出了岳庙，路过一排摆满丝绸刺绣和天堂油伞的小铺，你便来到了苏堤，于是时光再度穿越千年，东坡在杭疏浚湖面，百姓感恩戴德，民众其乐融融，一派人声鼎沸。苏堤南面，太子湾公园里开满了郁金香。沿万松岭而上便是万松书院，梁山伯与祝英台的爱情故事，化作梁祝的旋律传唱至今。

荡舟西湖，闲赏日落

任凭你哪个季节去西湖，苏堤春晓，南屏晚钟，平湖秋月，断桥残雪，更迭的四季总有赏玩不尽的景致。于莺飞草长的春日，漫步在白堤上，发现点点新红绣上枝头，丛丛嫩绿铺满堤岸，胜是白居易的"几处早莺争暖树，谁家新燕啄春泥。乱花渐欲迷人眼，浅草才能没马蹄"。于晴空万里的夏日，从净慈寺出来，一路花港观鱼，不经意间却又误入荷花池，恰是杨万里的"接天莲叶无穷碧，映日荷花别样红"。于明月当空的秋夜，邀三五好友，泛舟游湖，对酒当歌，却是欧阳修的"菡萏香消画舸浮，使君宁复忆扬州。都将二十四桥月，换得西湖十顷秋"。于雪霁初晴的冬日，一路小跑到湖堤，抖擞抖擞精神，抬头望去，当是李郢的"山影浅中留瓦砾，日光寒外送涟漪"。春赏柳浪闻莺，夏观曲院风荷，秋品满陇桂雨，冬看灵峰探梅，季季光景好。

**地理位置：** 浙江省杭州市

**推荐理由：** 中国美景的代表，自然之美与人文之美的完美结合。

**特色看点：** 苏堤、白堤、湖心岛、文澜阁、雷峰塔

毕竟西湖六月中

交 通

在杭州市区乘多路公交车可到。

烟雨迷蒙的西湖

## 作者手记

① 游览西湖可以有各种各样的方式，取决于你期望如何地享受。如果只想尽情陶醉于这湖光山色之中，可以泛舟湖上从黎明划到日暮；如果满足于匆匆地掠过一下西湖的轻纱，可以坐上电瓶车沿路走马观花；如果希望自由自在地领略风光的旖旎，可以租个自行车边骑边看；如果不甘心放过每一个细节，也可以沿着河岸随心漫步；又或者，你还可以有更多新颖独特乃至匪夷所思的想法。

② 虽说春天可能是西湖最美的季节，这时候苏堤上的桃花正争相绽放，还可去龙井村品茶。但夏天有曲院风荷，秋天有平湖秋月，冬天有断桥残雪，出游的季节选择，于杭州似乎并不是一个很大的问题。

若你硬要问，究竟何时游西湖才是佳时呢？答案便是——你和西湖相遇之时。

俗话说，晴西湖不如雨西湖。望湖楼上的苏轼与友对饮，酒正酣时恰逢风雨大作，不禁诗兴大发，“黑云翻墨未遮山，白雨跳珠乱入船”，挥笔而就。而深秋时节，却是淅淅沥沥的细雨扣人心弦，换作“留得残荷听雨声”的闲情逸致。

雨西湖不如夜西湖。孤山静处的林逋，给心爱的梅花浇完甘露后，对月独酌，闲吟一句“疏影横斜水清浅，暗香浮动月黄昏”，黯然销魂。就连鸟儿也同游人一样，流连忘返，难怪明朝的董斯张惊叹道，“二更水鸟不知宿，还向望湖亭上飞”。太阳渐渐西斜，远处是雷锋夕照，洒下半池的余晖。宝石山上，灯火辉煌，璀璨夺目。夜色如黛，你在柳风拂面的苏堤，捡一条长凳坐下，听微波拍岸。身前是城市的流光溢彩，身后是群山的恬静安详，你就在这条穿越古今的堤上，享受着一场光影交错的盛典，那么地悠然自得。在对岸音乐喷泉的旋律中，夜的华章完美落幕。

夜西湖不如雪西湖。崇祯五年下了大雪，着实乐坏了张岱，他裹着棉衣，撑着小舟，拥上炉火，携美酒一坛，登上湖心亭煮酒看美景，“湖上影子，惟长堤一痕，湖心亭一点，与余舟一芥，舟中人两三粒而已……”

西湖的美，是柳永的“重湖叠巘清嘉，有三秋桂子，十里荷花”，也是袁宏道的“山色如娥，花光如颊，温风如酒，波纹如绫”。西湖的美，在景致、在典故、在文韵，却最终，都在你和西湖相遇的那个时刻、那个地点、那片纯粹属于你自己的西湖之中。

浙江 · ZHEJIANG

# 西溪湿地

## Xixi Shidi

——西溪且留下

小清新指数 ★★★★☆

交通指数 ★★★★★

美食指数 ★★★★☆

住宿指数 ★★★☆☆

# 解读→西溪湿地

西溪湿地位于杭州市区西部，距离西湖五公里，是国内唯一的集城市湿地、农耕湿地、文化湿地于一体的国家湿地公园，堪称中国湿地第一园，也是《非诚勿扰》在杭州拍摄的主要外景地。西溪景色以天然质朴为美，占地面积约11.5平方公里，约70%的面积为河港、池塘、沼泽，河流众多，温度适宜，雨量充沛，植被繁多。

**地理位置**：浙江省杭州市

**推荐理由**：西溪之美在于野趣，在于体验那种毫无雕饰的清新自然。

**特色看点**：梅竹山庄、西溪梅墅、西溪水阁、秋雪庵

走累了，进小酒店歇歇脚

还记得《非诚勿扰》中的那幕吗？摇橹船里，葛优抿一口龙井茶，望着船外的景色，听着穿蓝布衫的小姐讲解："外面的人一提到杭州，首先想到的就是西湖。却不知道，就在杭州市区距离西湖仅有五公里之遥的地方，至今仍保留着一片罕见的次生态湿地。她是一个国家级的湿地公园，名叫西溪湿地。宋朝有个皇帝，逃亡时经过西溪，就跟我一样迷上了西溪，想把行宫也建在西溪。后来由于经费不够，不得已放弃了这一打算，临走前依依不舍，说了句'西溪且留下'，就这样留下了西溪的千古美名。"

《非诚勿扰》公映之后，旅客们便从各地纷至沓来，一睹这片神秘的水域；可你若认为只是这部电影成就了西溪，那你就错了。

西溪，与西湖、西泠并称为杭州的"三西"。　诗人姚石子曾写道："西溪之境如苎萝美人，澹冶幽娴，云鬓蓬松，而自然绝世，与西湖之如美人已入吴宫，韶丽明靓，浓妆艳抹，固有别趣。"如此可见，西溪的动人之处正在于其与世隔绝般的素然去雕饰的野趣。

走进西溪湿地，千回百转的河湾、摇曳轻抚的芦苇，让你仿佛走入烟水缭绕的仙境……若飘忽的远处再传来一曲阮氏兄弟悠扬的歌声，你是否便会联想到《水浒传》中的"水泊梁山"？没错，经专家考证，西溪湿地，正是施耐庵《水浒传》中水泊的原型！在这里，你也可以选择坐上一只小船，荡漾于这"一曲溪流一曲烟"中，惬意地品一杯清茶，嗑一碟瓜子，与船夫畅意闲聊……

而我则选择静静地漫步其中，慢慢去探寻西溪留下的秘密……传说西溪有"十景"：秋芦飞雪、火柿映波、龙舟胜会、莲滩鹭影、洪园余韵、蒹葭泛月、渔村烟雨、曲水寻梅、高庄宸迹、河渚听曲。而是否能与之邂逅，便得看你与西溪的缘分了。既为缘分，便也不必苛求必至此"十景"，因为不同季节的西溪，都有她留给你的惊喜。

环水的建筑

西溪的柿子便算是惊喜之一。相传康熙南巡至此，写诗曰："十里清溪曲，修篁入望森。暖催梅竹早，水落草痕深。"后其孙乾隆命人在西溪栽种了3000余株柿子树。故一路上若见街边商铺出售西溪柿子，千万要品尝一下，说不定就是乾隆皇上当年种下的树所产的！

经过烟水渔庄，若能有幸适时一睹其"烟水"三渺：柳烟、云烟、炊烟，此番人与烟水共处之景，定会让你犹如身临仙境。如果没有见到，也千万不要失望，因为这里更是游客一品西溪"野味"之处！西溪古时为杭州的"活鱼库"，而今西溪中多为野生淡水鱼，在古朴的客栈小坐，点上一盘西溪鲜鱼，再配上西溪特色的米酒，仿若拾回了古游西溪之味。

交通

在杭州市区乘310、K310、K506、Y13、观光1号公交车等可到。也可从雷峰塔景区乘坐免费旅游巴士直达。

古朴的小镇

深潭口是西溪水路要处，《南漳子》记载：“深潭口，非舟不渡；闻有龙，深潭不可测。”因此，这里便成为独具乡俗风情的龙舟胜会所在地。若是在端午游西溪，这里便是人来舟往，热闹非凡。深潭口百年老樟树下的古戏台，据说还是越剧北派艺人的首演地呢！

烟水渔庄和深潭口之间是湿地植物观赏区，大片池塘中生长着菖蒲、水茭白、水葱、浮萍、野芹菜等各类的水生植物，游走于塘边长长的栈道，扑鼻便是幽幽的青草香。而虾龙滩生态保护区更是各种水鸟的天堂，在保护区的观鸟台，你也许能遇见群鸟纷飞的壮美之景！

“西溪人家”是对西溪原居民农家生活场景的再现。看着那些西溪人家所使用的生活用品，伴随着从窗户斜斜射入的午后阳光，让人不禁怀疑，农家主人是否只是外出农耕打渔，黄昏便归？

离开西溪之时，你定是不舍的，然而每个来访者眼中的西溪，又定是不同的。西溪，不止是为宋高祖赵构而留下的，也是为你而留下的。非诚勿扰，若诚，我想西溪正静候您相“扰”……

作者手记

1. 西溪门票价格较贵，可先网上预订，再去景区正门售票口取票。门票80元，船票60元，门票+船票140元，预订价115元。
2. 环园游步道长约8公里，步行一圈需3.5小时以上，也可以选择1−3小时的区域游览。
3. 现在的“西溪十三景”分别是：周家村入口(主入口)、烟水渔庄、泊庵草堂、西溪水阁、梅竹山庄、深潭口、西溪梅墅、西溪草堂、秋雪庵、西溪桑蚕丝绸故事、西溪人家、虾龙滩生态保护区、湿地植物观赏区。
4. 西溪有公交车到灵隐寺，有时间和精力的话，可以从这里前往灵隐寺景区。

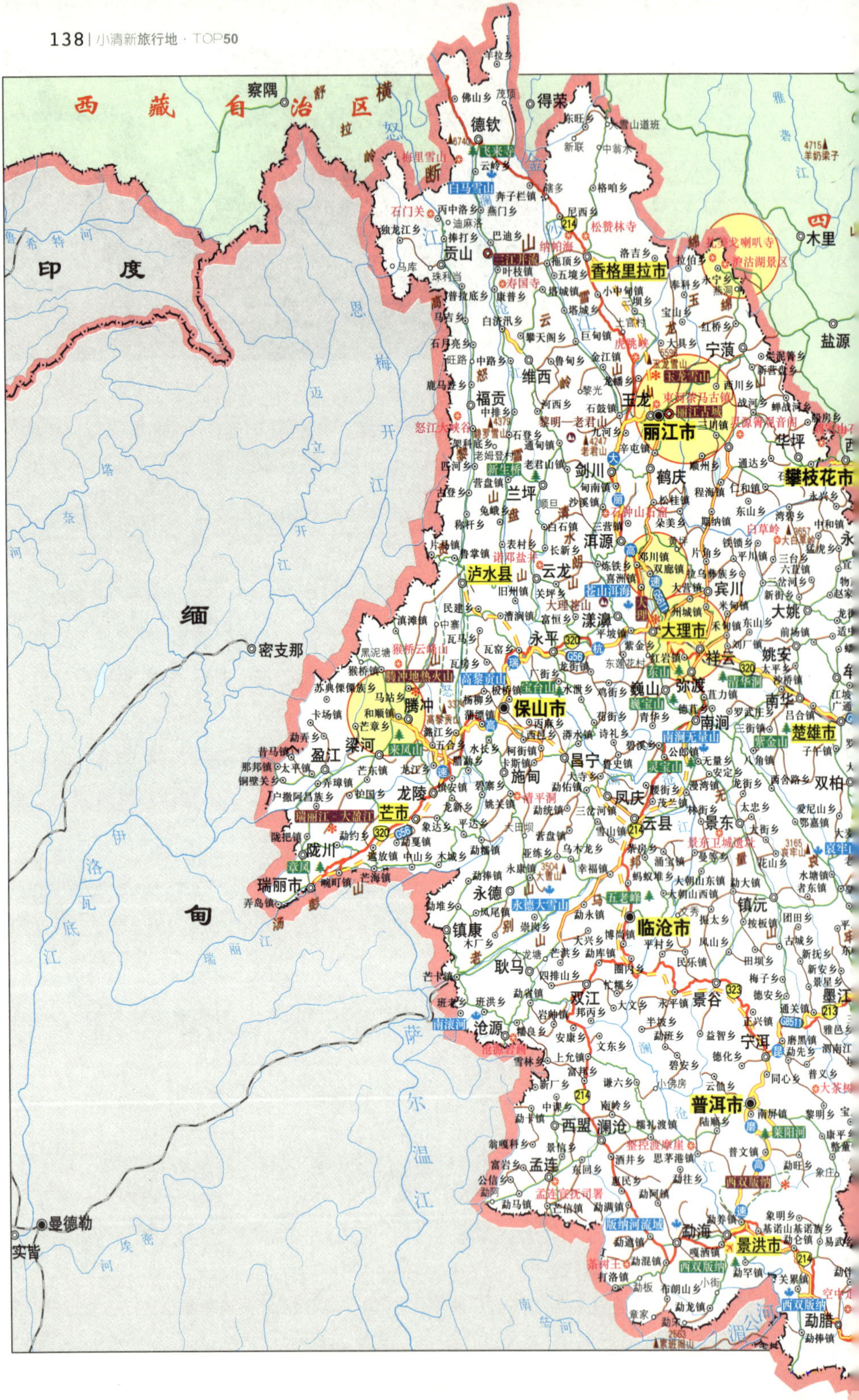
西藏自治区
印度
缅甸
四川
察隅
得荣
德钦
木里
盐源
贡山
香格里拉市
维西
福贡
宁蒗
玉龙
丽江市
华坪
攀枝花市
剑川
鹤庆
兰坪
洱源
泸水县
云龙
宾川
大姚
漾濞
大理市
永平
祥云
姚安
密支那
腾冲
保山市
巍山
弥渡
南华
南涧
楚雄市
梁河
盈江
昌宁
施甸
龙陵
芒市
凤庆
云县
景东
双柏
陇川
瑞丽市
永德
镇沅
临沧市
镇康
耿马
双江
景谷
墨江
沧源
宁洱
普洱市
西盟
澜沧
孟连
勐海
景洪市
勐腊
曼德勒
实皆
梅里雪山
玉龙雪山
泸沽湖景区
松赞林寺
虎跳峡
丽江古城
束河茶马古镇
老君山
石钟山石窟
苍山洱海
大理古城
腾冲地热火山
高黎贡山
来凤山
瑞丽江-大盈江
永德大雪山
五老峰
南滚河
西双版纳
澜沧江
怒江
金沙江
恩梅开江
迈立开江
伊洛瓦底江
瑞丽江
萨尔温江
南垒河

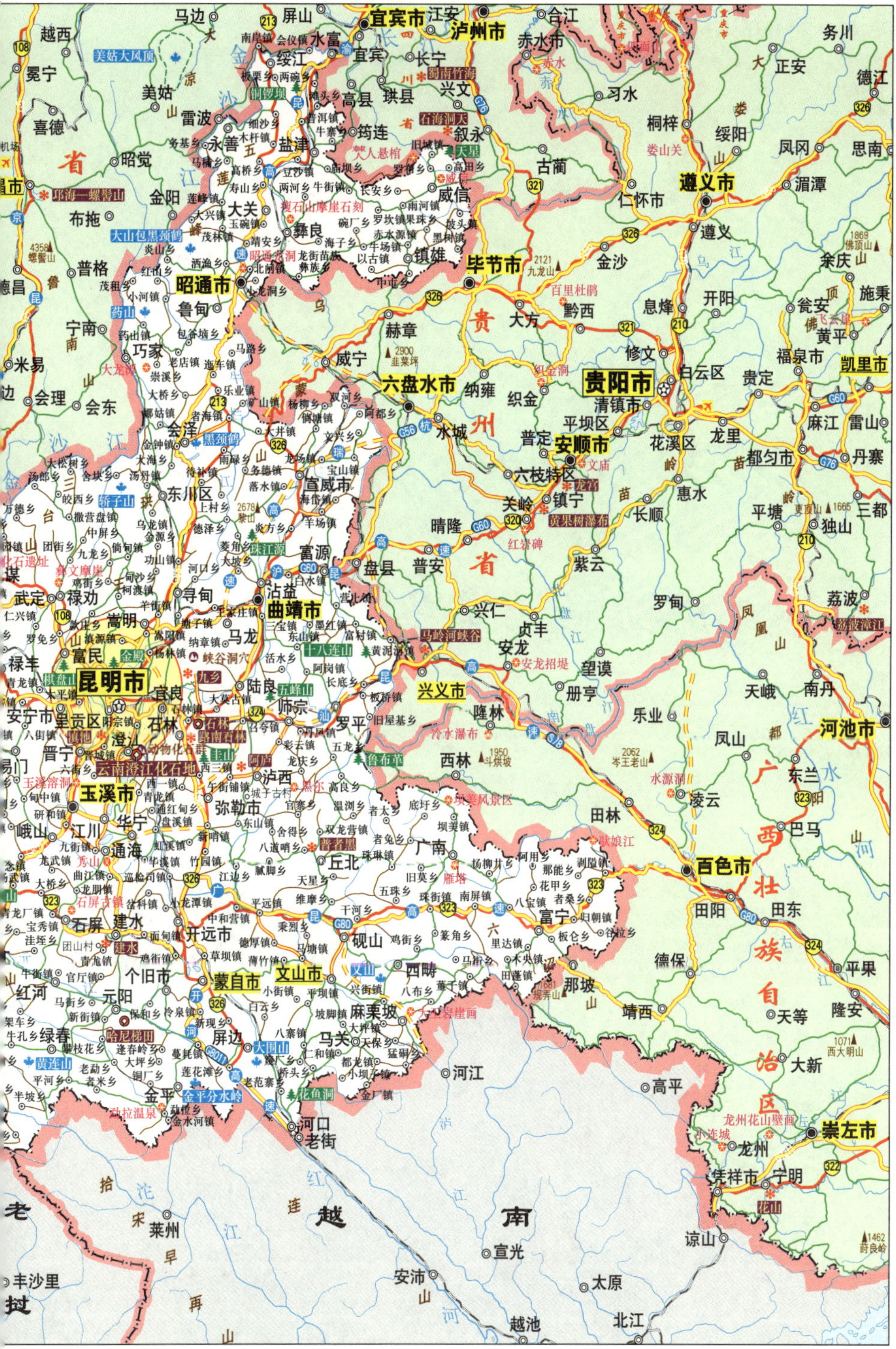
宜宾市
泸州市
毕节市
昭通市
六盘水市
贵阳市
安顺市
遵义市
都匀市
凯里市
曲靖市
昆明市
玉溪市
兴义市
百色市
河池市
蒙自市
文山市
个旧市
开远市
弥勒市
崇左市
越南
老挝
云南省
贵州省
广西壮族自治区
河口
老街
宣光
太原
北江
谅山
凉山

云南 · YUNNAN

# 昆明翠湖

*Kunming Cuihu*

## ——让烦恼随红嘴鸥消逝无踪

小清新指数 ★★★★☆

交通指数 ★★★★★

美食指数 ★★★★☆

住宿指数 ★★★★☆

# 解读→翠湖

翠湖位于昆明市五华山西麓，因其八面水翠，四季竹翠，春夏柳翠，故称翠湖，是镶嵌在昆明城区的一块绿宝石。翠湖公园占地面积21公顷，其中水面15公顷，湖堤始建于道光年间。每年秋冬时节，成群结队的红嘴鸥从西伯利亚飞来过冬，形成一道美丽独特的景致。翠湖毗邻著名学府云南大学，曾是沈从文、朱自清、吴宓、汪曾祺等著名文人驻足风雅之地，洋溢着浓浓的人文气息。

**地理位置：** 云南省昆明市

**推荐理由：** 繁华都市拥有这样的湖光山色已属奢侈，何况还能在冬日暖阳下喂食红嘴鸥，看着它们自由翻飞，体味最为简单纯粹的快乐。

**特色看点：** 翠湖、红嘴鸥、云南大学

阳光、鲜花、过桥米线，还有翠湖的红嘴鸥，这么多年一直是我对昆明的执着念想。每次到昆明，自然而然遵循我的春城特色三部曲：吃米线－逛花市－翠湖喂海鸥。当我踏上昆明的土地，瞬间沐浴在高原的阳光下，心情就莫名轻松起来。

犹记初见翠湖，还是十年以前，时空从自己生活的阴霾城市转换到这个春天之城。二月时分，我的城市还在隆冬，昆明已然春暖花开，翠湖公园的郁金香、樱花、杜鹃姹紫嫣红，俨然一幅春日图画。翠湖，与其说是一个景点，不如说是昆明人的市井之所，有蓝天，有碧水，有春花，有飞鸟，还有老人小孩的欢歌嬉戏以及民间艺人的游戏杂耍，找块空地摆开场子，每个人都在自得其乐。对昆明人而言，他们在翠湖的自娱自乐大约已是生活中不可或缺之一部分。翠湖之于昆明，仿若与生俱来的组成。

花红柳绿，红嘴鸥展翅飞翔

水月轩里每天都有身穿民族盛装的人们在跳欢乐的烟盒舞

他们说："梁朝伟有时闲着闷了，会中午临时去机场，随便赶上哪班就搭上哪班飞机，比如飞到伦敦，独自蹲在广场上喂一下午鸽子，不发一语，当晚再飞回香港，当没事发生过，突然觉得这才叫生活。"当我听到这个段子，脑海一下子就浮现出翠湖的红嘴鸥，是啊，当我闲着闷了，我也可以随便搭飞机或火车去昆明翠湖喂海鸥，这就叫生活。

每年冬天，成群结队的红嘴鸥从遥远的西伯利亚飞到翠湖，它们是怎样知道这里有着最温暖的阳光和最热情的昆明人？冬日暖阳，微风拂面，在湖岸随意找个空地坐下，买包鸟食，扬手一抛，碧波之上，鸟儿漫天纷飞，争相夺食，你忍不住嘴角扬起微笑，那种没心没肺的简单快乐，如同回到遥远的孩童时代。更多时候，你就静静坐在那里，呆呆的，什么也不想，什么也不做，红嘴鸥在身边走来走去，发出叽叽咕咕的声响，这样一个午后，你会感觉时间为什么走得那样快。

漫步在翠湖边上，遥想在此求学四年的著名学者汪曾祺。想起汪老自己的描述，当年和同学们在临湖茶馆喝茶，嗑完瓜子顺手就把盛放瓜子的铁皮碟啪一声扔进湖中，收钱的堂倌心知肚明却从不斤斤计较。不禁莞尔，往事俱往矣，那些可爱的人和可爱的事。眼前花团簇锦的翠湖，因为这些美好的往事，增添了更多可亲可爱的味道。

翠湖旁的陆军讲武堂也是每次都喜欢去逛一逛的地方。从翠湖公园的西门走过去，就能进入这所在中国近代史上赫赫有名的军事院校。这里曾是朱德的母校，和黄浦军校、保定陆军军官学校并称为中国三大军校。最爱夕阳西下之时，太阳的余晖把中西合璧的明黄色建筑渲染得鲜亮辉煌，又有种庄严的肃穆。想起那些从这里走出的元帅和将士，朱德、叶剑英、龙云、卢汉……，心中升起无限感慨。

沿着翠湖公园的外墙随意乱走，不知不觉来到被评为中国十大最美校园之一的云南大学老校区。隆冬时节，校园依然绿意盎然，校门和主要教学楼完好保存了上世纪的建筑风貌，散发出古朴而沧桑的味道。漫步在校园中，偶然还会发现树林里躲躲闪闪的小松鼠，阳光微醺，绿草如茵，抱着书本的学生三三两两，你发现眼前的这个世界，古老而又年轻。

汪曾祺曾经写道："昆明和翠湖分不开，很多城市都有湖。杭州西湖、济南大明湖、扬州瘦西湖。然而这些湖和城的关系都还不是那样密切。似乎把这些湖挪开，城市也还是城市。翠湖可不能挪开。没有翠湖，昆明就不称其为昆明了。"深以为然，翠湖就是这样一个神奇的地方。莫名烦躁的时候，每每想起冬日午后坐在翠湖岸边看海鸥翻飞，那些无谓的焦虑和烦忧，竟然慢慢烟消云散……

### 作者手记

① 翠湖旁有著名的高等学府——云南大学以及创办于1909年的陆军讲武堂旧址，环境优美，值得一游。此外，附近螺峰山上还有昆明动物园，圆通寺也在附近，有兴致可从翠湖步行前往。陆军讲武堂每天10：00和15：00为观展者提供两次免费解说，注意星期一闭馆。

② 走累了，肚子饿了，翠湖附近不乏美食。最爱端仕小锅的小锅卤饵丝和小锅米线，每次必点，傣族人家的云南菜也颇有口碑。附近还有两家异国口味，金太阳意大利餐厅和阿里郎韩国料理也不错。

### 交 通

在昆明市区乘坐100、133、235、25路公交车可达。

可爱的红嘴鸥

云南 · YUNNAN

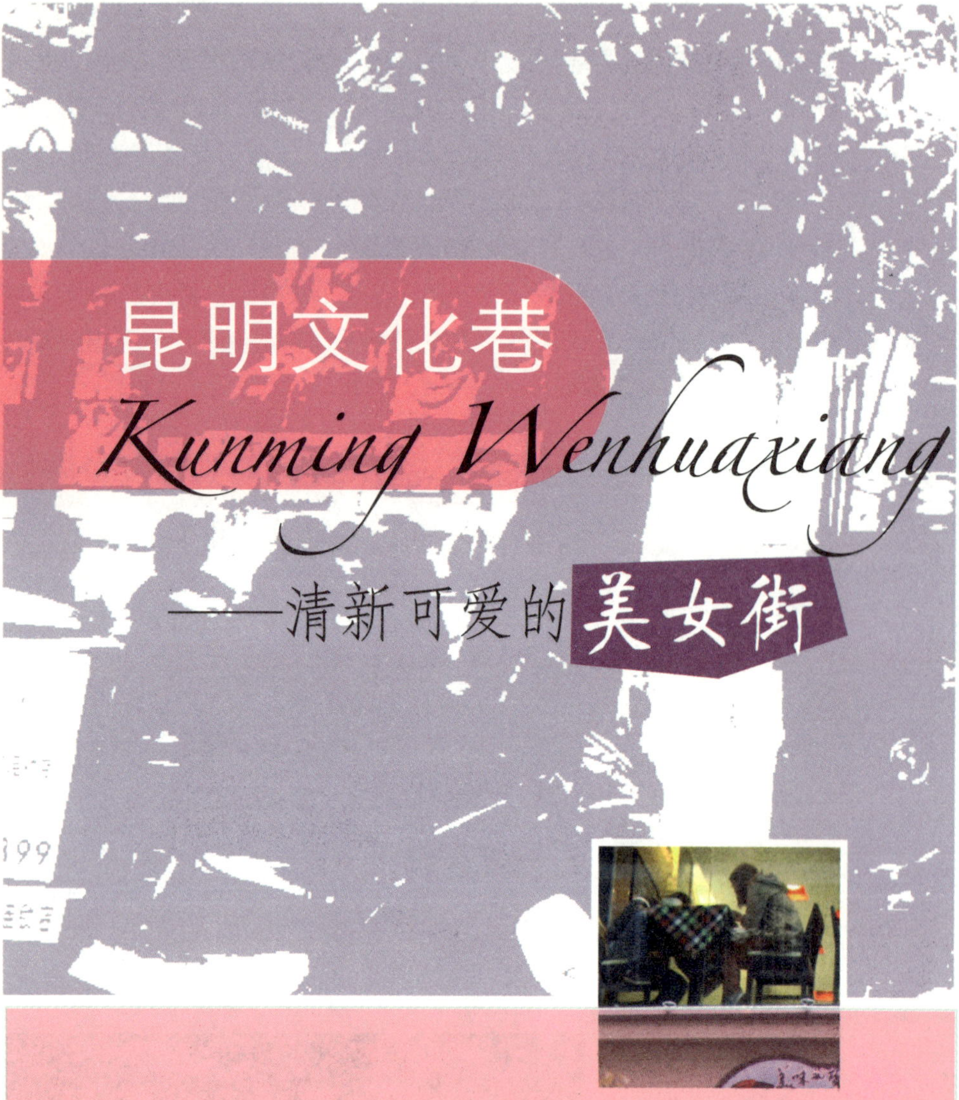

# 昆明文化巷

*Kunming Wenhuaxiang*

## ——清新可爱的美女街

小清新指数 ★★★★★

交通指数 ★★★★★

美食指数 ★★★★☆

住宿指数 ★★★★☆

# 解读→文化巷

文化巷以前叫"荨麻巷"，西南联大时期，这里曾经留下过许多名人匆匆的脚步，闻一多、朱自清、杨振宁、汪曾祺、萧珊、冰心……那个时代的精英文化人都曾穿越过这条碎石简陋的小巷，后来才因此改名为"文化巷"。现在的文化巷全长约2公里多，毗邻云大、师大、理工大等高校，鳞次栉比的都是小吃店、咖啡馆、服装店。

小铺里头大有乾坤，卖的东西大都讨美女喜欢

时常混迹昆明小街小巷的鸟哥说，走在文化巷，尤其是晚上，每五秒就能遇见一个美女，有中国的，有外国的。

他带着我，从云师大正门过一二一大街上的天桥，走进天君殿巷，然后再一个小拐弯，就进入了有着"昆明洋人街"之称的文化巷，当然你也可以直接从文林街上拐进文化巷，但，站在天君殿巷口，可以望到云大、云师大以及昆理工，再加上云大的留学生公寓，有了这些，便不难想象文化巷里独具校园文化特色的喧闹从何而来。

晚十点，昆明的大小商场已经开始闭门谢客了，文化巷里却正是摩肩接踵热闹非凡的时候，不到三百米的小巷，夜市正酣，人行道上私家车后备箱、储物箱早已打开，摊贩们的欢乐时光一直要延续到午夜。文化巷的夜市没有固定摊位，有趣的是，白天就已经有小板凳和各种粉笔写的"有人"大字来占位了。摆小摊的多是美女，光顾小摊的也多是美女，怎么看怎么让人高兴。鸟哥二十一岁的外甥女在云师大读书，周末时常在文化巷里占位摆摊儿，"就拿一块大围巾，往地上一铺，卖些个廉价首饰、头花、T恤什么的，遇到城管，围巾一裹，拎起来就撤，跑得比兔子还快！"鸟哥眉飞色舞地说着外甥女的"生意"，我还真是很难想象一条街的美女撒丫子躲避城管，会是怎样的一幅场景呢！

**地理位置：** 云南省昆明市

**推荐理由：** 西南联大时期，这里曾经留下过许多名人匆匆的脚步，如今成为美女云集的时尚地带。

**特色看点：** 夜市、咖啡馆、服饰店

**作者手记**

听说文化巷也已经被列入了城市改造的范畴，即将拆迁，如此，一段鲜活流动的风景便即将消失。

窄窄文化巷里拥拥挤挤，要的就是这种感觉

文化巷的美女是最有昆明特色的，大胆、活泼、新潮，穿的都是从钱局街、新闻路上的小店里淘来的衣服，哈韩的哈日的，还有模仿欧美地下服饰文化的，因为年轻，她们不免有些喧哗，虽然说不上风情万种，但她们清新可爱，笑容灿烂，眼神清澈，仿佛整个世界只是因为她们才存在一般。当然还有来自不同国家、不同地区的美女，不然就当不起"昆明洋人街"的称号了，非洲美女如黑珍珠一般圆润，美国美女皮肤闪着小麦色光泽，英国美女皮肤白皙，个个仿佛从古典名画中走出来的一般。

还有许多美女散在文化巷里的各家餐厅、咖啡馆和服饰店里。从天君殿巷口一进来，是和民居食屋，继续下去，青瓦台韩国料理、云嘉咖啡、曼谷咖啡、卡地兰厨坊、胡九小吃、锅子楼、印度菜菜、迦涞、吗哪、萨尔瓦多……这些都是吃货们时常光顾的地方。其间光线柔和，环境雅致，美女们浅酌慢饮，若有所思，嘴唇纤薄，发如瀑布，男人们插科打诨，无主题漫谈，话题不断，谈锋却一定不能凌厉，一较真，便不快乐，便不是文化巷的做派。此处极适于发青春呆，做白日梦，打发时间，等待机会，观赏美色，满足食欲。还有购物狂的圣地，斑马线、新锐店、源本社、御典藏、山友、民间、添余金、雨后初晴、八零九零……每一家都朴实而不失性格，平常却又鲜活，共同成就着文化巷。

后来我们去了著名的萨尔瓦多，咖啡店在文林街与文化巷交界处，极显眼，据说共有四个主人，八个女雇员，店主给每个女孩请了两个英文老师（真奢侈）。老师的报酬是在一定限度内在店里骗吃骗喝无需付账。二层阁楼，彩色碎镜面墙，老式电视机，空间拥挤，但气氛很好，美式、意式咖啡，还有墨西哥菜和中东菜。见到了股东之一的Kris，年轻、帅气、健谈，爱好很多，演戏、玩乐队、练武术和体操、画画，每一样都很接近专业水平。音乐很HIGH，灯光很暗，老外很多，美女更多，我和鸟哥一人呷一瓶老挝啤酒，酒精一燃烧，情绪就上来了，门外的文化巷就更不真切了，仿佛城市的梦境一般……

交通

乘坐1专、85、100路等公交车到云南大学站，往西沿文林街走大约100米就是文化巷口。或者乘10、22、55、64、65路到云师大站，穿过天君殿巷进入文化巷。也可乘2、10、26、65、69、84路到建设路站，从文林街口走进去大约50米即到。

云南 · YUNNAN

# 双廊

*Shuanglang*

## ——简单的生活如此馥郁

小清新指数
★★★★★

交通指数 ★★★☆☆

美食指数 ★★★☆☆

住宿指数 ★★★★☆

# 解读→双廊

一个遗落在洱海边的世外桃源 ，位于洱海东岸，距下关35公里，被誉为“苍海风光第一镇”，三面环山，一面临海。多年前，艺术家杨丽萍和赵青在此建造了别墅，由此引来了一批艺术家客居双廊。近年来，双廊出现了许多精致客栈，逐渐成为一个新的旅游度假胜地。

**地理位置：** 云南省大理白族自治州大理市

**推荐理由：**“苍海风光第一镇”，三面环山，面朝“大海”，春暖花开，鱼翔鸟飞。

**特色看点：** 洱海风光、精致客栈

海地生活小景

从大理古城往双廊，差不多正好绕洱海半圈。

古城在西，双廊在东。站在双廊海边，一抬眼就是苍山，山顶早已染了雪迹，沉默地伟岸着，而脚下的洱海，水的碧波里满是闪闪银色，活脱脱一个小女人活泼的模样。

深秋与初冬接驳的午后，双廊的人们都各自在阳光里沉沦、酥软，时间便无端变得有些沉寂、迟缓。若在此时绕过玉玑岛上弯弯曲曲的小石径，很可能会遇不到半个人影，路的尽头是水波荡漾，无声、柔媚，偶尔一只雪白的鹭鸟在温暖的水面迷飞，高高低低，一条独木舟忽地从礁石背后划入视线，继而渐行渐远，连船桨撩水的咿呀声，也只能全凭想象。

双廊以前叫拴廊，名字土土的，但鹅卵石和青石板镶嵌而成的街巷，至今都无比清亮干净，沿着街道走进去，靠右手的一边，每隔几幢房子就有一条细长巷口，视野窄窄地望过去，便能看见一线水色。

双廊那些很有趣、很特色的大小客栈，就藏在这样的小巷尽头。

还有艺术家们的居所。

杨丽萍和赵青的三幢后现代别墅，占了双廊玉玑岛上最好的位置，太阳宫、月亮宫和青庐，都是赵青的设计，条石、钢索和玻璃，在礁石之上交错相融，有个性，但突兀，毕竟不是土生土长的产物，总觉和整个双廊有些拧巴。

月亮宫有一条钢构的玻璃长廊，伸展在礁石最前端，据说，月朗水静的夜晚，杨丽萍常会面对苍山洱海，在此修禅打坐。青庐共有六间房，全部是复式，精致、优雅，但太有设计感的东西，难免就有了些拒人于千里之外的冷。更何况，青庐总在强调以最出尘的姿态严格地挑选客人……

不过，倒是很喜欢杨丽萍为沈见华的《双廊双廊》写的序：“……其实到这里并不是遗世孤立，但浮躁的心必须安宁，你在这儿的确能体会到人生的静谧，能安于静谧的人有福了。恬静是心灵的氧吧，而停泊需要一颗朴素淡泊的心。一个明智的人应当找一个僻静优雅的去处，放松心情，放松生活，如此这般便知简单的生活如此馥郁，沉寂的人生如此芬芳，而双廊正是这样一个去处……”

沈见华也是客居双廊的艺术家之一，他在双廊租了临湖的半亩地，自建的房子名叫白居，离杨丽萍妹妹开的粉四酒店不远。一幢灰色的两层小楼，屋内像个LOFT展厅，空间高挑、开敞，屋外的阳台正对洱海，里面住着沈见华和他的太太秋秋、女儿莺莺以及小狗阿景。

沈见华不像杨丽萍和赵青那样予人“不食人间烟火”的印象，正相反，这个整天戴着金边小眼镜儿的上海男人，很热衷于跟双廊村民打交道，参与村子里的各种活动，免费帮村民拍照，还收了定龙、大力等若干白族孩子为徒，免费教他们学习摄影、画画。2012年春节，沈见华和定龙他们在白居搞了个“双廊白族农民画展”，红色的请柬上写着“特别欢迎奶奶大妈前来白居参观展览”。

与沈见华比邻而居的，是一个名叫林粲的广州男人。

2007年，建筑师林粲卖掉了广州的房子，买下了洱海边一块空地20年的使用权，他带着妻子梧桐和三岁的女儿其其，开始在双廊建筑自己的梦想。最终，这栋房子在2009年春节过后落成，林粲在露台下面的水中，放了一块铜匾，“寄蜉蝣于天地，渺沧海之一粟”几个大字闪闪发光。

小四合院正临海，半开放式，正堂两层，左右两厢原本都是一层，后来隔壁有一家建了三层，为了追求视觉上的协调，右厢也只得加高一层。露台在最接近洱海的地方，被有意设计成低于院子，这样，涨潮的时候，洱海潮水可以冲上露台，沿海边有一排木板，躺椅、吊床、茶座，很舒服的享受午后阳光。

从环湖公路上俯瞰双廊

双廊的黄昏

用林粲的话来说，这是一件质朴的作品，内敛、缜密，没有过分花哨雕琢的细节，他的理想就是建造一所梦想的家园和一个舒心写意的客栈，除了有得天独厚的自然环境和温馨质朴的院落之外，更重要的是一种对美好的坚持和无华的生活态度。

沧海一粟总共有9个房间，林粲一家自住的套房在主人长期外出的时候，也可以提供住宿。这里的每个房间都通风透亮，即使阳光猛烈的下午，房间里仍然凉爽怡人。客栈有一狗一猫，狗叫小黑，猫叫小白，小黑每天都故作深沉状，小白则没心没肺，上蹿下跳。而林粲自己，则通常都是宅在房间里看书睡觉，或是提着小卡片机四处拍照。这里既无电脑又无电视，他的生活简单，但很愉快。

2012年，林粲因为痛风病发作而滞留广州数月，立刻便有人“觊觎”他在双廊的沧海一粟客栈，询问是否考虑转让，“吓”得林粲赶紧出来表态——等康复到能够启程即回去。

玉玑岛外围和双廊边上大建旁、岛依旁的这些小村子里，这些年不断有各路文青前来，建起了许多小客栈，全都隐约透着些小资气质，舒服也亲切，是背包客的菜。

比如海地生活。

海地所在已是双廊的最边角。客栈正在水边，三幢白族民居风格小楼，一号和三号楼各有院落，二号楼连一根篱笆都没有，就这样开怀迎海。此时，夕阳的光束正打在水面某处，二号楼的楼顶平台上坐满了人，都静静地，对着夕阳出神。

这里是整个双廊夕阳最美的地方，连小说家苏童都说，“在漫天金色的夕晖中，我被震撼了。”

“海地”有两个年轻的合伙人——家明和震伟，家明是江苏扬州人，震伟来自内蒙古。家明是客栈的创建人，他17岁开始背包闯荡，至今仍酷爱户外运动，好玩儿，有想法，但不喜欢操心琐碎细节，震伟正相反，坐得住，人又细心，这样的两个人凑在一起，堪称绝配。

**交通**

可先到大理下关，下关客运北站有到双廊的专线中巴，从早上8:40到下午17:30，大约每隔40分钟一班，票价17元，这趟车沿线招手即停，若住在大理古城，可在古城东门附近路边等车。建议从古城骑自行车经喜州去双廊，这是环洱海骑行线路的精华路段。

## 作者手记

1. 双廊属于慢慢消磨时光的去处，完好保留了白族民俗，一边临海，一边靠山。村寨错落有致，青瓦白墙，千年白族生活，民风淳朴，平静美好，在小街上闲闲地逛悠、串门、聊天，是一件非常惬意的事情。
2. 双廊的餐厅不多，这里的客栈都兼营餐饮，客栈的餐厅大都占据着最好的海景位置，看着星星月亮和碧水阳光吃饭，心情也会特别不同吧。玉玑岛人口往游船码头方向拐，有几家白族菜馆，其中渔村生活的生意最旺。玉玑岛上有一家“白族文化大院”餐馆，掌门人赵煜隆，是当地政府推荐的做鱼世家的传人。
3. 双廊客栈很多，推荐海地生活客栈（0872-2461762），在大建旁村，有类似青年旅舍的多人间床位也有高中低档的房间，需提前较长时间预订；沧海一粟客栈（0872-2461718）档次较高，房价也高。有一家榕驿青年旅舍（18487508331），多人间每晚35-45元/床。
4. 双廊街边和一些客栈都有自行车出租，可以租辆单车往周边挖色、海东等地走走看看，但如果只在双廊活动的话，步行最好。

“海地”符合背包族对于海居生活的所有想象——一面湖水，透明阳光，四季鲜花，清新空气，价钱不贵，这里床单洁白，做饭大婶亲切如自家姨妈，还有一条体型庞大性格温顺的金毛犬。

还有关键的一条，就是有趣。

家明在客栈附近靠海的地方打造出一块岩壁，喜欢攀岩的人可以在那里可劲儿地捣腾，三号楼的门前摆着一地的单车和翻扑在地的皮划艇，五颜六色，这是家明为“海地铁人三项”购置的器材。按照他的计划，“海地铁人三项”的参与者要先从“海地”骑单车沿洱海环至挖色镇，再从挖色划皮划艇到“海地”，然后攀岩。不过我觉得，这对一帮跑到双廊来躲懒发呆的家伙们来说，几乎是“不可能完成的任务”。

但家明依然喜欢“不一样的感觉”，后来，他又租下了苍山半山腰处一幢别院，取名“高地生活”。家明和他的妻子就把家安在了那里，他们的家被松林环绕，一池鱼，一只猫，一条狗，外加四个善良的人。

不知有多少人艳羡家明“爱山的时候上山，恋水的时候拥水”。

乐活慢享，历来都是简单明了，却又如此遥不可及。

入夜，晚风拂过露台，树叶随风摇摆，想着双廊小村里的鸡鸣人迹，

艺术家赵青的青尘咖啡厅

青色的瓦和檐上的草，我的心底也不禁起了暗涌——神啊，我也多么想在此拥有一间面朝大海春暖花开的房子，从此厮混水边，沉溺于山水相伴，看鱼翔鸟飞，花期不断，饥时食困时眠，听吟唱风格的CD，看翻得卷了边起了毛的书……真是一种好无聊又好有安全感的生活呀，在生活的路上拳打脚踢太久，且让我在双廊丢盔卸甲一回。

云南 · YUNNAN

# 束河 Shuhe

## ——幽幽古道闻茶香

小清新指数 ★★★★☆

交通指数 ★★★☆☆

美食指数 ★★★★☆

住宿指数 ★★★★☆

小桥流水

地理位置：云南省丽江市

推荐理由：曾经是茶马古道上的重要驿站，现在是文艺小清新们心灵歇脚的港湾，一个适合发呆的地方，听取流水晒晒暖阳，捧一杯咖啡的温暖，掬一抹普洱的清香，与各种流浪过四方的歌声共振。

特色看点：雪山、古镇、高山草甸、湖泊、茶马古道

交通

丽江火车站有面包车到束河，或者乘坐公交到达丽江福慧市场转乘面的。丽江汽车客运站门口和丽江古城大门口有公交车直达。

# 解读→束河

束河古镇位于云南省丽江市，是纳西先民在丽江坝子中最早的聚居地之一，是茶马古道上保存完好的驿站。束河，纳西语称“绍坞”，因村后聚宝山形如堆垒之高峰，以山名村，流传变异而成，意为“高峰之下的村寨”。这个高山下的村寨，有石桥，有溪涧，有一汪“龙泉”，有纳西的歌，有山尖的雪，有如水的夜。

那年夏天，我在束河呆了整整一个月，一是为休整长途旅行的疲惫，二是为恣意享受束河古镇的天光。这是一个需要慢旅行的地方，要不然，你来过之后只会说，不过又是一个千篇一律的古镇，青石板、老木屋，林立的商铺，到处都在放着《嘀嗒》，然后别的一无所知。就如同静下来才能听到自己的心跳一样，只有慢下来，才有可能听得到一个地方的脉搏。

在束河，动静皆宜。

满心好奇，可以在镇子上一家铺子一家铺子地逛，可以去周边的拉市海文海玉龙雪山，可以去茶马古道博物馆聆听你从来未曾了解的马帮旧事；周身慵懒，亦可以捧一本书若有若无地翻着，抱着笔记本看一部在盘里潜藏已久的小众电影，哪怕是仰着脸晒太阳也未尝不可。因为在束河，发呆绝不是一种奢侈的行为，大可尽情享用。

住在古镇里的人，大都是些想要把生活过出自己的样子来的人，那些一家家的小店也因为这些独特的主人而变得鲜活有生命。踏着青石板慢悠悠地闲逛几乎是每个人来古城所做的第一件事，跑进一家临水的咖啡屋，慢慢品一杯云南咖啡的层层香醇和店里流浪歌手音乐里的节节愁思；闯入一家手鼓铺，坐在一堆大大小小的手鼓间，随意拍得一些毫无章法却张弛有度的旋律；造访街角的丝竹馆，膜拜一下民间艺人世世代代精工细作的那一支支竹笛玉箫。

旅行得越多，好像越来越能了解为什么那么多人迷恋在路上的感觉，那么多人想要通过一种决绝的方式去行走来寻找自己。旅行的时候，你可以一整个早晨躺在草地上晒太阳而丝毫不会觉得是浪费时间而感到满心罪恶，可以窝在摇椅上捧读一本不知名的小书而无需在意阅读速度……旅行有一种魔力，让你挣脱时间的幻象，而后成为你自己。旅行，是一种接近冥想，近于活在当下的状态。

游览束河周边，最好的方式是骑行。在束河，我常常租一辆自行车，骑到白沙古镇，骑到玉龙雪山，骑到东巴万神园，骑过田野与村庄，骑过寨子里高高的谷草垛，骑过牵马回家的纳西小伙，骑过村头的古井饮一口沁甜的清泉。蓝得清澈高远的天，大朵大朵厚厚的云，金黄金黄的麦田，好像这是束河夏日景致的固定组合，但却永远不会觉得腻。因为每次选择走的路不一样，迎面而过的人也不同，你凝视这些风景的角度便有了变化，世界便是在这般时间的推移和目光的变换中越发的绚丽多彩。迎面而来高原上的风，拂过脸颊时总是凉凉的，带走阳光留在体表多余的温度。

石板路

我偶尔也会骑马。和古镇里新认识的朋友，一起打马穿过树林，沿着已然似有若无的茶马古道，去看玉龙雪山下那片怒放成海的野花。在那个刚刚好的季节里，野草莓躲在草叶子底下熟开了，可爱的马夫大叔摘了一把塞过来，路过一片紫红的鲜花丛，又顺手采了 大束递给我，路边青青的李子挂满枝头，一边帮忙一边怂恿我们多摘几个，纳西人那自由烂漫的天性让我们的骑行别有生趣。马夫大叔说，他们纳西民族有自由恋爱的传统，在他们年轻的时候就有集会，通常是在五月份，那个春暖花开的季节，青年男女们打扮得漂漂亮亮的，到集会上去找一个有缘的人来相识相知相恋，然后携手白头，自自然然，如同一朵花在春天如约绽放。多么自在活泼的一个民族啊，纳西大叔说着说着就开始唱起歌来，仿佛回到了年轻的那个时候，在集会上初遇那个默然含笑的眼眸。

在束河，日子悠然自得，有时候吃过晚饭，在将暮未暮的时候，到四方广场上去看纳西舞。那个时候篝火生起来了，音乐奏响了，满天落霞也准时到场，只是人群还慢慢地、慢慢地聚拢，先是一小撮一小撮地聚着谈笑，然后有人牵起手来围着篝火，慢慢地随着鼓点摇晃身姿，随着音乐高潮的来临，动作越来越整齐，人群开始顺着同一个方向舞动，整支舞蹈就这样跳起来了。跳着跳着，把晚霞跳成了星光，当篝火燃尽，或者是突然下起雨来，人群散开，各回各家，在耳边犹存的旋律中沉沉睡去。

如果在束河遇上雨季，更是妙极，一天到晚小雨滴答，路上不见几个行人，古镇就仿佛洗尽纤尘，退回到曾经的清幽宁静，重显昔日的质朴韵味。那雨点，便是思维最好的节奏。正好，理一理被光阴牵绊撕扯的心绪。

在束河，我所住客栈的房东先生，常常会到客栈里来坐坐，讲他那关于很久很久以前的故事，讲当时的纳西先民有一种怎样的民族性格，讲他的爷爷辈是怎么来到这片土地的，还叫我要去水泉边听纳西古乐。他自己也是一名古乐演奏者，我央他带来了平时演奏的纳西古乐谱，那样珍贵的从遥远的时光里遗落的音乐符号，我看了很久仍是不明所以，不懂得那看似简单汉字的音符是怎样地抑扬顿挫，更不明了那曲曲折折的旋律里凝结着怎样的热切情思。

“过一枯涧石桥，西瞻中海，柳暗波萦，有大聚落临其上，是为十和院。”（“十和”即今束河古镇之古称）当年徐霞客路过束河时，曾这么说道。我想，他没说完：院坝其间，纳西民族，依山而筑，临水而居，村头有一眼九鼎龙潭，小桥流水，亘古悠然。

束河街景

作者手记

1 每年的夏季以及五一、十一是束河旅游的旺季，会出现住宿紧缺、房价上涨的情况，建议出发之前预订好房间。

2 纳西族传统节日，最为隆重的是“纳西祭天大”，祭天大一般都选在正月上、中旬，由东巴教掌教人任祭司，每一个程式都要由东巴诵唱相应的祭天经诗。各家各户都要捐大麦、小麦用来酿酒，做饵块。

3 束河处于云贵高原，紫外线强烈，需做好防晒准备。

云南 · YUNNAN

# 大理 *Dali*

## ——小清新的天空之城

小清新指数

★★★★★

交通指数 ★★★★☆

美食指数 ★★★★★

住宿指数 ★★★★★

# 解读⊟大理

风花雪月的都城，闻名于世的电影《五朵金花》的故乡，我国首批24座历史文化名城之一，也是全国44个重点风景区之一。大理古城东临洱海，西枕苍山，实乃依山傍水的风水宝地。至今，她仍旧保留着明清时期的棋盘式网格布局。城内主大街纵贯南北，街道两旁青瓦屋面，呈现出典型的白族民居“三房一照壁”“四合五天井”的建筑特点。古城的居民十分喜爱花木，甚至有“三家一眼井、一户几盆花”之说。就连对白族姑娘的美称也叫“金花”。大理古城是名副其实的“金花故乡”。

大理古城，城小，人少，路不复杂。

这样的城是适合闲逛的。

街道横平竖直，主街也不过十几米宽，一两公里长，青石板铺地，建筑不会超过三层楼高，街边流水淙淙，每隔几米就有一张石凳，虽不精致，倒也实用，路边的银杏树和榆叶梅长势茂盛，遮住了十字花窗。

拐进小巷，更是别有一番乾坤，低矮石墙，碧绿藤萝，三角梅缘着门楣盛开，咖啡店和客栈门脸都不张扬，却都透着别样气质，一两家精致小铺，三五个寻常路人，这样的街道绝对与奢华无缘，却处处透着温情。

古城有四面城门，东门洱海，南门双鹤，西门苍山，北门三塔，据说城内有9街18巷，但除了人民路、复兴路还比较热闹之外，其余的，甚至都有些过于安静了。

随便拐进哪一条街巷吧，比如银苍路，平等路，又或者叶榆路，一塔路，眼里皆是青瓦白墙，三坊一照壁，四合五天井，前伸重檐，粉墙画壁，山墙屋角，水墨图案，一派清雅。以前，大理一带有俗语，说白族人“大瓦房，空腔腔”，意思是说，白族人即使饿着肚子也要节衣缩食盖漂亮房子，现在，这些漂亮的“大瓦房”，便成了我们眼中最美的大理标记，每次走过它的身边，总会忍不住特意多看一眼，围墙上的鹅卵石，照壁脚下的花坛，仿佛彼此都存着一份心意相通。

银苍路上，有被挂牌保护的古民居大院沙家院，天井里青苔滑腻，白墙边翠竹已老，甬道深深，转角处一口古井，深不见底，寒意森森。这幢当年大理商会会长沙意的宅邸，算起来已经有一百多年历史了。据说，沙意当年为躲避战乱逃到大理，后来靠自己漂布染纱的手艺，在大理古城取得立足之地，为了挣得盖房的银子，沙意甚至连一件好衣裳都没穿过。如今，这幢飞檐斗拱直指天际的大宅里，沙家后代七个小家庭济济一室，五代同堂，其乐融融，最年长的杨老妈妈已经年近九旬，他们珍视祖产，把它称为“祖宗打赤脚漂布盖出的房子”。

蜡染

**地理位置：** 云南省大理白族自治州大理市

**推荐理由：** 一座兼具自然美景和人文气息的古城，舒适而又几乎没有都市气息，文化包容性极强，可谓小清新的天空之城。

**特色看点：** 复兴路、人民路、红龙井

明洪武年间，周氏先祖周能敕封大理指挥使，奉命督建大理城，而今，他的后人也住在古城银苍路上，虽然周家大院已经破败，但门头依然保留着龙凤和(莲)连升三级的五层镂空雕花，图案繁复，玲珑剔透，官宦人家的气势依稀可寻。据说，周家大院的大门上，原本还刻有"大夫第"三个大字，门前有石鼓、拴马桩、下马石，周家大院一共有三个大院加一个花园，真不知道周家的祖辈挨了多少"空腔腔"的煎熬，才建成这座四合五天井的大宅院！只是，那些曲折的遭遇，又如何经由那窄长过道、门廊雕花、天井地上零星的水渍来缓缓回放？好在，庭院里花草繁盛，一派生机勃勃，粉白、艳红的茶花都开着，静享这绵延百年，却又弥足珍贵的安闲生活。

若想热闹，喜欢凑人气，就转去复兴路吧，反正古城不大，随便从哪个巷口出来，走两步就到了复兴路上。

复兴路是一条步行街，北段安静，南段热闹，小酒吧遍地开花的"洋人街"在中段，那些酒吧，一家一个样貌，一家一种装修，有些很摇滚，有些很异域，有些很怀旧，难得的是，生意都好。酒保都英俊倜傥，调酒技术高超，小妹皆笑靥如花，在灯光下如蝴蝶翩跹。随便找一家，推门进去，沿吧台而坐，或干脆就在廊前，花间一壶酒，或者咖啡，喝得热闹也好，沉闷也行，总有相貌娟好的女子三三两两从面前飘然而过，长裙摇曳，齿白唇红，美丽明晃晃地耀眼，抬眼望见不远处的苍山，忽然间，一种幸福感便在街头无声弥漫。

### 交通

大理人把古城叫"大理"，而州府和市府所在的新城叫"下关"，从下关火车站坐8路车可直达古城西门，客运站坐4路车到古城北门，坐2路车到才村码头。下关高快车站门口，有开往大理古城的面包车。

红龙井街上小清新的艺术品小铺

但其实，洋人街也不光只有热闹和招摇，比如启德唱片，比如漫林书店，前者像进了庙堂，后者像到了自家书房。总之，一个转身，就逃离了凡尘俗世一般。启德的碟大多数是外文的，店里总在放着各种各样的外文歌，听不懂，但旋律和气氛一听就知是与宗教有关，掌柜说那是纯粹的印第安曲调，五声音阶。我临窗而坐，始终不明就里，但又不知为何，身心舒泰，在音乐造就的幻影里沉溺。漫林的书偏文学、艺术，甚至还有《纺织史》这样的冷门书籍，店里客人总是不多，整整两面墙的书，看久了，也许，便能跳出红尘万丈。

和“洋人街”一街之隔的小巷名叫红龙井，有清冽苍山泉水从小街上被引进古城，自此穿街绕巷，古城里便叮咚之声不绝于耳。红龙井号称“艺术巷”，有擅长波普的陶艺坊，有专心小清新木工艺品的而美工作室，有素斋一然堂，还有大庚和他的“濮茶坊”。除了卖普洱茶，大庚还帮别的茶商布置茶室，比如茶室里该添置些什么器具，如何充分利用现有资源节约成本，如何营造整体风格等等。总觉得大庚每天都很闲，今天品坝糯，明天喝润泽，后天又换一样古树红茶，对比着金丝滇红来喝，而后在周记里写“从叶底上来看，的确偏厚实舒展，汤色上也较为清透，但入口之后偏清……”时光就这样被一寸寸泡掉，做足了噱头却又不着痕迹，古城的夜晚，大庚身边总有几个喜欢喝茶的朋友，醒茶、出茶、润茶、冲茶，捧一盏符合心境与口感的好汤，茶事无住，回甘绵绵。

从复兴路往南走，往东拐，五华楼、人民路和护国路东段一带，摆地摊儿的渐渐多起来，卖新鲜石竹花的，卖烤饵块的，最惹眼的当属烤乳扇。这吃食的名字有些古怪，为什么能跟“扇”扯上关系？即使后来在双廊渔村亲眼看到人家晾晒乳扇，也还是不明白那样长长薄薄的条状物，有哪一分像扇面。大理人吃乳扇要涂了玫瑰糖，放在炭火上烘烤，一边烤，一边往竹签子上卷，拿在手上边走边吃，满口甜香。麻烦的是，玫瑰糖总是糊满嘴边而不自知，引得路人频频侧目，难免有些小尴尬。护国路东段，有白族菜馆一字排开，家家都自称砂锅鱼是招牌菜，一家的玻璃橱窗上书写着这样煽情的字：“吃鱼的小孩聪明，吃鱼的男人强壮，吃鱼的女人漂亮。”

这是在城的南边。五华楼上新装了LED大屏幕，一到晚上就循环放《五朵金花》，很热闹，看得多了，也有点无趣。便掉头，出了北城门，往才村码头走去，夜晚的洱海，水色潋滟，晚风也不疾不徐，拿捏得正好，月光正从东岸一寸一寸移过来，古城却在流动的花香中缓缓盹去。这时，你才会意识到，这里是一座皇城，又是一座佛国，既拥有风花雪月的诗意，又暗藏着云水禅心的淡定。

曾经，在复兴路街边听到两个外地游客谈论大理，其中一个道：“三线小城，就这样。”

哦，三线就三线，小城就小城吧，管它六百年前如何固若金汤，王威浩荡，又如何革囊渡江，一片狼烟。——幸而那些都已尽数被风吹雨打去，三线，如今专门滋养如我一般的慵懒生活家。虽然我们家不在大理，却一个个似有根有底一般踏实，从这座小城里离开回来再离开再回来，大理，本就不是一个野心勃勃的城市，而我们，原本在一线城市里蓄就的那份咄咄逼人，终于也就蜕变成了温柔忍耐。

作者手记

① 强烈建议在大理古城停留几天，当你站在古城街头时，便会明白，那些文字、影像或音乐构建出来的浪漫，的确是有出处的。

② 相比丽江古城的热闹和喧嚣，大理古城便显得安静而质朴，只要不是黄金周和三月街期间，这里的餐饮、住宿都很便宜，而且很容易找到干净又便宜的旅馆。

云南 · YUNNAN

# 丽江 Lijiang

## ——嘀嗒嘀嗒的惬意

小清新指数

★★★★☆

交通指数 ★★★☆☆

美食指数 ★★★★★

住宿指数 ★★★★★

# 解读→丽江

丽江古城地处滇、川、藏的交通要塞，自古就是茶马古道上的重镇，被誉为"东方威尼斯"和"高原姑苏"。1997年被联合国教科文组织列为世界文化遗产。丽江古城从建城伊始，迄今已有八百多年的历史。她是中国众多的历史文化名城当中唯一没有城墙的古城。古城据传是按八卦秘图建造，街巷基本是以四方街为中心呈放射状分布。古城中分布着众多的古桥和古井，据说城中各种桥梁多达354 座。与大理古城相比，丽江古城更加古朴、原始，四处生机勃发。这里可以见到来自全球的各色旅行者，甚至有很多小店的经营者本身就是旅行家。

**地理位置**：云南省丽江市

**推荐理由**：走过纳西人家门前的潺潺清流和依依垂柳，丽江古城的完美和精致让每个初来乍到的旅人脚步为之放慢，心情为之放松。

**特色看点**：民居、小店、酒吧

关于丽江，人们已经说得太多太多，以致我一时间不知从何说起。好多年前，第一眼见到它时，似曾相识。弯曲的青石板路，温暖的一米阳光，红门碧瓦的纳西人家，仿佛前世来过一般。

几年过去了，侃侃的那首《嘀嗒》还在丽江的街头巷尾吟唱，嘀嗒嘀嗒，仿佛满世界都在轻轻地混响。也许，只有丽江这样的地方，才衬得起如此慵懒与沙哑的声音，我时常看见街边咖啡座上的女子，一听到侃侃的歌，便会故作忧伤地托腮独坐，阳光底下，记忆泛白。

也许，对于小清新来说，丽江最具诱惑力的地方还是那些精致的创意小店。丽江古城就是一个超级大杂货铺，小店一个紧挨一个，密密麻麻排满几条街。到了丽江，不逛店子，不买几样东西，简直就是对不起这趟行程。但店主都不大会热情促销，因为，来的人实在太多了，你不买，自然有别人买。当然，也有"真 "的，原创的，独家的。店主很清高的，往往冷脸相待，让买者很有些受伤的感觉，但，无可否认，店里的东西实在是不错。

后来，去丽江的次数多了，渐渐就发现，每次买回来的都是几乎毫无实用价值的东西，什么木偶、泥塑品、马铃、风铃、不知真假的银器、发卡和木头做的鱼型胸针、木头小花造型的扎头绳，等等等等。最多的是披肩，足有七八条之多，在丽江，披肩仿佛就是为游客准备的，女孩子们穿上手织花边的宽大衣裤，随手披一条披肩，走上石板路就成风景。可是回到车水马龙的都市里，再披上它，却是怎么看怎么别扭。

更让人抓狂的是下次去丽江，还是会情不自禁又买一堆回来，仿佛一到丽江，人便被施了咒一般，理性全无，只得跟着感觉走。

阿丹的古铃精怪以前在科贡坊附近，现在搬到了五一街兴仁街下段，门面依旧奇形怪状，挂满各式葫芦、牛角、铃铛，常常被游客当做留影的好“景点”。阿丹算是最早一批来丽江古城经商的台湾人了，以前在台湾便从事旅游纪念品生产设计，到了丽江，更是很“拉风”地设计出了后来在古城颇为流行、招摇的浪子帽，还有一种手工制的银铃——平安铃。阿丹的店里，音响永远低低地放着老式民谣，绝对主角当属音乐马铃，拿一根簪子状的金属小棍儿，随便敲哪一个铃铛，皆清脆带有回响，和着民谣的旋律，煞是好听。如果买上阿丹编排过的一整套，便能敲击出一整首乐曲，这样一排马铃，一组有23个，当然很贵，而且不讲价，架子还不能够托运，但还是有很多人没禁得住诱惑买了带回去，不知道他们买回去后有没有敲打过乐曲。敲打的时候，有没

## 交通

丽江有通达昆明、北京、上海、广州、深圳等国内众多城市的航线。也可以先乘火车到达云南的大理或四川的攀枝花，然后改乘汽车前往丽江。

有想起过那个扎着马尾辫、圆圆面孔、喜欢脚蹬马靴、开着越野车四处乱窜的店主阿丹呢？阿丹现在早已经不捣鼓旅游纪念品了，他在拉市海旁圈了好几块地，又是“瓦岗寨”，又是“玩家部落社区”。三十几栋各种款式的木楞房，计划以每月三百到八百元不等的价格，租给那些来丽江寻梦的“呆客”们。

东巴陶斋，仍旧开在光义街官院巷，后来在束河古镇放水冲街上也开了分店。老板经常当街工作，吸引不少眼球，每次去，都要在里边惊叹半天，这也想要那也想要，折腾半天，好不容易才选出几样。店主是一位土生土长的纳西汉子，木讷少言，不大理会游客的询问，更加懒得跟人砍价。也许是背景的纯净，使他少了很多定式的约束，因而每件作品都透着原始气息，个性不俗、主题大胆，造型古朴又夸张，从手工挂件到花瓶墙饰，无不令人眼花缭乱。我曾经在这里买过一件“四棒人脸”风

丽江的小店大多讨小女生喜欢

古道铃声，一段关于丽江的古老记忆

铃，由四个不同表情的人面组成，喜、怒、哀、乐，每一个皆表情生动，四张人脸由圆形木头小棒手工串制，再系上麻绳，不仅牢固而且耐看，声音清脆好听，还有一个东巴抽象鱼挂饰，上面刻着一长串东巴文，让店主帮忙翻译过来，居然是“骏马蹄下无沟壑，勇士面前无难事”！

东巴陶斋隔壁是“柴虫”，网上名气很大。鱼、向日葵，各式各样的，挂了一屋子，那些鱼都闭着眼睛，嘟着嘴，无视熙熙攘攘的人群，就那么待在自己的世界里。“柴虫”在云南是指咬木头的虫子，民间也称“财虫”，寓意发财。关于这家店的掌柜，江湖上颇多揣测，有说是一对来自四川的情侣，有说是一个沐浴在爱情光芒中的女子，还有人说是两姐妹，后来又说是个游学归来的“海龟”。不管怎样，店里的东西很讨女生喜欢，比如一面别致的鱼形镜子，小鱼的造型稚拙可爱，东巴日月神挂像，以原木为框，内饰东巴日月神木刻，看似拙朴，实则精细，挂在书房或是过道，都是不错的点缀。用整个儿的原木掏空做成的CD架，实在太奢侈了，只在外面刷了一层清漆。还在不经意中看到一款木雕，一个佝偻前行的老人，背上背着类似琴键的几排小木棍，说不清要表现怎样的主题，看上去却无端有些心酸难过。

后来，在现文巷逛了逛陶七格格，同样是一家讨女生喜欢的小店，店里悬挂的五颜六色的民族布娃娃，一下子就吸引了我。大大小小的娃娃们盛装打扮，看似怀旧却也不失时尚，加上脸上的各式表情，有哭有笑有惊讶有委屈，相信女孩子们都无法抵挡。

唉，这就是丽江，只要跟它沾上边，所有东西都成了宝贝一般，让人爱不释手，那就干脆把所谓的理智丢开一边，随便留下些时间给它们吧，在丽江，要的不就是个感觉么？

作者手记

1. 如果在节假日期间前往丽江，一定要提前预订住宿。节假日的丽江人潮汹涌，吃住价格也随之上涨。
2. 从四方街到大石桥一带分布着众多的饭馆、小吃店和酒吧、咖啡屋等。新华街是酒吧一条街，也能找到不少可口的美食。不过，从性价比角度考虑，建议还是去新城吃饭。

陶七格格店里的娃娃是最大卖点

云南 · YUNNAN

# 和顺 Heshun

## ——人家尽在画图中

小清新指数 ★★★★★

交通指数 ★★★☆☆

美食指数 ★★★☆☆

住宿指数 ★★★★☆

# 解读→和顺

和顺古镇有六百多年的历史，曾被评为中国十大魅力名镇之首。民国代总理李根源称和顺为“绝胜小苏杭”。这里的传统民居多达1000多座，其中清代民居有100多幢，被誉为中国古代建筑的活化石。在这里既可领略到徽派建筑的神韵，也可以寻觅到西方建筑的元素。和顺图书馆为中国最大的乡村图书馆，前身是清末同盟会员寸馥清组织的“咸新社”和1924年成立的“阅书报社”。

从梁城的土司衙门出来，直接就上了往腾冲方向的班车，前路于我依旧如此未知。在公路两边大片碧绿的稻田边不时看到三两间青砖碧瓦的民居，甚是养眼。

从时间上算，就快到腾冲了，车子顺着山势绕了一个大弯，天呐，眼前骤然出现聚精致细腻和恢宏大气于一身的田园美景，是王母娘娘的后花园么？

正是荷花盛开的时候，只见大片大片的荷塘里，那粉嫩花蕾，那绽放的花朵肩并肩、手拉手，挤挤挨挨地在风中轻舞。天地间的精灵——白鹭，或在花间田边专注捕食，或在绿色的稻田上翩翩起飞。就在这极具诱惑的前景铺垫里放眼仙境的中心，如海市蜃楼般出现古代的一个镇子，亭台楼阁、青砖碧瓦依山而建，从山脚错落有致地集结到山腰，古朴典雅又不失辉煌大气。心里灵光一闪，这必定是传说中的和顺古镇了！

在和顺图书馆看报的老人

人在旅途，路边经常会出现计划外的美景，然而因美色而情不自禁提前下车的地方却少之又少。和顺，我梦中的云南水乡，我带着沉重的背囊奔你而来，全然没有料到，你用一幅绝妙的水墨淡彩国画给我眼前一亮的惊喜。

一条弯弯的小河从镇前绕过，河顺着小镇一路流淌，和顺因而得名。村前，两个高大的青灰色牌坊后是进村的必经大路——石拱桥。走上双虹桥，只见那歪歪斜斜的老柳树倚在河边，三五只鸭子自在地在河面上游荡，孩童在一旁嬉戏。顺着用火山石铺就的石板路慢慢悠悠来到三合河边，来到湿地周围。广阔的荷塘依旧，浓郁的花香依旧，荷花依旧在不计成本地肆意烂漫。

往西，魁星楼下，捷报桥边，是一条古老的千年马帮路，从青石板上那被磨得铮亮的凹凸里，我读懂了艰辛。是的，和顺，从古到今，当家的男儿都有着外出闯天下的习俗。据说，当年只有衣锦还乡、光宗耀祖的村人，才可以堂堂正正地从牌坊后的石拱桥上走过，而那些落魄的，只好在夜里从后山偷偷翻入家门。还好，今天我来，可以悠然地走过双虹桥。迎面而来的，是全国乡级最大的图书馆——和顺图书馆。坐在村中早起看报老人的旁边，顺便一览这些日子奔波于旅途而无暇顾及的天下事。而后，来到楼上，看一看这个初成于1928年的图书馆里那为数众多的藏书。

**地理位置**：云南省腾冲市

**推荐理由**：一个文化底蕴深厚的西南古镇，一段惊天地泣鬼神的远征军历史。很多古宅都可以让你住进去，让你有一种穿越时空的真实感。

**特色看点**：古宅民居、和顺图书馆、滇缅抗战博物馆、荷花、白鹭

**交通**

从腾冲打出租车15元可达，也可在腾冲百货大楼前坐小巴前往。

荷花飘香和顺古镇

走进在二战时作为国军指挥部的滇缅抗战博物馆那道院门，赫然看见一辆在滇缅抗战一线史迪威将军驰骋战场时最爱开的那种敞篷野战车。此时后山有雾慢慢地压下来，好像要把我带到硝烟弥漫的战场……小日本的飞机炮弹刚把史迪威公路炸开一个大口，烟尘还没散尽，援华机工已经赶到抢修；从前线抬下来的国军伤兵队伍等不及通路，从乱石间小心翼翼地经过；松山之巅，正发起收复失地的最后进攻，子高地上两个最强劲的暗堡，已被挖至暗堡下安装的炸药夷为两个大坑，战士们冲上过战壕、掩体、弹坑，与日本鬼子零距离的接触中抱着、咬着、撕扯着……终于取得了松山战役的全面胜利，清理战场的时候，人们在

河岸边的洗衣亭，人称“和顺最温柔的公益建筑”

松山坡上看到了五十多对紧紧纠缠在一起血肉模糊、残缺不全的敌我肉搏尸体，想分都分不开……从博物馆的山河破碎，走到悲壮远征板块，再到沦陷岁月、日军暴行，我的双眼已经噙满泪水。一口气参观完飞虎雄鹰、剑扫风烟、日月重光，终于长长地出了一口气，那份惨烈与悲壮依旧萦绕在四周。滇缅战争，是中国自鸦片战争以来第一次把外国入侵者赶出国门的历史事件。滇缅战争，也是一场不能、也不该忘却的历史。

在和顺的巷道间行走，会有一种柔柔的力量在吸引着你沿着石板路一直走下去，古道深深深几许？无从计量，只知道，走进建于明朝、还曾是远征军一九八师师部驻地的必美大院。青砖碧瓦下，那雕花的窗棂虽然有些陈旧，那细致描绘的花鸟鱼虫虽然有些脱色，但是给你的感觉却是鲜活的，散发着生命的灵气。穿过那种满茶花和兰花的小院落，宅院的世袭主人，一对和蔼可亲的老夫妻慈祥地把你领入干净的小厢房，很低廉的房价，却可以睡在古色古香的雕花大床上做着明朝的那些梦。在小巷里，这样不期而遇的古宅旅馆比比皆是，司马第民居、贤美和等等，就算你不住下，走进去了，主人依旧会很热情地带你参观，还把你送到门口，叮嘱一番，一如对一个要独自出门的孩子。对了，在这里，就是一种家的感觉。

再回首，正是夕阳西下时，成千上万的白鹭已然归家。环顾了四周这如梦似幻的美景，那后山的林海上有密密麻麻的白点，些许白点忽然起落时，我幡然醒悟，那星星点点停泊着的，正是许许多多的白鹭呀！白鹭对生存环境的选择是相当挑剔的，它们选择了这里，已无须多说什么。

清末腾冲一代名医黄绮襄曾这样赞咏和顺：

远山经雨翠重重，叠水声喧万树风。
路转双桥通胜地，村环一水似长虹。
短堤杨柳含烟绿，隔岸荷花映日红。
行过坡坨回首望，人家尽在画图中。

作者手记

1. 和顺的美，是随时随地点点滴滴敲打着你的心坎，让你砰然心动的那一种。
2. 夏天来和顺，最好先从田野里走近她，身边会有荷花白鹭陪你一路走过。

必美大院正堂挂着祖宗的画像

云南 · YUNNAN

# 泸沽湖

*Luguhu*

## ——干净的笑脸和透明的心

小清新指数

★★★★☆

交通指数 ★★★☆☆

美食指数 ★★★☆☆

住宿指数 ★★★★★

# 解读泸沽湖

被誉为“东方女儿国”，仿佛一颗硕大的蓝宝石镶嵌在丽江宁蒗县北部永宁镇和四川省盐源县泸沽湖镇的万山丛中。泸沽湖最神秘之处还要算湖畔的摩梭人沿袭至今的走婚制。摩梭人有着沿袭两千多年母系氏族阶段的历史，是当今人类历史上最后一个母系氏族部落，男不娶、女不嫁的“阿夏”走婚形式一直延续至今，这在全球都是绝无仅有的，所以泸沽湖的摩梭人享有“人类母系社会的活化石”之称。

从泸沽湖回来后，一直都对那些所谓的旅游策划者们耿耿于怀，恨他们为何要热炒所谓“走婚天堂”“摩梭艳湖”这样的名头，生生给这个如高原蓝天一样纯净的地方披上了脂粉外衣，满目俗怆！

只可惜了那一湖的蔚蓝，还有宁静美丽的村庄，淳朴亲切的人。

我以在城市里逛街、散步那样的速度，一个人走在泸沽湖畔的山间公路上，从里格到尼塞、小落水、达祖、里拜、洼夸、格萨、博瓦、五支洛、博树、扎俄洛、密洼、山南、舍垮、大落水……那些散落在泸沽湖畔的古老小村庄，藏族、彝族、纳西族、摩梭人、普米族共同生活的地方，恬静隐藏于湖光山色之中，虽历经沧桑历练，却仍对世界呈现出一张干净的笑脸和一颗透明的心。

**地理位置**：云南省丽江市宁蒗彝族自治县

**推荐理由**：美丽的自然风光，母系氏族的延续，尤其是神奇的走婚习俗，让泸沽湖拥有经久不衰的独特魅力。

**特色看点**：湖泊、小岛、客栈

到泸沽湖的第一天，我住在里格，那些精致的客栈绝大多数是由外地人在经营，基本见不到几个真正的当地人，里格在我的感觉里，更像是一个度假村。当然，这里的确很美，尤其是早晨轻雾缭绕之时，里格半岛若隐若现，宛若仙境一般。连接半岛与陆地的，是一条仅有两米多宽的小路。这里的临湖客栈，景色很棒。里格的生活实在闲得发慌，很多人白天闲着无事就绕湖转，晒太阳，到了夜晚，随便找个地方坐下，看星星看月亮。很奇怪，夜晚的天空一片晴朗，可是早上就偏偏云雾四起了。

后来，在零点里格见到了老板娘格比二车娜姆，冲锋裤、高筒皮靴，让娜姆看上去酷酷的。她一直抱着电脑，旁边壁炉生着暖暖的火，一个老外走进酒吧，说想去参加篝火晚会，娜姆看看时间，告诉他篝火已经快结束了，于是他坐下来喝了一杯，过了一会儿还是去了篝火晚会，娜姆便摇头："不听我的话，干嘛还走来问我？这会儿去，肯定都看不到跳舞了！"我扑哧一乐，娜姆很奇怪，说你笑啥？我便告诉她，坊间盛传，有一年，娜姆的客栈里来了个女孩儿，把车费、房费问了个底朝天，后来都已经住下了，又跑来跟娜姆讨价还价，娜姆很生气，说："你不信任我还来问我干什么？从现在起，你不要再来见我！"可怜的姑娘，只好背着行李另找住处。娜姆眼睛瞪得溜圆，"天啦，我还有这么不温柔的

大落水村的五彩黄昏

时候?”然后自己也禁不住笑,“我就是这么快人快语啦,不会弯弯绕,是什么就是什么,多少钱就是多少钱,我们摩梭人不骗人的,也不喜欢把我们当骗子的人!”

从里格一直往西走,小落水村是云南境内泸沽湖边的最后一个村庄,顺着公路边的斜坡下去,宾玛家的客栈“格姆山下”是第一家。门前短篱,院子里开满了一蓬蓬的野菊花,小小的橙色花朵,密密麻麻挤挤挨挨,特别动人。宾玛的母亲站在门口,远远地就向我招手,我满怀歉意地说自己不是来住宿的,老人家叽里咕噜跟我说着什么,可是很难听懂,正迷惑间,宾玛出来了,笑着说:“我妈跟你说,不住也可以进来坐坐嘛,喝杯茶,歇一下。”宾玛家的院子很大,干净舒爽,我们就坐在那里一边聊天一边晒太阳。

离开小落水村，过了杨二车娜姆博物馆，就是四川界内的达祖村，也是我喜欢的一个纳西古村，可能是宣传的力道不够，四川一边的泸沽湖，游客显然很少，但也更具有宁静的山乡韵味。进村之前是一段长长的山腰公路，能见到大半个泸沽湖，开阔、纯净、安宁，用多少美丽的词汇去形容都不为过。村口湖边，停泊着一艘小木船，渔家正在将今天的渔获卖给客栈老板娘。不远处的小码头旁，有妇人正在洗衣服，平静的湖水泛起一阵阵的涟漪，见我来，脸上满是微笑友好。她叫拉初，后来她邀请我去参观祖母房，起初我有些犹豫，见我面有难色，拉初爽快地说"放心吧，不收钱"，一句话，让我好生为自己的防备心理感到惭愧。

风姿绰约的摩梭女子

从公路边的观景台上远眺里格半岛

拉初家是一座典型的纳西族四合院，祖母房是正房，一间幽暗而神秘的木楞房，神龛在最显眼的位置上，神龛的前面是上火塘。我坐在火塘旁边的位置上，这是摩梭人家的规矩，女人一般是不能坐在火塘上方正对着门的位置上的。我和拉初以及她的母亲、姐姐一起，一边吃着生葵花籽，一边闲聊，我也像家里人一样，跟着拉初"阿妈"、"阿妈"地叫，觉得很自然。拉初和姐姐的皮肤都黑黑的，个子不高，小巧玲珑，一笑起来眼睛弯弯的，她们给我讲村子里的故事，介绍经堂山上美丽的寺庙，讲转山节时游客盈门的热闹，拉初还有个小妹妹在落水村一家饭店打小工，每个月几百元工资，我说为什么不在本村的客栈里打工，拉初笑起来，"我们这里的游客哪有落水那边多，黄金周、转山节的时候人多一点，平时没什么人来。"她

## 作者手记

① 泸沽湖其实是一个应该放慢脚步细细游玩的地方，环绕湖边的都是风光大美之地，旅行团那种逛逛走婚桥、坐坐猪槽船（实际不是猪槽船，是大木船）的方式相当不可取。

② 泸沽湖景区内的餐饮总体来说很方便，大落水、里格都有很多专门的餐厅，多以四川风味为主，还有一些小吃店。其余村落里，可以在客栈主人家搭伙吃饭，特色菜肴当然首推猪膘肉，还有苏里玛酒。

③ 攻略书上说大落水已经开发过度，很商业，但我觉得开发过度的反而是里格，里格无论是住宿还是餐饮，都比大落水要贵。感觉最好的是小落水村、达祖村和鸟觉村，不妨停留。

告诉我，黄金周的时候，她和姐姐就在村里外地人开的客栈和饭馆里帮手打打零工，一天的工钱20块，包吃两个正餐。20块！当她说出这个这个数目的时候，我差点惊呼，这在里格半岛，差不多只够吃一顿早餐。

泸沽湖的第二晚，落脚在鸟觉，也就是游客们口中的赵家湾，这是我在整个泸沽湖看到的最美丽的一处湖湾，绝对可以用惊艳来形容。整个湖湾不过百余米，曲线极优美，一个码头，两方鱼

小落水村里宾玛一家开办的格姆山下客栈，门前鲜花盛开

塘，几户人家，几艘猪槽船，水边种着银杏树，金黄的落叶飘浮在水面上，随波忽远忽近，一条小船悠悠划过，荡起微微波纹，一抹夕阳把湖水幻化成一道道星光璀璨。极目远望，层叠起伏的山峦，层次分明，仿佛一幅浓淡相宜的水墨丹青，这是一个纯净、安宁到牵住你脚步的地方。

晚上在枫月莛日客栈客厅的火塘边取暖，泸沽湖的冬季，昼夜温差很大，白天阳光下可以穿短袖，可是到了晚上，即便穿上棉袄也不觉过分，不过只要点上一点火，周围立刻暖意融融。我和客栈掌柜枫月、莛日人手一本书，三人都不说话，只静静看书。这一夜的客栈，只有我们三人。枫月和莛日，二人都是佛家弟子，均落发居家修行，所以客栈的房间、过道上，都挂着枫月手书的偈子，教导人们一心向善，简朴生活。这座摩梭风格的三层木楞房，背靠后龙山，被青松、青钢树和杜鹃林环绕着，晚风劲吹，后龙山的树林发出沙拉沙拉很大的响声，还有湖水拍打岸边的声音。电视天线锅前些日子也被风吹倒了，收不到节目，掌柜也不忙着去修，用莛日的话来说，没有电视看更好，可以好好读书。我其实很想知道广东女子莛日和山东大汉枫月之间的故事，不过，每每看到他们贞静、安详的表情，我的八卦念头就会被打消。

早上，我从湖边慢慢走过，爬上后龙山，站在半山上俯瞰鸟觉，平静的湖水像镀了水银的镜面，早起打渔的小船在湖上诗意地飘荡着。船桨的每一次划动都泛起一片涟漪，划累了，打渔人就放下船桨，吹一声口哨或啸叫几声，远处有不知名的水鸟飞翔盘旋，我静静地望着湖水，另一个世界正在让自己的眼睛产生着幻觉……

交通

丽江中心客运站每天上午9:00、10:00各有一班大巴开往泸沽湖大落水村，车程约7小时。丽江到宁蒗的班车很多，从早上8:00到下午16:30都有车，可以先到宁蒗，再转乘去泸沽湖的小巴。

北
部
湾
北
部
湾
临高角
毗北假日中心
美夏
博纵
昌洪
大雅村
金牌
白蝶贝保护区
马袅
调楼
东英
临高
博厚
古银瀑布
后水湾
龙门激浪
红树林
兰训
波莲
头国
皇桐
福山
峨蔓
光村银滩
光村
多文岭
三都
木棠
白沙糖
红湖欢乐
神头
美台
多文
新盈农场
龙波糖
干冲
东坡书院
新州
澄
白马井
加来
大铲礁
伏波庙
东城
南宝
里方
海上
排浦
王五
宽毓天堂
南华
和舍
中兴
洋家东
225
植物园
和关
美万生态农业
西华农场
红坎
大成
美台
新港
海头
儋州市
云月湖
观音洞
仁兴
荣邦
雅星
那大街道
新村
蓝洋
蓝洋温泉
仁兴热作场
石花水洞
海尾
南丰
松涛
棋子湾
邦溪
松涛水库
丰收
昌化岭
白沙村
邦溪
昌化
狮球
十月田
番加
大木
昌化古城
皂龙
阳江农场
乌烈
七坊
打安
岭村
叉河
昌江
金波
白沙
(牙叉)
鹿母湾瀑布
木色
四更
三家
细水
水流东
红草
白沙
黎母山
墩头
七差岭
青松
向民蝙蝠洞
元门
东方市
鱼鳞洲
雅加大岭
霸王岭
红坎电站
南
大田坡鹿
大田
七星燕窝岭
南开乡
红坎瀑布
琼中
天下第一泉
天安
俄贤洞
王下地下宫
琼崖纵队司令部旧址
红毛
下通天
雅龙小桂林
白沙起义纪念碑
百花岭瀑布
新龙
皇帝洞
什运
长征
海
电白
不磨
猕猴洞
毛阳
五指山
五指山
江边
番阳
上安乡
感恩角
感城
黎
五指山漂流
大广坝水库
马岭
板桥
中沙
乡采伐队
万冲
番茅黎寨
吊罗山
毛道
民族博物馆
南港
高园
尖峰岭
五指山市
吊罗山
大池林场
叉河口
乐东
畅好
南圣
七仙岭温泉
白水岭
尖峰岭
山道
大安
七仙岭温泉
保亭
什玲
椰果山
茸趾
永德
抱文
文且
毛感
祖关
乐光农场
志仲
保雅老村
仙安石林
南平温泉
抱梅
佛罗
千龙洞
响水
群英
千家
加茂
六弓
莺歌海
扎南
新政
田送
毛公山特殊形象自然景观
南改
黄流
225
利国
224
田仔
三角土
莺歌海盐场
田仔
藤桥
报仲
三道
椰田黎苗风情村
育才
云育
甘什林
英州
九所
南岛农场
南林
海棠区
东锣湾
G98
崖州区
高峰
古崖州古城
南田温泉热带风情
赤岭
凤凰机场
崖州湾
水南村
落笔洞
牛奇洲
西鼓岛
南山寺
热带海洋动物园
天涯区
吉阳区
蜈支洲岛
东锣岛
大小洞天
爱心大世界
三亚市
223
南山文化
三亚港
三亚热带海洋
后海村
南山角
鹿回头山顶公园
红沙
石角中村
西岛海上游乐世界
大东海
亚龙湾
东瑁洲
小东海
三亚珊瑚礁
榆林湾
锦母角

海口市
琼山区
文昌市
琼海市
万宁市
定安
屯昌
州
海
峡
木兰湾
海南角
新埠海
斗柄塔
东坡
铺前湾
桂林洋
铺前
锦山
红树林
罗豆农场
冯坡
翁田
抱虎角
湖心
七洲列岛
七
洲
洋
东寨港
演丰
湖山
三江湾椰林
名下
美兰机场
灵山游乐园
五公祠
钟楼
东营
长流
新海
海瑞墓
府台书院
石山
老城
海口火山
龙桥
永兴
龙塘
云龙
美安
遵谭
冯白驹将军故居
红旗
咸来
大保
抱罗
大致坡
更新
田尾
昌洒
海南热带野生动植物园
新坡
冼夫人纪念馆
东山
永发
美榔双塔
瑞溪
八仙泉
旧州镇
三门坡
潭牛
宋庆龄故居
月亮湾
仙沟
新民
谭文
文教
龙楼
后岭
铜鼓岭
陈空
新吴
见龙塔
东阁
八门湾红树林
甲子
大坡
石溪
新税
文城
码头
石浮
新竹
富文
雷鸣
居丁
永丰
蓬莱
迈号
高龙湾
东郊椰林
南
新兴
坡陈
同仁
坡寨
岭上
卧龙山
南丽湖
黄竹
会文
陈策将军祖居
冯家湾
西昌
山洞探险
岭寨村
龙塘
龙门
烟塘
重兴
大路
麒麟菜
岭口
新市
南林
岛
聚奎塔
长坡
龙湾
坡心
中建农场
中瑞革命纪念馆
茶沟
南吕
万泉
洋水
塔洋
潭门
潭门港
南吕岭探险
红色娘子军风情园
官塘温泉
岭应
石壁
中原
博鳌
博鳌港
博鳌(亚洲论坛会址)
东太农场
龙江
口石岭
溪仔
会山
阳江
山钦湾
龙滚民族风情大村庄
龙滚
映田
万泉河漂流
烟园
三区
牛路岭水电站
牛路岭水库
山根
六连岭
加朝
大发
禄马
乐来
尖岭森林
北大
和乐
南平
三更罗
袁水
长丰
白鞍岛
大花角
兴隆农场
兴隆温泉
北坡
春园湾
甘蔗岛
礼纪
青云塔
兴隆热带花园
东澳
大洲岛
南桥
后城
新梅
石梅湾
神州半岛
加井岛
洲仔岛
燕窝岛保护区
日月湾
光坡
牛岭
分界洲
香水湾
椰林
椰子岛
黎安
海南省全图
1:3326万
云南省
南宁市
广东省
广州市
福建省
台湾省
台湾岛
广西壮族自治区
澳门
香港
越
湛江市
澳门特别行政区
香港特别行政区
东沙群岛
东沙岛
海口市
儋州市
海南省
海南岛
三亚市
西沙群岛
永兴岛
永乐群岛
三沙市
宣德群岛
中沙群岛
黄岩岛
吕宋岛
菲
律
宾
老
挝
柬
埔
寨
南
海
民都洛岛
中业群礁
太平岛
马欢岛
永暑礁
九章群礁
巴拉望岛
南威岛
榆亚暗沙
南
沙
群
岛
万安滩
南安礁
文莱
曾母暗沙
纳
土
纳
群
岛
马
来
西
亚
尼
度
印
印度尼西亚

海南 · HAINAN

# 三亚海滨

## *Sanya Haibin*

## ——北纬十八度的梦幻蓝

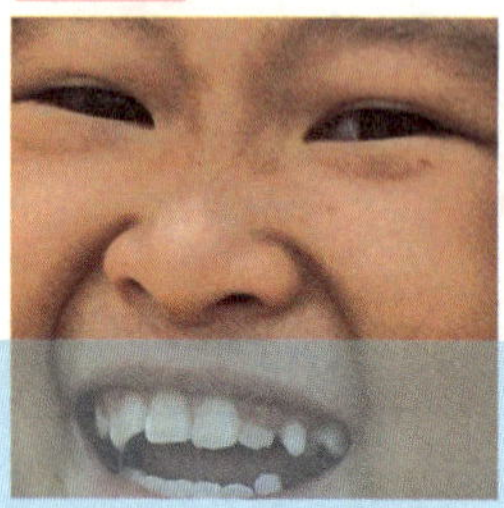

小清新指数

★★★★☆

交通指数 ★★★★☆

美食指数 ★★★★☆

住宿指数 ★★★★★

# 解读→三亚海滨

三亚地处北纬18度，这个蓝色海湾上托起的城市整日都艳阳高照，明媚无比。20多个"中国之最"集于一身的美誉，阳光、海水、沙滩、绿色植被、洁净空气，让三亚成了令人瞩目的度假胜地。三亚拥有最多长滩，其中代表性的有：梦幻蓝湾的亚龙湾、嬉戏沙滩的大东海、遥望南海的海棠湾、宁静渔村游客稀少的后海湾。

后海湾的日出

三亚，“东方夏威夷”。这就该是个光着脚丫子在徐徐海风和椰影摇曳中，裙裾飞扬撒欢儿大声叫用力跳的地方。水手裙，大草帽，鬓发间别一朵打着旋儿的鸡蛋花，踩在柔软的沙滩上，任潮水涨落，漫过脚背，聆听大洋深处的呢喃。负离子最多的城市，四季不断的鲜花水果，清新的空气，热情的阳光，湛蓝的海水，椰林长滩，还有斜阳照着沙滩上的脚印一双双。

**地理位置：** 海南省三亚市

**推荐理由：** 国内最美最蓝的海域之一，洁白柔软的沙滩，浩瀚壮阔的海天一色。人生有那么一段时光，应该被闲置在三亚的海浪沙滩上。

**特色看点：** 亚龙湾、大东海、海棠湾、后海湾

## 交通

三亚凤凰国际机场与各大城市都有直飞航线。三亚没有火车直达，需要在海口站转车，在海口站，每隔一个小时就有一辆动车发往三亚，用时一个半到两个小时。

在三亚呆过小半年，亚龙湾、大东海、海棠湾……三亚的各种湾我都去过好几回，要是评一个私人最美海滩，那无疑就是后海湾（又叫皇后湾）。纤长的亚龙湾沙滩柔软，一边是绿茵幽幽十里椰廊，一边是梦幻般的蓝色海湾，但遗憾是游客太多，拍个照，背景都是脑满肠肥大肚腩。大东海也是，沙滩一溜儿摆开躺着的都是俄罗斯人。而后海湾则不一样，虽小但宁静别致，这个海湾圆得非常周正，马蹄形的海湾，呈半月状，南海浪潮自岬口涌进来，形成一圈圈悠长的波浪。

三亚从二月底开始，海水开始慢慢平静，一直到十月初，在有大太阳的天气，海水颜色分层，从近到远依次是透明色、浅绿色、蓝绿色、蓝紫色、蓝墨色。住在后海渔村里，享受海岛生活的惬意。后海村的旅游食宿设施完善，沿着海湾一排都是主题客栈、潜水俱乐部、冲浪俱乐部、青年旅舍，村里住宿吃饭等物价相比三亚其他地方，更加物美价廉。

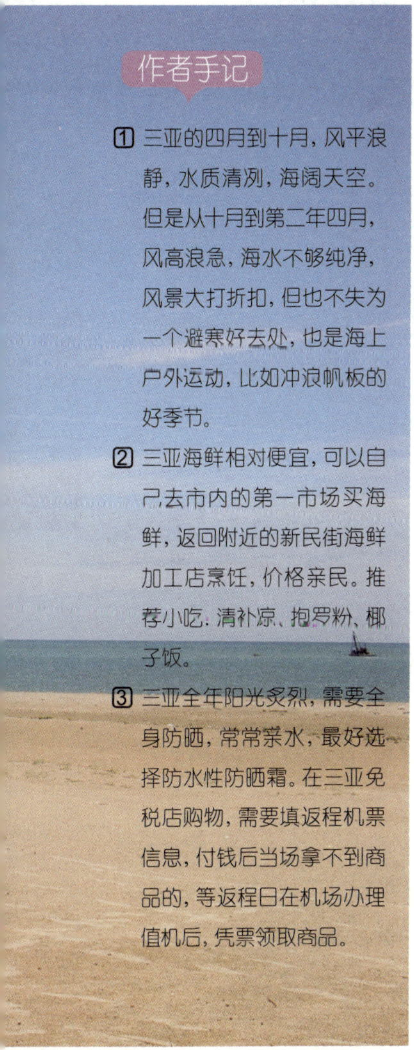

## 作者手记

① 三亚的四月到十月，风平浪静，水质清冽，海阔天空。但是从十月到第二年四月，风高浪急，海水不够纯净，风景大打折扣，但也不失为一个避寒好去处，也是海上户外运动，比如冲浪帆板的好季节。

② 三亚海鲜相对便宜，可以自己去市内的第一市场买海鲜，返回附近的新民街海鲜加工店烹饪，价格亲民。推荐小吃：清补凉、抱罗粉、椰子饭。

③ 三亚全年阳光炙烈，需要全身防晒，常常亲水，最好选择防水性防晒霜。在三亚免税店购物，需要填返程机票信息，付钱后当场拿不到商品的，等返程日在机场办理值机后，凭票领取商品。

躺在这样一片蔚蓝的海边，只想呆久一点，再久一点

从十一月到一月的后海湾清晨，几艘渔船泊在宁静的海湾里，整个村庄还未醒来，只有潮蟹在忙忙碌碌一顿瞎忙活。冬天的拂晓时分，后海湾的日出都正正好从海岬的缺口处浮上来，光亮仅照在一小方沙滩上，天幕低垂，黑夜未褪，为等日头跳出海面那一刻屏住了呼吸，温柔的潮水漫上脚背，又难为情般退下去。我站在那一小方光亮中，为这天地间的大美无言而感动。

大清早在无人的沙滩留下自己的一串脚印，捡晚上海浪冲上来的贝壳海螺，有时甚至还能捡到从南海古沉船里席卷上来的陶瓷碎片，隐隐约约的青花瓷纹样，被打磨光滑了的边缘，这种时光交错的欣喜感是无法言喻的。晚上一定要去村里吃烧烤，渔村里的烧烤摊从不坑爹，价格实在，一条二指宽的烤秋刀鱼，才五块钱，刷上调料酱烤的皮焦肉嫩，和摊主关系混熟了，他还会从自家屋里抓出一把小青柠来，不知道那是什么，像小个儿的柠檬或者绿色的金桔。摊主给我示意怎么吃：二指捏住小青柠，用力开一个小口，然后把捏出来的汁淋到秋刀鱼上，趁热还会滋滋作响。烤秋刀鱼的酥香皮脂，混和着酸爽的柠檬汁，啧啧啧，想到渔村烧烤摊的我口水掉下来。好吃的海边烧烤还有：烤海虾、生蚝、墨鱼仔、手撕鱿鱼干，不可错过的还有海南特产黄灯笼椒，做为蘸酱，鲜辣咸香。

在沙滩上漫步，常常还会看到本地渔民的传统捕鱼劳作，布下网，一人拿着大棍敲击海面，受惊的鱼虾乱窜，一个不小心就窜进渔网里了。虽然一网下来，收益无多，但是乐趣无穷啊。有时会碰见当地老奶奶，拿着一串串精致的海螺贝壳，向游客售卖，不贵，是伴手礼佳品。有时还会遇到去山坡采仙人掌果实、黑脸呲白牙的本地小孩们，若你是好奇仙人掌果实，他们会很大方的当场给你削一个仙人掌果实尝一尝，你若不敢，他们便试吃了，张开血红大口给你看（成熟的仙人掌果子充满了紫红色的汁液）。

有一条路要着重推荐一下，在《非诚勿扰2》里也出现过的。坐由市内发往亚龙湾的15路公交车就行，出了田独镇，驶过九曲湖，道路左边是山坡稻田乡景，椰子槟榔间是颜色各异的村民楼房，稻田间有白鹭、有耕牛，两者悠悠走在田间地头，互不打扰。接着有一条绿茵小道，两旁的人行道树交错搭起一组绿色长廊，汽车穿行其间，枝叶间漏过的光影斑斓打在汽车玻璃上，登时心静自有凉风来。

早起跑步遇上的小孩，送了我一袋仙人掌果实

去三亚海滨吧，感受各种梦幻蓝，清浅的蓝色，明晃晃的蓝色，波鳞鳞的蓝色，深的发紫的蓝色，姑娘们，穿上花花裙子，带上"小娟&山谷里的居民"的那张专辑《红衣绿花朵》，去聆听南海的那抹梦幻蓝色呢喃吧。

海南 · HAINAN

# 三亚亚龙湾森林公园

*Sanya Yalongwan Senlingongyuan*

## ——尽赏天堂景致

小清新指数 ★★★★☆

交通指数 ★★★★☆

美食指数 ★★★★☆

住宿指数 ★★★★★

# 解读→亚龙湾森林公园

亚龙湾森林公园是一流的滨海山地观光兼生态度假型森林公园，因电影《非诚勿扰2》在此拍摄而出名。公园分东园和西园，犹如伸展的双臂环抱着"天下第一湾"，植被类型为热带常绿性雨林和热带半落叶季雨林，有着丰富的动植物种类，植物133科1500余种。森林结构复杂，季相变化多姿多彩。

清晨，一场突如其来的暴雨让我的森林公园之行起了一点小小的波折，暴雨和雷击使得景区电脑系统全面瘫痪，门票无法售出，我和几十位游客只得在散客接待处耐心等待。等待的间隙里，雨渐渐停了，走出接待处的亭子，凭栏远望，半山之上云蒸霞蔚，雾气升腾，几株凤凰木夹杂在一片翠绿中，艳红的花朵更显娇艳、滋润，雨后略带清甜的森林气息已经缓缓从不远处飘来，虽然身在山外，可我的心却已在一点一点悄悄地迷失。

雨林深处

**地理位置：** 海南省三亚市

**推荐理由：** 三亚海滨之外的最佳去处，可一览热带雨林的风采。

**特色看点：** 雨林、鸟巢度假村

自从冯小刚的《非诚勿扰2》上映以来，主要外景地之一的亚龙湾热带天堂森林公园便人气急升，特别是那些到热带岛屿上度假的情侣们，更是对这个别号"鸟巢"的地方追捧有加。许是每个女孩子心中都存着对爱情的幻想，于是电影里那一对试婚男女栖居的丛林木屋，他们在飘摇的风雨中晃悠着走过的索桥，都成了情侣们必去的地方。虽然电影里并没有真正的爱情，有的只是生活和死亡，但森林公园里的景致却是真的，尤其是雨后的辰光中，那恍若天堂的云雾让人不由自主地沉醉其中，欲罢不能。

在等待了近一个小时之后，公园的电脑系统仍然没有修复的迹象，而游客在亭子里越聚越多，情急之下，公园采取了最原始的手段——派人在闸口一手收钱一手放人进园，游客们挤挤挨挨鱼贯而入，绝大多数人都选择坐景区电瓶车上山，实际上，离电瓶车站不远处就是徒步登山道的起点，我和另外一对中年夫妇便选择了步行上山，沿着龙山栈道走进雨林深处。这条栈道号称"雨林登山探险游览线"，其实一路都是石阶，随着山势缓缓升高，并无多少"险"可探。雨时断时续，雨滴敲打着树叶，发出滴滴答答的声响，冷不防一两滴冰凉的水珠便落进脖子里，冷得人不由得一个激灵，石阶上由于常年濡湿而结满苔藓，散发出幽幽的绿意，山谷间大雾弥漫，山风过处，看得见湿润的空气在缓缓流动。高山榕、桃金娘、金合欢的叶面上都凝结起明亮的水珠，钩枝藤则恣意地随处披挂，整个森林宛若帷幕一般，细细密密地将我们围拢其间，每一枝藤

这就是《非诚勿扰2》里那道著名的索桥

条上仿佛都挂着一团浓雾似地，让我们看不清外面的景致，却能感受到一种神秘的律动，从山尖到山坳，这是一个万古长青的国度，一个隐秘的天堂。

一路上，经过飞来石、百果园、龙舌石、围凤桥、野象桥，先到兰花谷，从这里走一段盘山公路到美丽梧桐登山口，又开始钻进雨林，过烟波亭，就到了那道著名的索桥前。电影里，两位主角经过索桥回到房间，而葛优最终独自离开也是经过这道桥。现在，这道桥有了一个俗气的名字——过江龙，桥前拦了一道铁闸，要另交20元门票才能从这里走到鸟巢西区路口，看到闸口排起长长的人龙，我

们索性放弃过桥，就坐在烟波亭里看云舒云卷，看游人们在索桥上的种种姿态，索桥距地40多米，不断有恶作剧者使劲摇晃钢索，加上山风劲吹，桥身不停地左摇右摆，看着颇有些惊险。

山风阵阵吹过，仿佛有一双无形的巨掌在撩动着雾气，对面鸟巢西区一幢幢尖顶小木屋时隐时现，山下远处的亚龙湾也笼罩在一片薄纱之中，薄雾偶尔散开的地方，海平浪静，隐隐的帆影衬着几座高楼，恍若海市蜃楼。离开烟波亭，雨势渐强，我们只得选择乘坐电瓶车径直上到红霞岭顶峰，天街之上更是云遮雾罩，厚重的浓雾从雨林的每一个缝隙中奔涌而来，填平整个山谷，大佛石、沧海楼都被淹没其中，偶尔拨开云雾稍露峥嵘，倏忽又被再度裹挟，终于不见踪迹，而我，身处一座不断变幻的山中，一片浓荫的密林深处，内心竟有些无端的激动。

## 交通

从三亚市区乘坐15、25路公交车或新国线前往亚龙湾的旅游专线车，在亚龙湾加油站下，过马路就能看见景区大门。

雨林里的植物充满出人意料的形态

## 作者手记

1. 景区徒步登山道以西大门为起点，到围凤桥进兰花谷，如果想去过江龙索桥和鸟巢西区，需从兰花谷原路折返，走一段盘山公路后，由美丽梧桐登山口徒步上烟波亭。兰花谷内的登山道一直通往红霞岭天街，不经过过江龙索桥。
2. 徒步登山道以石阶、木栈道为主，难度不大，但需要有一定体力，若是徒步登山半途感觉体力不支，可到兰花谷、烟波亭和天街三个电瓶车站点乘车，不过需现场补票。
3. 参观雨林的最佳时间是雨后或清晨。清晨，经过一夜低温，由树冠蒸发出来的水汽容易凝结成雾气和露珠；雨后，整个雨林更是雾气蒸腾，气象万千。
4. 景区内的鸟巢度假村不对游客开放，如果你想去看看度假村老鹰区3号"葛优和舒淇的家"，恐怕只有在度假村住一晚才行。

雨雾中的度假村，仿佛山中一个个小巧的鸟巢

海南 · HAINAN

# 文昌东郊椰林

*Wenchang Dongjiao Yelin*

## ——独享那片最宁静的海

小清新指数 ★★★☆☆

交通指数 ★★★☆☆

美食指数 ★★★☆☆

住宿指数 ★★★☆☆

# 解读 文昌东郊椰林

海南文昌东郊椰林风景区位于绵延十里的建华山海岸线上，椰树成片，有红椰、青椰、良种矮椰、高椰、水椰等品种，共50多万株。直到上世纪八十年代末，东郊椰林还只是一个自然而然的小渔村，不为世人所知。它曾是海南第一个开发的旅游度假圣地，喧嚣多年后逐渐衰落，如今归于平静，但椰林依然美丽如斯，被描述为"文昌椰子半海南，东郊椰林最风光"。

椰子树斜斜地倚在海滩上，身姿曼妙无比

海南的天气绝少有阴郁黯淡的时候，漫长的梅雨季节与它无关，冬日的沉闷阴暗也与它无缘。

我在文昌东郊椰林一个充分享受着阳光普照的小村，喝着乡村味的珍珠奶茶，躲在阳伞下边耐心等候班车，边往摊到腿上的日记本上刷刷写着只有自己能看得懂的文字。耳边是呼啸而过的三轮货车声，突突的摩托车声，隆隆的挖土机声，小孩儿稚嫩的嬉戏声。我为街角的这些声音偶尔抬起头，接着对着阳光下的灰尘出神。日头钻出云层没多久，便毒辣又残暴地打在我赤裸的小臂上，几天来我的手和胳膊的皮肤，已在皮脂层下凸起了莫名其妙的化学反应，我不知这是湿毒的入侵，还是加速体内湿毒的排出。

**地理位置：** 海南省文昌市东郊镇

**推荐理由：** 少有游客的美丽风光，有着海与天惊艳而不张扬的美。

**特色看点：** 椰林、落日

度假村里的小木屋

昨日东郊椰林海边的凄美落日令人记忆犹新。我想如果这里不是只有单调的广阔无边的海，如果这里像海口一样有更众多、更丰富、更有情调的船舶和人世，我想那我肯定会第一眼便爱上这个有椰梦木屋可以唱响的海滩。午后的炎炎时光，我来到了这个可以躺在椰树下，吊床中，悠荡着做梦的地方……我记不太清自己何时在这温暖的风中昏沉入睡了，恍惚我身旁还有个轻声慢语的年轻妇人和她怀里咿呀笑着的婴孩，在那可爱的吊床上悠悠荡荡。

浑身湿漉漉地放下背包，老屋院内的三角梅和莲雾花开得芬芳，老阿婆光脚静静地坐在地上，看着光影亦步亦趋直至消逝。在黄昏将至时，我吃了家常四季豆、熏鱼、烧鸭、地瓜稀饭后，便向着百莱玛度假村边的海滩走去。拎着自己的人字形拖鞋，光脚走在无人的大海斜阳里，光脚抚爱那些善感的贝壳、珊瑚和海菜，光脚触碰那个多情的影子，光脚讨好那些冰淇淋样的云彩。我不知道那风景是有多久没有见到过的了，或许这是我与碧海蓝天和壮美残阳的初体验。此时如血的黄昏笼着海面、渔船、椰林、小狗、贝壳和我。海边有两只脚丫在不知不觉地踏浪前行，我知道我走过、路过、看过、听过，却一排脚印也未留下。

霎那的晚霞是制造浪漫的高手，天边腾起的彩云有着柔软又温情的色彩。那诗意的情调，宛如沉静的夜空与烟花相遇的情感，刹那邂逅、升腾、闪光、沉寂、消逝、分离。如此的美丽，如此的沉静，如此的恬淡，如此的绚丽，如此的幻灭，如此的意象，如此的心情，如此的独享空间，我不知该怎样正确向旁人形容。那直抵内心深处的泯灭欲求，我不知该向谁如何诉说。我在等车时组织的凌乱话语和文字，也许只有那些上岸后孤单的贝壳能看得懂，我想这便是我的那年夏天最宁静的海。

作者手记

① 椰子和莲雾当属这里最具代表性的水果了。在喝过饱满的椰子水，吃过结实的椰子肉后，你或许就会明白以东郊椰林的椰子为原材料的老品牌“春光”椰子糖、椰子糕等食物，为什么会在市场有着长盛不衰的秘诀了。而在5–7月份，家家户户满树挂着的如少女笑颜一样甜美可人的莲雾，它那清甜脆爽的滋味更是你万万不可错过的。

② 去椰林景区的车需在清澜港过渡，过渡时可以下车在轮渡甲板上自由走动，但需注意安全。过了清澜渡口，就是一段长长窄窄的椰林小道，风景很不错，可以从椰林景区门口的杂货摊上租一辆自行车在这段路上骑行。

③ 百莱玛度假村几乎是东郊椰林的代名词，这个在东郊椰林的鼎盛期修建的度假村，现在生意自然不如从前，但椰林深处一幢幢的小木屋，仍充满风情浪漫。另外，从椰林景区正门左转大约100米，有一家绿家园农家旅馆，一幢三层砖混楼房，简单、干净，价格较为实惠。

交 通

从文昌汽车站乘坐到建华山的中巴车，终点站就是东郊椰林。切记买票时一定要说去建华山，不要说去东郊椰林。

椰林、沙滩，组成了最美丽的热带风光

如果你习惯了独享风景，习惯了看风景中的那份宁静与淡定，习惯了面对风景时的无语，习惯了只让风景里的风儿云儿听到你的歌唱，如果你不怕海那深深的孤寂，肯独自一人流浪并抵达一片汪洋，面对那蔚蓝色的魔力，我想告诉你那方向就在文昌东郊椰林。椰林与海洋，是对于一个热带岛屿最好的诠释，如果你能在这里多住几日，便会发觉椰林畔，那海与天惊艳而不张扬的美，也许就是你在路上一直想要寻找的远方。

宣威市
安顺市
都匀市
六枝特区
镇宁
龙宫
黄果树
关岭
惠水
长顺
丹寨
三都
平塘
独山
盘县
普安
晴隆
紫云
富源
兴仁
贞丰
罗甸
荔波
马岭河峡谷
望谟
安龙
兴义市
册亭
师宗
罗平
隆林
西林
黄猄洞天坑
乐业
天峨
南丹
河池市
凤山
东兰
凌云
田林
巴马
百色市
田阳
田东
广南
丘北
富宁
砚山
文山市
西畴
麻栗坡
马关
河江
那坡
德保
靖西
平果
隆安
天等
大新
扶绥
崇左市
龙州
宁明
凭祥市
上思
东兴市
高平
宣光
安沛
谅山
太原
北江
河内
越南
云南省
贵州
十万大山

黎平
通道
资源
全州
零陵区
双牌
新田
宁远
嘉禾
道县
蓝山
临武
江华
江永
灌阳
兴安
龙胜
三江
融水
融安
永福
桂林市
临桂区
灵川
象山区
雁山区
阳朔
恭城
平乐
富川
钟山
贺州市
昭平
蒙山
荔浦
鹿寨
柳州市
柳江
柳城
罗城
忻城
象州
金秀
来宾市
合山市
武宣
桂平市
平南
藤县
梧州市
苍梧
岑溪市
贵港市
港南区
覃塘区
横县
宾阳
上林
兴业
玉林市
福绵区
北流市
容县
陆川
博白
灵山
浦北
钦州市
合浦
北海市
铁山港区
廉江市
化州市
茂名市
电白区
湛江市
遂溪
吴川市
坡头区
霞山区
信宜市
高州市
阳春市
阳江市
阳东区
阳西
恩平市
罗定市
云浮市
云安区
肇庆市
郁南
德庆
封开
怀集
连山
连南
连州市
广宁
新兴
宁市
城港市
榕江
从江
北部湾
南海
湖南省
广东省

广西 · GUANGXI

# 阳朔西街

# *Yangshuo Xijie*

## ——寻找你的小王子和狐狸

小清新指数 ★★★★★

交通指数 ★★★★☆

美食指数 ★★★★★

住宿指数 ★★★★★

# 解读→阳朔西街

西街是阳朔最古老最繁华的街道，有1400多年的历史，全长1180米，宽仅8米。明城墙、碑刻、古寺、古亭、名人故居、纪念馆等古建筑保存较完整。孙中山先生曾在这里演讲，艺术大师徐悲鸿也曾在此居住。西街是中西文化交融的"洋人街"，上世纪七十年代初，西方游客发现了西街，每年到西街的境外旅游者超过数十万人次，有的一住几年，有的在西街开店。近年来，西街以其独特的魅力，成为众多小清新人士的圣地。

**地理位置：** 广西壮族自治区阳朔县

**推荐理由：** 西街是阳朔的灵魂，一千个人就有一千个西街，她实在是一个值得好好品味的地方，让人们在静谧的山水天堂和欢快的人间胜景之间纵横往来。

**特色看点：** 特色小店、酒吧、餐厅

你若安好，便是晴天

西街是阳朔县城中心的一条古老街区，房屋古朴典雅，桂北明清时期风格，小青瓦、坡屋面、白粉墙、吊阳台，临街小楼的后边别有洞天，回廊曲折，让人生出些许墙内秋千墙外道的怀想。西街的尽头就是碧绿如玉的漓江水，朝朝夕夕逝者如斯。西街是阳朔山水间最欢快的精灵，在岁月雕刻的石板路上，无心间，看灵光乍现。

酒吧是西街最大的招牌，招摇着与北京三里屯和后海截然不同的文化气氛。流淌的碧水让她们始终氤氲着缓慢的时光感觉和理想主义的色彩。来自四方的人们在这里相遇相识，不同颜色的瞳仁默默注视或者浮光掠影，传说的故事永远在窄窄的街道上飘荡。

漓江是不结冰的河流，西街的人们之间，也总是暖暖的。在这里，都市中的人际冷漠冰消雪融，乡村的淳朴、故土的融洽、北欧小镇般的从容淡定成为一种美妙的融合。旅店的老板可能会跟你们老家的二大爷一样搬个小板凳坐在大门口，热情又漫不经心地跟路过的熟人问好；街上熙熙攘攘的人口密度不再让人觉得压迫，反而生出高朋满座的热闹；酒吧的老板脸上带着老熟人般的平和亲切，哪怕你只是喝了人家最便宜的一杯红茶。你也大可在冬天里呆上大半天烤完人家的两大盆炭火，在你自己都觉得搅扰太久而不好意思准备告辞的时候，老板笑呵呵地招呼你有空再来。

只有在那里，"泡在西街"才成为一种理直气壮和浑然天成的生活方式，要是有谁在西街行色匆匆做奋发图强状，会被当成怪物。这里的时间被拉长又放慢，像一杯深红色葡萄酒荡漾的酒晕一样，缓慢、放松、怀旧而有着不可言传的浓郁。

**交通**

阳朔汽车站下车后向东步行5分钟，看见一条与众不同的小街就是西街。

长满碧绿爬山虎的饭店，洋溢着春天的美好

西街的酒吧都提供餐饮服务，也可以说是西餐厅。风格各不相同，值得不带目的地慢慢品味。一千个人就有一千个哈姆雷特，每一个人都有美丽的酒吧故事，西街的感觉永远都有人讲述。沿着一条街一家一家记录下酒吧的名字，让人想起大一军训紧急集合的名单。简简单单的名字，背后有着多少时光的记载。每一个人的故事，上演又落幕。毕业时午夜的电影院，看青春散场。

千年的青石板路

作者手记

1 西街布满了旅馆、酒吧、饭店、CD商店、特色小店和工艺品小店。和西街相连的自西向东的街道有蟠桃路、新西街、城中路、桂花巷民居旅馆一条街、县前街和滨江路。还有一条北边一点的叠翠路与西街平行。

2 西街最好的游览方法就是从一个吧泡到另一个吧，品尝它们的美食和美酒，看店门口西街的人流。

3 如果看见老板或者侍应生有空，可以跟他们攀谈，他们闲谈中的西街往事就是这条街的灵魂。

没有饭店的菜单很有特色，满篇都是不苟言笑的“没有”，再也没有哪家餐馆有这样可爱的霸道。月亮下餐厅很罗曼蒂克，似乎更适合情侣和永不放弃小资情调的旅行者。明园咖啡以一贯坚持的优雅和清丽而闻名。明园的主人也从不掩饰对于自己咖啡的信心和骄傲。乐得餐厅夏日里的阳伞是她的招牌场景。最适宜下午阳光充沛时，坐在洋伞下，细嚼慢咽，发发呆，真是神仙生活。如果酒吧扎着马尾辫子的帅老板总是坐在店门口或是桥头看水发呆，遇到他顺眼喜欢的人就喊人家进来坐坐。

西街的尽头是阳朔历史的沉淀处——山水园。里面的历史文物和石刻值得一看，去琢磨琢磨“带”字石刻的玄机也颇有趣味，老阳朔的风流与繁华尽在这个看似平淡的公园中。虽然岁月流去，鉴山寺也已经迁走，仅留有一个空的躯壳，然而这里总还是像老上海的街道巷陌一样，散发出挥之不去的情调。

广西 · GUANGXI

# 北海老街

*Beihai Laojie*

## ——斑驳老墙下的恬淡闲散

小清新指数 ★★★★☆

交通指数 ★★★★★

美食指数 ★★★☆☆

住宿指数 ★★★★☆

# 解读→北海老街

北海老街最初建造于19世纪中叶，基本成型于1927年前后，长1.44公里，宽9米，沿街建筑大多为二至三层，建筑风格中西合璧，除了自身的岭南地域特点，主要受到19世纪末叶英、法、德等国在北海所建造的领事馆等西方卷柱式建筑的影响。这些建筑临街的骑楼部分，方柱粗犷宽大，既是道路向两侧的扩展又是铺面向外部的延伸，为行走在骑楼下的人们遮挡风雨和烈日。这条老街见证了北海的往昔繁华，被历史学家和建筑学家们誉为"近现代建筑年鉴"。

我们住在银滩附近的别墅旅馆，跟老街还有一段距离。大清早，在路边随便拦了一辆出租，刚上车司机就开始话痨攀亲，呵呵，传说中的北海出租车。明确告诉他，不买珍珠不购物，直接带我们到老街。

尽管有些不情愿，司机还是把我们停在了中山路的大清邮政北海分局旧址前。斑驳沧桑的建筑外墙，是我对北海老街的第一印象。北海市中山东路204号，1897至1903年间的大清北海邮政分局。作为中国最早开办的邮政分局之一，邮局建筑至今保存依然完好。可惜是周末，陈列馆没有开门。邮局所在的小院环境幽静，参天老榕环绕四周，这些古老的树木，年龄或许比邮局还要大。沧桑的黄墙绿树，围墙外则是一群骑着摩托车的小年轻，这样古老与年轻的强烈对比，叫人有些莫名感慨。

交通

市区乘2路公交车可到老街。

大清邮政北海分局旧址

我们沿着安静整洁的街道走到珠海路的东面入口，在这里还伫立着一幢北海海关大楼旧址。建筑始建于1883年，是广西最早建立的海关，因海关大权被洋人操纵，故又称“洋关”，这栋办公大楼也就被称为洋关大楼。这座大楼坐北向南，高三层，楼顶为坡顶屋，四周为回形天台，各层有回廊，室内有壁炉，属于正方形西洋建筑风格。在解放后仍作为北海海关办公楼继续使用，直到北海海关建了新办公楼后才迁出这里。

**地理位置**：广西壮族自治区北海市

**推荐理由**：只有幸运的城市才拥有保存完好的老街，老街就像北海的灵魂，从中可以看到这个城市曾经的繁华和沧桑。

**特色看点**：骑楼、老建筑、咖啡馆、小店

## 作者手记

① 在北海，注意不要轻信出租车和三轮车司机的花言巧语，最好不要听从他们的推荐去买珍珠或吃海鲜，容易上当受骗。

② 老街的店铺开门比较晚，很多店要等到下午才会开门。如果喜欢清静，或想拍拍安静老街的照片，建议清早前往。如果爱好热闹，晚上到老街是正确的选择。

③ 老街上的店铺摊贩非常多，包括广西特色食品、越南商品、珍珠等。有些喊价虚高，记得砍价。

④ 老街也是吃货的天堂，这里的风味小吃美味诱人，李姨虾饼、虾叔虾饼、彼岸音乐厨房等口碑不错，街上的诸多糖水店也值得一试。

清晨的老街冷清得出乎意料。或许真的太早，老街几乎空无一人。端午节快到了，骑楼下三三两两的当地居民围坐在门口剥笋子包粽子，小声交谈家长里短，老街如此安详而清净。最爱夏日的浓密树冠，比老街还要古老的树木静静屹立在路旁，沧桑、幽静。还有阳光下散发出阵阵香气的不知名花儿，自开自落，闲看春秋。穿行在骑楼下面，既不怕烈日炎炎，也不惧暴风疾雨，前人的智慧庇佑后人至今。在这里慢慢走来，古朴的风貌依旧，看看当地人的生活，半天很容易就过去了。

看过清晨的宁静，当我在晚上再一次来到老街，不禁被这里的热闹惊住了。街道两旁，摆满了各式各样的特色纪念品和小吃摊点；霓虹灯下，游人如织，穿行在老街的各家酒吧、咖啡和特产小店中。原来，老街的很多小店从下午才开始开门，夜幕渐渐降临的时候，这里才呈现出鲜活热闹的另一面。逛累了，有琳琅满目的小吃来满足口腹之欲。炎炎夏日，最喜欢北海的糖水，来一杯清凉的水果沙冰，冰凉沁人，疲惫尽消。

老街的有些建筑已经比较破旧，甚至有点危房的感觉，尽管这种沧桑和破败正对摄影人胃口，但还是希望老街能够保存得更久一些。如果说银滩是北海的表面新装，那么老街就是北海的内在灵魂。因为有了老街，北海和其他很多城市相比有一种与众不同的气质，恬淡闲散，与世无争，这种感觉被沧桑的老街诠释得淋漓尽致。

清晨的宁静老街

市政府驻地
天府立交桥
高新区法院
高新区管委会
成都市纪检委
成都市发改委
市政府
绕城高速
濯锦立交桥
成彭立交桥
四川师范大学电影电视学院
省结核病防治所
成都安络工业园
四川师范大学职业技术学院
天奥工业园
鹏基石材展销馆
四川易园园林艺术博物馆
中国中铁八局
交大立交桥
济宏医院
金牛区青年(大学生)创业园
茶店子客运站
金牛立交桥
电子科技大学九里堤校区
西南交通大学
新生堂妇产医院
金牛区国土局
金牛区旧城改造中心
羊犀立交桥
沁苑休闲庄
成飞医院
成航医院
苏坡公园
天祥骨科医院
金牛区人民医院
市第四人民医院
国际会议展览中心
营门口立交桥
城北客运总站
成都铁路中心医院
市绿化管理处
金沙遗址博物馆
省妇幼保健院
省档案局
金牛区第二人民医院
红梅苑休闲山庄
青羊工业总部基地
成飞集团会议度假中心
蓉府休闲庄
苏坡立交桥
日月大道一段
苏坡西路
苏坡东路
四川艺术职业学院
西南财经大学
满地可医院
光华大道一段
市精神病院
青羊区第六人民医院
青羊区苏坡万家工业园区
省人民医院
文化公园
市第九人民医院
人民公园
百花潭公园
省妇幼保健院
四川广播电视大学
草金立交桥
成通医院
西蜀森林酒店
武侯西南医院
永康森林公园
桑莱特科技
武侯区大学生(青年)创业园
武侯工业园管委会招商服务中心
武侯立交桥
武侯祠博物馆
南郊公园
武侯区第二人民医院
武侯区人民医院
市产品质量监督检验院
现代医院
华西新医院
永丰立交桥
西南民族大学太平园校区
新纪元医院
川藏立交桥
华西普济医院
华朗汽车工业园
七里商业街
武侯区第五人民医院
武侯区第三人民医院
省体育中心举摔柔管理中心
蓝天立交桥
石羊工业园
成都南站
天府立交桥
石羊立交桥
益州大桥
新成科技园
武侯区计划生育服务室
红安河湿野公园

成都
川陕立交桥
成绵立交桥
秀水湖畔度假村
内燃机厂职工医院
动物园
昭觉寺汽车站
成华区第三人民医院
四川农大成都教学部
成铁分局东站医院
龙潭立交桥
成都铁路分局医院
青龙立交桥
成都交通医院
宝具国际大道
航天路
成都电气检验所
成济路
晟华中西医结合医院
府青路二环立交桥
东区医院
成都八里医院
成都建美医院
荷花池汽车站
成华区地税局
四川交通职业技术学院成都分院
金牛区第四人民医院
前锋医院
成量集团公司医院
市建筑工程质量检验测试站
同仁医院
电子科技大学
石油成都医院
怡东国际酒店
成都理工大学
成都收费站
成南立交桥
张家坟山
省建筑医院
北门汽车站
市中医医院
市第一骨科医院
成华区第二人民医院
成都工业文明博物馆
四川电力医院
成都理工大学南校区
成华区建设局
西园妇科医院
华川医院
市儿童医院
成华区人民医院
成华区
九星医院
熊家坟山
成南客运站
锦江区
新华公园
五冶医院
天兴医院
长江医院
十陵立交桥
中国五冶职工大学
圆中缘山庄
成都大学
四川师范大学文理学院北校区
市园林局
成都骨科医院
双桥客运中心
市求助管理站
双桥子立交桥
塔子山
四川出入境检验检疫局监管场站
成都十陵风景名胜区
权健医院
锦江区第二人民医院
市体工队
锦江区中医医院
四川大学
校史展览馆
外国语学院
塔子山公园
成都汽车总站
成渝立交桥
省人民医院城东病区
四川大学科技创新中心
锦江区妇幼保健院
市第十人民医院
市射击射箭运动管理中心
省第四人民医院分院
四川师范大学通信工程学院
沙河堡医院
四川师范大学东区
成都收费站
东湖公园
航天立交桥
绵阳艺术学校成都校区
师范大学医院
四川师范大学文学院
四川城市职业学院
高攀小游园
九妇产医院
东区医院
赵家山
狮子山庄
锦江体育公园
娇子立交桥
科析生态科技园
桂溪立交桥
琉璃立交桥
万厚医院
市城市排水监测站
成渝路
成龙大道

四川 · SICHUAN

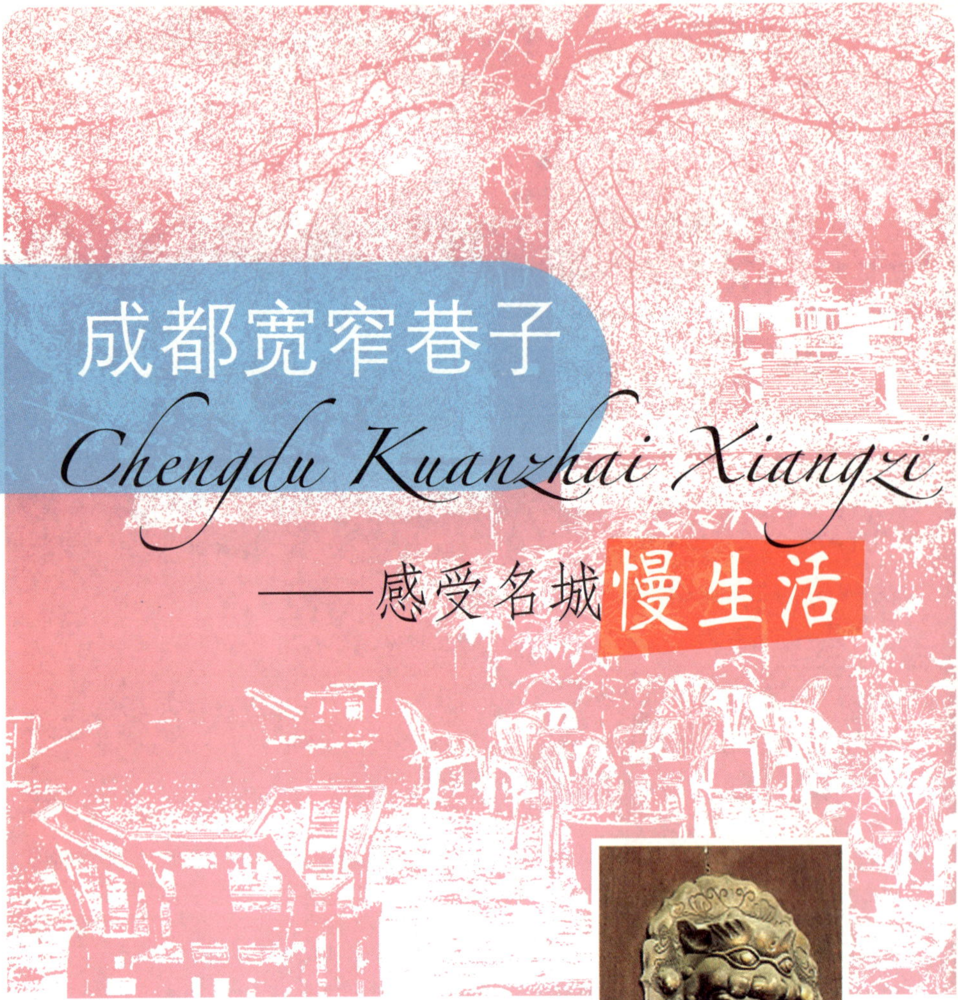

# 成都宽窄巷子

*Chengdu Kuanzhai Xiangzi*

## ——感受名城慢生活

小清新指数 ★★★★★

交通指数 ★★★★★

美食指数 ★★★★★

住宿指数 ★★★★★

# 解读→宽窄巷子

宽窄巷子由宽巷子、窄巷子和井巷子三条平行排列的街道及其之间的四合院群落组成，与大慈寺、文殊院一起并称为成都三大历史文化名城保护街区。这条街区的建筑大多建于民国初年，少数建于清末，是成都遗留下的最具特色的古街道。前些年经过重新改造修葺，重现了45个清末民初风格的四合院落、兼具艺术与文化底蕴的花园洋楼、新建的宅院式精品酒店等各具特色的建筑群落，形成了一条以旅游休闲为主、具有鲜明地域特色和浓郁巴蜀文化氛围的复合型文化商业街。

**地理位置：** 四川省成都市

**推荐理由：** 宽窄巷子是成都最具特色的古街道，清末民初风格，具有浓厚的艺术与文化底蕴，展现出成都的悠闲生活。

**特色看点：** 清朝建筑、格调餐厅、咖啡馆、特色小店

从前，宽巷子真的就是一条比窄巷子稍微宽那么一点点的小巷。黑墙、青瓦，雕梁翘檐，青石板路面上的黄桷树，黄桷树下的露天茶铺，两块钱的盖碗茶，巷口的豆花饭和肥肠粉，骑着自行车叮铃作响的老头，坐在巷口摆龙门阵的成都人，跳绳的小孩子，收破烂的吆喝声，还有曾经的小观园和龙堂……

"宽巷子不宽，窄巷子不窄"。沧海桑田容颜改，当年宏伟的少城建筑早已湮没在历史长河，只有宽窄巷子硕果仅存。作为具有千年传承的历史文化名城，在岁月长河中流淌下来的并非仅仅几个常规景点。当你不经意踏进那些看似寻常的阡陌小巷，感受到那些属于平常百姓的真实生活，才算真正走进了这个城市的私密空间。

走进宽窄巷子，恍如走进一段被遗忘的时光。这里曾是两条寻常小巷，沿巷而建的民居具有典型的清朝川西风格，虽然有些破旧，却难掩其精致的古韵。屋前威武的石狮，还有光滑的拴马石，依稀重现了这里曾有过的辉煌记忆。悠闲的家庭露天茶馆，忙碌的小吃烧烤摊点，传统与现代风格混杂的青年旅舍，麻雀虽小却五脏俱全的杂货店，还有世代居住在这里洗衣做饭喝酒打牌的原住民，构成了宽窄巷子的真实生活。

成都画院就在宽巷子的一侧出口，这是一座有着百年历史的传统四合院。画院不大，四合院内也有像模像样的假山和池塘，红色的锦鲤在水中悠闲游弋，仿佛是一座古代的民居宅院。画院经常举办成都画家的小型画展，规模虽然不大，却具有浓郁的本土特色。我最喜欢伫立在画院门口看庭院里的几棵百年银杏。深秋季节，金黄的树叶在阳光的照耀下熠熠生辉，映衬画院古色古香的建筑，实在美丽。庭院虽小，摆上桌椅，也是一个像模像样的露天茶馆，喝茶的人不多，三三两两散坐在藤椅中，尽显幽静和惬意。金色的落叶，空闲的竹椅。某些时刻，人生真的很惬意。

宽窄巷的川菜馆都有一个雅致的名字

古色古香的成都画院，银杏金黄

夏日慵懒的午后，走进这样一条窄窄的小巷，躺进梧桐掩映的竹椅，泡一杯清香的茉莉花茶，桌上有本喜爱的闲书，有心就翻翻，无心则眯着眼小寐一会。微风从身边吹过，路旁经过的大爷大妈絮絮叨叨说着什么，不知谁家的小狗在脚下闻来嗅去。宽窄巷子，总是让人情不自禁想起小时候，想起过去。浮生若梦，为欢几何。

宽窄巷子独特的市井和人情味，以及缓慢、悠闲的节奏，总是引起我的特别感怀与喟叹。这是今天的城市非常稀缺而且正在失去的气质，可惜，它们也终究难逃被改造的命运。假如没有当地居民原汁原味的生活，只剩下空荡荡的院落和房屋，那么，这些没有人的建筑最终将会逐渐死去吧？

## 作者手记

① 形形色色的酒吧、茶馆和餐饮店在宽窄巷子随处可见，它们环境幽雅，食物精致，但价格也比较昂贵，其中口碑较好的包括三只耳火锅、宽坐、李雪牛杂火锅、大妙火锅、 香积厨等。如果讲究实惠，建议在宽窄巷子游玩之后前往附近的西安路吃饭，那里有更多味美价平的餐馆。

② 宽窄巷子周边有不少商务酒店和客栈，住宿条件方便，附近小通巷的四号工厂是一家比较出名的青年旅舍。

③ 节假日和周末的人特别多，如果能在周一到周五前来，更能体会到那种老成都的悠闲慢节奏。

## 交通

宽窄巷子位于成都市中心，可乘5、13、43、47、58路等公交车在金河路站下车或乘62、70、93、163、340路等在长顺上街站下车，然后走路过去即可。

下午的休闲时光

在宽窄巷子改建完成后，我们见到它最古老也是最时尚的崭新面目。这里依然充满历史和文化气息，只是变得更加整洁和精致。店铺更多了，商家中甚至不乏诗人和作家的身影，翟永明的白夜酒吧在此有一席之地，以《我的川菜生活》而备受推崇的石光华也开了一家倡导慢餐理念的新式川菜馆，还有莽汉诗派的诗人李亚伟做起了香积厨的商家……更多的，则是取了点醉、滴意、荷欢、花间、胡里、味典等风雅名号，有点文艺，有点小资，更加讨人欢心。闲逛的时候，一不小心，或许还能遇到那位著名的宽窄巷子原著民——白发苍苍的那木尔羊角，没准还可以向他讨教关于宽窄巷子的老门头和沧桑历史。"三五好友，不邀自来；一壶夜酒，无边瞎话；浇透长夜，各自回家"，这就是宽窄巷子所代表的典型成都慢生活。

"最好，不是因为最好所以我们眷恋不已，而是倒过来，是因为永远失落了，我们只能用怀念召唤它们，所以成为最好。"我喜爱的侯孝贤如是说。古老的宽窄巷子渐行渐远，年轻的宽窄巷子带来崭新风情。只是，穿行在摩肩接踵的人潮中，偶尔有些迷惘。我还是时时怀念着，那个从前的宽窄巷子。

四川 · SICHUAN

# 成都锦里

## *Chengdu Jinli*

## ——蕴含传统文化和三国风情的商业街

小清新指数

★★★☆☆

交通指数 ★★★★★

美食指数 ★★★★☆

住宿指数 ★★★★☆

# 解读→锦里

锦里是成都最著名的一条商业步行仿古街，街道和建筑均为清末民初风格，2004年正式建成开街。位于成都武侯祠大街中段，与著名的武侯祠仅一墙之隔。街道全长550米，以明末清初川西民居作外衣，三国文化与成都民俗作内涵，集旅游购物、休闲娱乐为一体。街上有着茶楼、客栈、酒楼、酒吧、戏台、土特产商店，展现出三国文化和四川民风民俗的独特魅力，号称"成都版清明上河图"。

**地理位置：** 四川省成都市

**推荐理由：** 紧邻武侯祠博物馆，有着传统文化和三国风情的底蕴依托，相对其他很多粗制滥造的人造景观，锦里的精致、用心和雅俗共赏是值得称道的。

**特色看点：** 仿古建筑、特色小吃、特产店铺

热闹的街景

传说中，锦里是西蜀历史上最古老最具商业气息的街道，遥想当年，车水马龙，熙熙攘攘，街市行人，摩肩接踵，茶坊酒肆，店铺林立，绫罗绸缎，应有尽有……梦回西蜀，我们有了锦里。

锦里街道具有汉代的建筑特点，又带有典型的明清时期建筑风格。很多城市的仿古商业街常被人诟病不伦不类，除了恶俗的仿古建筑，千篇一律的商业店铺泛滥也是一个重要原因。锦里在这点上做得很好，既有代表古蜀文化的工艺品、川茶、川酒和蜀锦，也有张飞牛肉、煮酒坊、皮影戏、诸葛连弩等个性化商品，再加上糖画、锅盔、三大炮等地道成都小吃。闲逛之下，老成都的民俗记忆一一重现。

时值暑假，再过几天就是七夕，正是成都的旅游旺季。人潮汹涌，有操着外地口音的游客，甚至还有拿着小黄旗的导游，热闹非凡。锦里为七夕应景摆设了一些真人大小的人物纸板造型，头部挖个大洞，刚好让游人的脑袋能够从洞口钻出留影。诸多男女挤在那里，看起来很是滑稽，朋友小两口也兴致勃勃钻了进去，留下一张怪模怪样的照片。

前面不远处的皮影摊吸引住我的目光。门口的大音箱和激烈的音乐给这里带来了旺盛人气，白幕上的皮影人物随着现代音乐摆胯扭臀，引起人群阵阵欢呼。发现白色布幕后操纵皮影的人手，其中居然有一个几岁的小男孩，尽管手势有些生疏，神情却是认真而专注。摊主不时过来指点几下，似

## 作者手记

1. 锦里附近住宿方便，武侯祠周边有很多酒店，锦里街内也有一家锦里客栈，属于清末民初仿古建筑风格，内部环境优美，但房价较贵。从性价比来说，不如选择锦里周边的一些商务酒店。
2. 若要寻访美味，武侯祠大街上的“耍都”是个好去处。“耍都”在四川话里就是吃喝玩耍的地方，这里有很多口味不错的火锅中餐店，也有各式酒吧、咖啡厅和KTV，也是成都本地人爱来的地方，推荐锦城印象火锅、蜀九香火锅、重庆胖妈烂火锅等，清淡的则有高记生鱼、一品粥店，还有成都著名小吃春阳水饺。

## 交 通

锦里位于成都市中心一环路以内，交通方便，乘1、57、304、306、335路公交车可直达。

露天酒吧

乎是自家小孩。看到皮影，突然想起张艺谋的早期电影《活着》。据说现在皮影在有些地方已成为一种热门的民间艺术收藏，但业内人士似乎不认为这是天大喜讯，因为“刻工再精美、历史再久远的皮影，如果无人会操纵表演，无人给其血液般的唱腔，它也只能是一件精美的工艺品。”艺术与人息息相关，是为证据。看着眼前这个年幼孩子对皮影的专注和喜爱，忍不住乐观起来，仿佛看到了这门古老艺术的未来。

锦里经常开展一些有意思的公益活动，据说他们的目标是一年帮助一所希望小学，旨在长期的公益助学活动，包括校舍等硬件建设或图书捐助等软件投入。这天晚上我看到的主题是众人刺绣，看着大家一针一线认真投入的表情，不禁有些感动。管理方确实花了些心思，也很明智，既对社会献了爱心，也趁机宣传自己，何尝不是一举两得。

相比白天，我更喜欢锦里的夜晚。华灯初上的时候，灯光迷离，夜色璀璨，锦里显得更加迷人。大红灯笼的照明虽然有点俗气，却也古香古色。初见莲花府邸，我基本没意识到这是一个酒吧。

白天，锦里街上熙来攘往，这里只是翠竹掩映下的幽静小院，庭院内布置了诗意的假山和池塘，喝喝茶，聊聊天，充分体会那份惬意和悠闲。然而，夜幕降临的时候，这里摇身一变，成为一个灯红酒绿、觥筹交错之地。这些年来，莲花府邸走出了郁可维、谭维维、王铮亮等超男超女，中西方风格在这里巧妙结合。喝酒听歌，人生圆满。

说也奇怪，锦里虽然热闹，却不会引起心里的烦躁。尽管游人有点多，小吃有点贵，走得有点累，可是每个人脸上都洋溢着兴高采烈，这就是简单的幸福。

新疆维吾尔自治区
西藏
印度
尼泊尔
和田市
噶尔县
加德满都
日喀则
札达
普兰
日土
改则
仲巴
萨嘎
吉隆
聂拉木
定日
拉孜
萨迦
昂仁
尼玛
措勤
革吉
班公湖
玛旁雍错
班公错
托林寺
土林-古格
扎达土林
科迦寺
扎江寺
萨嘎寺
冲堆石塔
希夏邦马峰
珠穆朗玛峰
萨迦寺
格巴寺
卡尔贡寺
加叶寺
孔地寺
热德寺
布嘎寺
朵米
茶桑弹果
羌塘
昆仑山
喜马拉雅山脉
冈底斯山
冈仁波齐峰
马攸木拉山口
界山达坂
克里雅山口
219
315
318
塔里木盆地
塔克拉玛干沙漠
墨玉
洛浦
策勒
于田
民丰
加德满都
博克拉
巴格隆
布德沃尔
勒利德布尔
马迪
久姆拉
兰布尔
巴雷利
里迪果德
苏尔凯德
杜尔西布尔
巴赫赖奇
锡达布尔
沙贾汉布尔
法鲁卡巴德
勒克瑙
贡达
法扎巴德
戈勒克布尔
埃达沃
坎普尔
法塔赫布尔
安拉阿巴德
江布尔
恰布拉
穆扎法尔布尔
达尔彭加
德里久加
门格尔巴雷
孙萨里
比拉德纳格尔
恒河

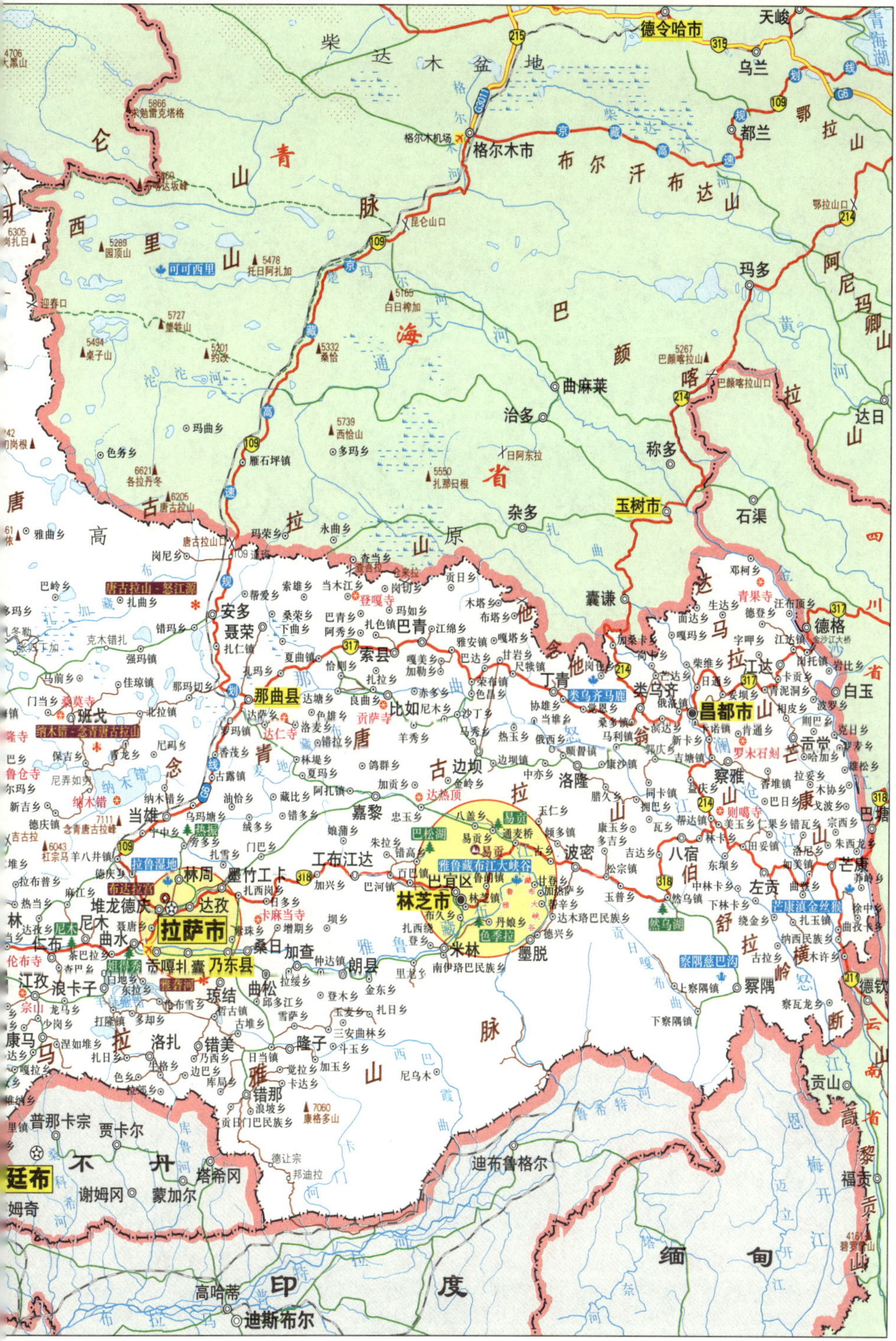
柴达木盆地
德令哈市
天峻
乌兰
青海湖
都兰
鄂拉山
格尔木机场
格尔木市
布尔汗布达山
昆仑山口
可可西里
西里山
青海省
巴颜喀拉山
玛多
阿尼玛卿山
曲麻莱
治多
称多
杂多
玉树市
石渠
达日
囊谦
唐古拉山
唐古拉山口
雁石坪镇
安多
聂荣
那曲县
索县
巴青
比如
丁青
类乌齐
昌都市
江达
德格
白玉
察雅
芒康
巴塘
左贡
八宿
洛隆
边坝
嘉黎
工布江达
林芝市
米林
墨脱
波密
察隅
当雄
林周
达孜
墨竹工卡
拉萨市
堆龙德庆
尼木
曲水
贡嘎
扎囊
乃东县
桑日
加查
朗县
曲松
琼结
错那
隆子
洛扎
措美
浪卡子
江孜
康马
纳木错
班戈
念青唐古拉山
雅鲁藏布江大峡谷
布达拉宫
羊卓雍错
不丹
廷布
印度
缅甸
迪布鲁格尔
迪斯布尔
高哈蒂
贡山
福贡
德钦
四川省
云南省
横断山

西藏 · XIZANG

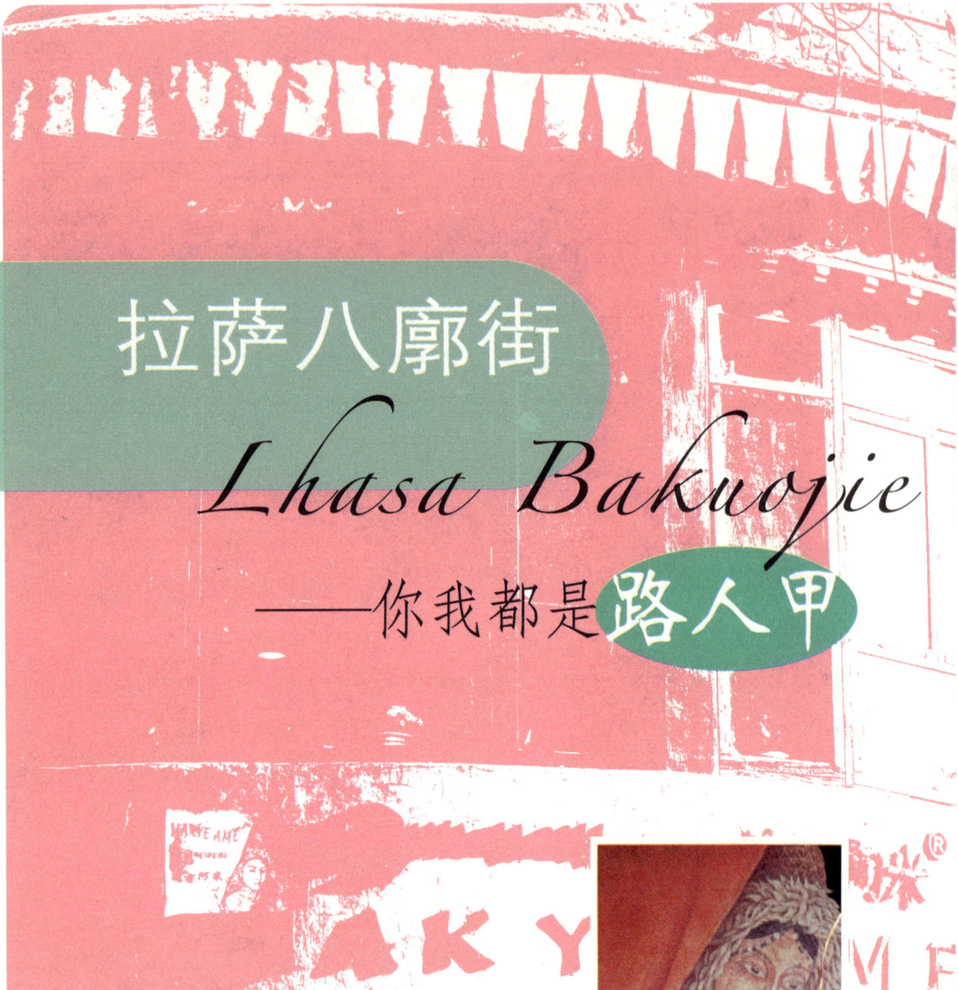

# 拉萨八廓街

*Lhasa Bakuojie*

## ——你我都是路人甲

小清新指数 ★★★☆☆

交通指数 ★★★★☆

美食指数 ★★★★☆

住宿指数 ★★★☆☆

# 解读→八廓街

又名八角街，位于拉萨市旧城区，是拉萨著名的转经道和商业中心，较完整地保存了古城的传统面貌和居住方式。八廓街原来只是单一围绕大昭寺的转经道，藏族人称为“圣路”，现逐渐扩展为围绕大昭寺周围的大片老街区，以大昭寺为中心，西接藏医院大楼，南临沿河东路，北至幸福东路，东连拉萨医院河林廓东路，其中包括了29处重点文物和56个古建筑大院。街道两旁商店林立，摊贩众多，熙来攘往，热闹非凡。

初次去拉萨的人，是没有不去八廓街的。那些在西藏晃晃荡荡又回到拉萨的人，也会去八廓街。拉萨的人爱八廓街爱到了骨子里，这里就像是一个永生不散的集市，从数千年起活到今天。

八廓街的形状很好辨识，贴着大昭寺的墙角跟转上一圈。旁边枝枝丫丫地叉出去了许多辅街，不论是八廓街或是辅街，现在都被买卖的生意铺子占了。铺子里常年卖的不再是藏民需要的东西，而是配合着游客需求自各处淘换来的东西，藏式的有，汉式的也有，尼泊尔的也不少。红色黄色蓝色的布子从东挂到南，转弯至北，再转西，逗了一圈又连到东。这样的循环，自每天九点多的店铺开门起，直到入夜后星星点灯才结束。

八廓街上出售各种纪念品的摊贩

**地理位置：** 西藏自治区拉萨市

**推荐理由：** 藏式宗教的古朴与厚重，信徒们的虔诚姿态，猩红色的藏袍，鲜艳的格桑花，远处的雪峰叠嶂，身在圣地，怎能不去最贴着神佛心的八廓街？

**特色看点：** 信徒转经、街铺、藏式住宅

有过那么一段时间，我曾一个人站在高处看着早晨的循环开场，也看着入夜后的循环散场。我搭讪过辅街上的住家，特地爬了好几家人家的楼梯，二楼三楼全都试过，最后还是意外地爬上了玛吉阿米的顶楼，才算找到俯瞰八廓街最好的位置。

随着仓央嘉措诗句的盛行，玛吉阿米的名声逐渐不需要更多的人替它传唱，这座土黄色的小楼餐厅每日都打扫干净等着四方的客户，去晚的客人总得留个名字电话，街上再转悠几圈才有个位置可以坐下。藏式风格的装饰不需要再提，原本放在外头的诗集本子已经被老板收了回去，换上了给客人专门留言的本子。人们爱这里，是因为六世达赖仓央嘉措给他心爱女人玛吉阿米的情诗“在那东方山顶，升起皎洁月亮，玛吉阿米的面容，渐渐浮现心上。”这对情人的真实故事到底怎样，没人能够知道，只有诗句留下了诗人的浪漫和温情脉脉。

我本是不容易记住现代版的诗词的，更喜欢古诗的遐想连篇，字字句句都可以点到妙处。但站在玛吉阿米顶楼时，我抬头望了望天。天是蓝色的，湛蓝的瓦蓝的，没办法去形容这种太过澈净的蓝色。世界一下子变得小了很多，刚才路过的摊位，说着情话的夫妇，忙着卖货的店主们，摇着经筒的藏民，朝风里扬起的经幡，冒着热气的酥油茶，似都被打包缩小扔去了另一个世界。现在，世界只剩下我一个人，站在这里，身边空空荡荡的什么都没有。我无法解释那时的情绪，不是激动，不是感触，不是伤怀。仿佛什么情绪都没有，又仿佛什么情绪都冲在一起，难以用语言描述。

交通

可乘飞机或火车到达拉萨，从市中心步行可至八廓街。

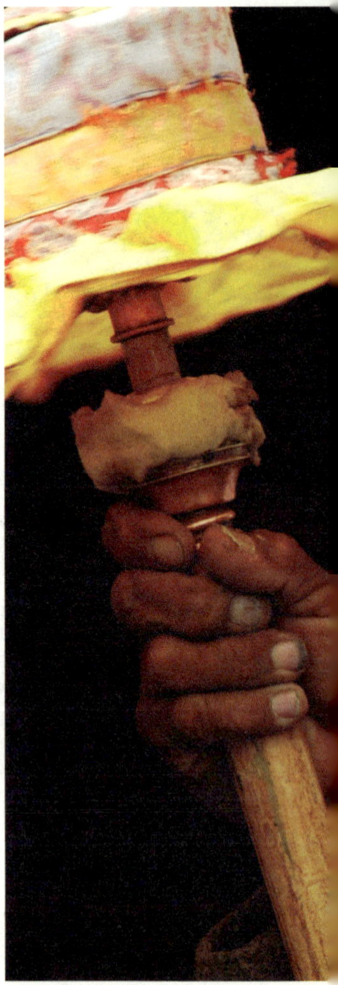

拿起酥油茶，重重地喝了一口，希望能缓释一下情绪。可能是拿到顶楼太久的关系，温度已然是冷的。于是喊了服务生，再来一杯热的。酥油茶是我在西藏不能不喝的东西，总觉得能缓释一些身在高原的情绪。一丝丝经筒转转的声音，在许多杂音中渐渐清晰。

“转一周，如念《大藏经》一次；转两周，如念全数佛经一次；三周可消身、口、意障业；十周消须弥山般罪障；百周功德可比阎罗；千周万周，证得法身；十万百万，悉得安乐；千万周者，渡六道众生脱离苦海；亿万周者，立地成佛。”八廓街上的转经人，心里想着念着的就是这样的前生今世。

八廓街上转经的藏民

玛吉阿米

作者手记

① 最靠近八廓街的有两家客栈，拉萨梵行客栈在八廓东街卧堆布巷1号（大昭寺东侧），电话：18289100005。邦达仓古建酒店在八廓南街绕赛1巷7号，电话：0891-6308121。这两家客栈都是由古建筑改建而成，整洁干净，前者价格稍高，后者有多人间床位。

② 八廓街的店铺多在九点之后开门，要看清晨的转经场景，最好自早上六点前往。

③ 八廓街的夜市迷人，各种风味小吃的阵阵香味，使人流连忘返。

他们在大昭寺门前的烧炉里煨了桑叶，散出的烟雾霭霭袅袅地绕着一圈又一圈。除了这种桑叶的味道，酥油味和藏香的烟味也一并缠了进去。有戴着鸡冠形僧帽的僧侣或喇嘛夹杂在人群中，打鼓奏乐吹唢呐，长长的法号从嘈杂的人声中断断续续发出高亢的乐声，仿佛巨人粗犷的喉音。引得我顺进人流，也走了起来。

这一走，八廓街顿时严肃起来，深沉而稳重。一旁林林总总稀奇古怪的东西，似铜佛、转经筒、酥油灯、经幡旗、经文、念珠、贡香、松柏枝等等，顿失颜色。信徒们的脸上被高原烙下了太多紫外线的痕迹，皱纹一点都不客气地延在脸上，像被岩石深深划了过去。他们磕大头，磕短头，磕响头，两手合掌过头，自顶至额、胸、拱揖三次，再跪倒匍匐于地，双手伸直，平放于地，划地为号，不断重复着如此虔诚的姿势，嚓啦啦……一阵阵地传来。他们就这样转着大昭寺，如数千年前的人一样，似无数的星星绕着月亮，绕着地球，千年不衰地循着轨迹绕着。

他们走过长长地雪山路，踏过长长的泥巴道，在他们的身上，有着风割过的足痕，有着日头吻过的唇印，有着晕月流泻的幽香。藏袍里只留着用以裹腹的糌粑，可谓一身清白，一生清贫，扶老携幼，踏入这个位于八廓街包围的大昭寺院中，在寺内的释迦牟尼佛像前为祖辈，为自己，为后代，为所有的生灵祈求，祈求今生能安祥长寿，祈求来世不堕地狱，祈求摆脱那不尽的轮回，仅此而已。

西藏 · XIZANG

# 鲁朗

# Lulang

## ——当江南水乡邂逅瑞士风情

小清新指数

★★★★☆

交通指数 ★★☆☆☆

美食指数 ★★☆☆☆

住宿指数 ★★☆☆☆

# 解读→鲁朗

鲁朗，藏语意为“龙王谷”，位于距林芝市八一镇80公里左右的川藏路上，海拔3700米，可以说是西藏最低的地区。它生在号称藏地小江南的林芝，被誉为东方瑞士。这是一片典型高原山地草甸狭长地带，长约15公里，平均宽约1公里。两侧青山顶着或浓或淡的积雪，载着细密如织的松林，中间的草甸整齐茂密、野花遍开怒放成海，泉水潺潺、溪流蜿蜒、小木屋散落其间。

**地理位置：** 西藏自治区林芝市

**推荐理由：** 当江南水乡遇上瑞士风情，于是便有了鲁朗。它生在号称藏地小江南的林芝，被誉为东方瑞士。春天有漫山杜鹃，夏季芳草连天，松林和雪山静候四季变迁。

**特色看点：** 山花、草甸、林海、千年巨柏

西藏有太多美丽的地方，路边随便一处，便已是极好的风景。加之西藏各种大名鼎鼎的景点林立，它几乎都要被淹没了，但是你一旦发现它，便会暗自庆幸它的籍籍无名，并在心底默默祈祷最好永远也不要有太多人知道。它是独特的，在西藏大多数的美景都是那么壮美豪放——一弯峡谷就恨不得惊涛骇浪，一处湖光也要美得摄人心魄方能善罢甘休，一座苍山若不欲与天空试比高就好似枉在世界屋脊之上，哪怕就是一片天空要是不能湛蓝欲滴就生怕失了气场……而鲁朗，却偏不，它静静安守一方田园，默然栖居一片山野，可以说是我在西藏见过唯一一处秀美的风光。

我能够有幸遇见鲁朗也是一种偶然。从香格里拉走滇藏线去拉萨，一路的班车颠簸不堪，有些地方还需要凑齐驴友一起包车。几经辗转下来，疲惫不堪，于是决定慢慢搭车，边走边看，于是才知道了鲁朗，才来到了这个未曾听闻过的小镇上。到了鲁朗镇上，一下车便有当地藏家大姐过来拉我们住宿，价钱谈妥她立马爽快地说叫车来接我们。不一会，开来一辆小货车，座位不够，我们索性爬上车斗。车沿着小河旁的公路，一拐弯开进一片田野，藏式院落散布其间，我们站在车斗里扒着栏杆扬脸相迎阵阵清风，美景在两旁随风划过。

青山云蒸雾绕，牧场里小河流水，芳草连天。松木栅栏的那一边，嫩黄色的小野花夹杂着零星的紫、白、绛、红厚厚地铺陈到远处的经幡脚下，和那五彩的经幡汇合争艳，织就了天地间一匹最美的藏毯。小溪流绕过牧民家后院，蜿蜒过田野，

在一簇野花旁邂逅一群肥鸭，两相欢快和成一片哗啦啦的声响。藏家阿妈牵着小黑狗走过竹篱边，走过小溪上的木桥，悠然踱步向着村子的那一头去了。我们踩着及膝的茅草，穿过大片正在抽穗的麦田，来到一块块围着松木栅栏的花海牧场。走累了，躺在草地上，听不远处草丛里细细的虫鸣，看天上淡淡的流云，一种唾手可得的岁月静好。或坐，或卧，或捧读一本小书，恍惚间闯入一部岩井俊二的青春片。若是碰到鲁朗淅淅沥沥下起小雨，撑一把花伞，和同行的好友一起漫步向草场深处，向那青草更青处，向着云朵抖落华彩的远天，伴着雨滴的私语聊一聊旧日琐事，时光恐怕也会为你而悄然静止。

远远的，几个小红点在牧场上跳动着，越来越近，越来越近，才发现原来是几个穿红衣的藏家小女孩，有着健康的高原红和清澈的眸子。走在前面最大的孩

云蒸雾绕的鲁朗

交通

自拉萨乘班车到林芝市，再从林芝八一镇坐班车或者包车前往。

子伸手递过来一大把野花，说是要送给我们，口气豪爽大方，一点都没有把我们当成陌生人。可是当我举起相机想要给她们拍张照，几个小女孩却害羞起来，不约而同，一面捂着脸躲到草丛里去，一面又调皮地探头从指缝里张望，像是要确认我并没有把她们的天真快乐框起来偷走。

单纯的小孩子一下子又忘掉了我摄影的阴谋，聊了几句便盛情邀请我们一起上山采蘑菇。蘑菇都生长在树脚不显眼的角落里，需要目光锐利不说，最重要的是要会辨认有毒与否。跟着他们在矮小并且带刺的灌木丛里穿来穿去，寻找可吃的蘑菇，真的不是件易事。腰要保持弓形，头却要抬起，提防两旁密密麻麻的树枝，是一个很高难度的动作。几个小红点却窜来窜去，自在灵巧，不一会便采了一小包，而我们好不容易找到的蘑菇每每都逃不了被她们唾弃，一边抓过来扔掉一边投来无奈的目光。好像在说，这么容易辨认怎么你老是搞混。殊不知其实我们也很无奈，因为对于我们来说，他们都长得那么相像。

孩童的快乐总是那么单纯而持久，采到了蘑菇，兴高采烈一路奔回家，一会窜进灌木丛，一会过小溪流，爽朗的银铃洒满了山野的角落。从缓缓的松林这边顺着土路跑向山窝里的那一群小屋，远远望去，那是一种特别让人安心的感觉，这才是一种可以安住的地方啊，那种一出门就是车流、一抬眼就是破碎天空的城市可能住多久都不会给你一份心安。路过一片麦田，藏家小女孩嗖地钻进去，顺手掐一枝麦秸秆，三两下做成一支芦笛，放在嘴边，清脆有声，曲调单一却溢满欢乐。我心下好生羡慕，这山野里的童年该是他们生命里多么动人的回忆，或许不用回忆吧，如果他们一直住在这里，若是没有人来打扰，生活可能永远都会是这么不紧不慢，寂静安好。

那几个采蘑菇的小女孩正好就是我们所住藏家的邻居，小女孩把那一袋子的野山菌交给她的阿妈，阿妈稍微

藏家阿妈

清炒了一下，再加上几个小菜，便给我们当了晚餐。我一直记得那一整碟儿山野菜清香纯然的味道，第一次知道蘑菇可以鲜美成那个样子。因为都是孩子们的功劳，我们一朵都没有摘到，吃了蘑菇很不好意思，想要付钱给女主人，淳朴的藏家大姐却只收了我们十块钱。在那一处藏家村落，我们吃到的是一盘清新山味，更是一份浓浓的乡情。

在那里，我们还体会到了一种原生态的藏家生活。村子里，除了我们几个背包客和自驾来的一批人，再没有其他游客，整片牧场清静，安然。我们所住的是一座典型的藏式小院，两层的屋子外墙刷得白白的，门楣上挂着布幔，屋内梁柱

上、桌柜上都有着精美的雕刻和彩绘，色彩艳丽、民族气息浓郁。房间里的床贴着三面墙摆放，也都绘得斑斓多彩，床的三面围着的栏杆都低低的，可坐可卧，屋子的中间放着一个大箱子，宽宽的箱面可作桌子用，于是乎这样的一间屋子便既可会客亦能安眠。

第二天清早，我们还没有起床，藏家大姐就已经做好了糌粑和酥油茶放在长桌上等我们。在西藏，走过了这么些地方，似乎每一家的酥油茶味道都不太一样，那个日日相伴他们的味道应该都会成为他们关于家的独特记忆吧。

从鲁朗到八一镇的路上有一个巨柏园，几乎每一棵松柏都有上千年的树龄，其中那棵柏树王已在这里生长了二千六百多年。整个林子的巨柏有数百棵之多，携手参天，蔚然可观。路边有瓜农摆着小摊，把自家地里的西瓜、香瓜拿来卖。口渴的路人一般都不会错过，作为藏区小江南，林芝的西瓜脆甜可口也是远近闻名的。

现在，林芝政府正要把鲁朗打造成一个国际旅游小镇，加强城镇化，或许下一次去的时候可能会住得更好些、吃的更多些，搞不好还能有wifi，但是说实话，我好担心，害怕再见它时早已不是初遇的模样。如果你也有意要去，抓紧收拾好行囊，加快些脚步，趁它还素面朝天，趁它还是出水幽莲。

### 作者手记

1. 鲁朗地方较小，适合小住，当地可看的景点比较少，建议和周边的雅鲁藏布江大峡谷、巴松错、尼洋河、南迦巴瓦峰等一起游玩。
2. 如果不是从拉萨去往林芝地区，而是走滇藏线或川藏线进藏的话，可以途经鲁朗。到波密县之后乘坐班车或者包车前往。

其他 · QITA

# 江西婺源思溪村

*Jiangxi Wuyuan Sixicun*

## ——青色山水润笔忙

小清新指数

★★★★☆

交通指数 ★★★☆☆

美食指数 ★★★☆☆

住宿指数 ★★★☆☆

## 解读→思溪村

思溪村由俞姓建于南宋庆元五年（公元1199年），因地处清溪旁，故以鱼（俞）水相依之兆而取名"思溪"。村落背山面水，嵌于锦峰绣岭、清溪碧河的自然风光之中，房屋群落与自然环境巧妙结合，山水互为点缀，如诗如画，意境神美。村里的"三雕"（砖雕、石雕、木雕）工艺精湛，充分体现了徽派民居的建筑特色。

沈宗骞，浙江人，清代善画山水人物的画家，书法也好。我喜欢他说画画时用绿的技法："凡山石：青多者，用石绿嵌苔；绿多者，用石青入石绿嵌苔。若笔意疏宕，则设色亦宜轻。合用青绿以笼山石。纯用淡石绿以铺草地坡面，而苔可不必嵌。"这是说山石的绿。

迮朗，江苏人，乾隆年间以工笔山水名动公卿，而后多写意花卉。他眼中的"用绿"——"亦宜数层渐加，不可一次浓堆。纸上正面着绿，宜以草绿罩之。绢上正面草绿，背面衬以石绿，只宜淡用，不可厚涂。"较之沈宗骞，迮朗因善工笔故说得更细致："其青深者，用胭脂勾染，其青浅者，用花青勾染。前人衣折用墨勾，花草用紫勾，古画可细玩。"

深绿浅绿，草绿青绿，单开一个词放在那里我很明白，非要错开一个层次或堆叠到一起，我却大大的糊涂。所以他们的话，我曾经不太明白。那种感觉，就像是小学时被老师推荐了一大堆世界级的学术名著，但努力看完后却真不觉得哪里特别好。等到后来长大了点，也历过了事情，懂得了藏在语言背后的情绪，才真的觉得好。或许这就是佛家人口中的悟字，不必刻意寻求，在那个天时地利人和的位置心下自能明白。那时我当然想不到，会在婺源遇上"悟"境。

婺源在江西，这些年越来越多的人趁着三月底四月初的油菜花节跑去。我以前也去过，那个时候油菜花的颜色是鲜亮的。我等过日出，等过晚霞，守到过非常值得的照片，只是渐渐地就不在油菜花盛开的季节去。否则镜头在花田里一架，很快便不晓得到底是在拍人还是在拍花。我曾整整错位了五分钟，以为所有的城市都被毁灭，婺源就是最后一座诺亚方舟，人气满满。所以，如果不是唐的要求，我大概也不会再去婺源。

唐是我以前认识的朋友，有一搭没一搭地一直联系着。我们曾经常大口喝酒大口吃肉，也经常一年半载不联系对方。我们曾约定带对方各自回家玩，我去他的婺源，他来我的厦门。那次，他给我打了电话，初春的时候，说家里的米酒酿好了，有机会的话可以来玩。他还说婺源现在人不多，小猫两三只一样常住在婺源，都是些没成名气的画家，借着婺源的灵气练法来着。于是我去了，盘算着给婺源两天时间差不多应该足够。

去了婺源，住下，思溪村。他亲自来接的，开了小摩的，一路突突突地回了家。唐的家人不算土生土长的婺源人，酿的酒也比我之前在婺源喝到的米酒要烈一些。我们两个干掉了一整只土鸡，喝了一瓶米酒，坐在院子里有一搭没一搭地聊天。他说他近年的经历，我说我的。我不太顺，他倒平稳，说渐渐喜欢上住在家乡的感觉，也不会像以前那样吵着喊着要流浪天涯，也不怎么哄女孩子了。"守着家里的就够了。"他说，"现在没显，过几个月我就能有儿子啦！"为了这个好消息，我们碰了一杯又一杯，如从前那样，他是先倒的那个，我随后立刻跟上。

第二天醒来，头疼脑袋却不裂，只是雾茫茫的水汽有些大。晃了晃神，四下找水喝。昨晚热水瓶因放在院子里，里面的水是冰冰的不带一丝暖气。这样一下肚，昨夜的酒立刻醒了，还饶了一股寒气从肚脐眼朝上冒。我看见了唐，他正跨坐在院墙上，正朝外看着，院内的那只脚还勾着木梯子，一摇一晃。我走近，攀上梯子，也跨上院墙。他说："我一开

**交通**

由婺源北站乘坐去清华方向的中巴，途经思口站下，再换乘摩的至思溪村村口。

静思

**地理位置**：江西省婺源县

**推荐理由**：思溪村的油菜花田是小清新们手捧相机最爱的景色，而我想带你们看一个不一样的婺源。一样的小清新，却无杂人拥扰在旁。你所见的是略带青涩的思溪村，一个不担虚名的婺源。

**特色看点**：晴朗晨曦、徽式建筑、油菜花田

始回到婺源的时候，也不习惯。没事就想往外跑，后来和媳妇吵了一架，一个晚上没睡。我也忘了为什么要爬上来了，不过你看……”他指着外头，喊我看。

天还是灰蒙蒙的，雾气撤了些，远处的景物有点儿能瞧见了。然后在接下来的一个小时内，我敢肯定大概是看见老天爷赏脸亲自动手画了一幅山水图。比起那些3D视频制作的水墨画而言，不知道要好上多少倍。

先是大片的留白，只在远处点了几滴墨汁，淡淡的几乎瞧不出颜色，再把近处的雾气拨拢几下，露出顺山势而下的一丛丛绿田。此时的远处景致仍同之前一般无二，只近处绿田的绿色渐渐由浅至深，由淡转浓。似看着一双大手不断点着绿色勾着绿色，在田野的边缘里头描了一层又一层。接着三丈外的小矮树们崭露头角，青绿色的叶子晃荡起来，吹跑了久久不肯离去的雾。树干虽短，胜在精神，我不晓得这叫什么树，同我在别的村里见到的似乎没有什么太大的不同。

如画

雾气在树干上枝叶旁飘来荡去舍不得走，但仍是慢慢地撤走了。视线可以自那不太繁密的枝叶间穿过，落在农田畔的小水渠旁。水渠是窄窄小小细细的一条，弯了好几道弯。这条暗白色顺着雾气的败势一力杀了下去，眼前的景物越发明朗。远处的河是清清的，唐说若是离得近能看得见鱼儿蹦来跳去。远处马头墙的翘角飞檐已经能看得到轮廓，当然还有那些被青黑色瓦片盖满的屋顶也出现在视野里。

雾气后来又杀回来了一阵，所有的建筑物就像是被湿笔勾染过一样，模模糊糊地又看不真切了。等它们终于退了，我才发现我应该从来没看到过这么晴朗的婺源。我来过的那几次，可以说是白来了。这或许就是很多书中说的缘分，有时缘分深，有时缘分浅。缘分浅时瞧什么都不对，缘分深时可以爱到骨子里。

唐说，你不知道，我反正那时一下就喜欢了，我还从来没看到过哪里有那么漂亮的绿色，后来我发现婺源的颜色是一年好几变的。于是我耗费了整整一个上午听他说四季的婺源，连他媳妇出来喊吃饭我们都没配合。他说婺源现在的山是绿色，等过阵子会变成白的、红色或者是金色的，因为梨花会开，桃花会艳，油菜花也会来；他说到夏天的婺源是冰的凉的，去找山间的潭水，往哪里一跳，你就会忘记外

**作者手记**

① 思溪村是古建筑最为集中的一个古村落，很受摄影者的喜欢。除了进入村内拍摄这些精美的古建筑外，从村子附近的田野远距离眺望村庄，黑白两色演绎极致的徽派古建筑在花丛中更显淡雅。除了油菜花外，村后田野里有一大片粉红色的小花，郁郁葱葱，牛儿在里面吃着草，是拍摄田园风光的绝佳地点。

② 思溪村里有很多村民开的餐馆，建议自己随意找找。若有人带去的餐馆，价格怕是高的。餐馆大多配客房，都是村民家宅，一晚住宿数十元，但住宿条件不算好。

头快要烤熟人的温度；他说秋天的婺源是红的黄的青的，因为枫叶红遍，因为栎叶明黄，因为老樟树和老松树都会换衣服，从碧绿到沉青色。他当然还说了冬天，基本上和秋天一样，除了偶尔会来的漫山白色，就是下雪的日子。“从山顶到山脚都是白色，几天都不走。”

他说得越来越高兴，形容词越来越多，但最后仍然是被媳妇扯走了，说要去搭一膀子力气。我推开了院门，一路朝山下走。我想去找他说的那颗大樟树，会变颜色的樟树。我家里从小就有樟木箱子，每年换季的时候只要从那箱子里抱出来的衣服我就肯穿，不然是不肯的。长大了却没那么刁滑，也什么都肯穿了，却忘不掉樟树的味道。

樟树当然现在还是绿的，沉沉稳稳地站在路边。村人顺着它的树盖弧度修了条小道，一路折了几下还是隐去了。枝头上全都是新出的叶子，清新的颜色同尚未来得及换的老叶子拼到了一起，是很好认的，只要顺着黑色树枝的脉络从根朝上看，就能看到嫩绿色正在一处又一处地浸染了上去。替换掉沉绿色大概也就是一个来星期的功夫吧。我站着，看了很久，因为我终于看出了绿的层次。阳光替我辨识了草绿和石绿，淡抹和厚涂之间的区别；什么叫做用紫色勾花草，可以用树下的花簇来解释；什么叫一层层的绿，看整棵大樟树的华盖就知道；什么叫做“石绿嵌苔”，往略远处的大石头看就分晓；什么叫做“用淡石绿铺草皮坡面”，是石块旁草坪给出的解释。再往远处，便是青色的山石，是欲笼又分的炊烟，一层层叠着朝天上跑。终叫我为再来婺源添了一笔缘故。

相衬有颜色

春日思溪

其他 · QITA

# 新疆伊犁河谷

*Xinjiang Yili Hegu*

## ——万亩薰衣草的魅力

小清新指数 ★★★★★

交通指数 ★★★☆☆

美食指数 ★★★★☆

住宿指数 ★★★☆☆

# 解读→伊犁河谷

伊犁河谷位于新疆西北角，三面环山，有着“三山夹两谷”的地貌轮廓。伊犁河风景优美，植被丰富，被誉为“塞外江南”。自1970年试种成功薰衣草，伊犁河谷现在种植的薰衣草已有两万多亩，年产精油200多吨，产量占全国的90%，成为世界薰衣草四大产地和“中国薰衣草基地”。

**地理位置：** 新疆维吾尔自治区伊犁自治州

**推荐理由：** 想置身数万亩的紫色熏衣草中尽享浪漫，当真不必特意跑去十万八千里之外的普罗旺斯看，飞去伊犁不过是几个小时的旅程。

**特色看点：** 河谷风情、薰衣草花田、白杨林

天山北麓终年积着雪，阳光的威力即便是一天最盛的时刻，也撬不动山麓里的冰雪，它只能歇了心思，默默地暖着山麓下的伊犁河。每年的春季，大西洋湿润的西风气流不远万里跑来河谷，和风说悄悄话，兑了许许多多的雪水洒了下来，攒了巩乃斯等河流的水全存进伊犁河里，蜿蜒流淌着。

从早到晚守着，伊犁河水顺着山走，由东到西，太阳也陪着每日里从东到西地走。走累了，才肯织一大块云彩当成被子盖在河水两岸。平时也还好，绿色的伊犁河谷是青涩的，这云彩一上来，地上的光彩默默地隐去。可是每一年的五六月份，当薰衣草漫出了满山的紫色，所有的光华在这两个月都只能聚在这大片大片叫人嫉妒万分的紫色上，停不住手，歇不了眼。

每一日，这紫色都叫人心生欢喜。你从这花田里走一圈，就能被一种馥郁的香气给裹上。裹上还不说，它还恋恋不舍地随着你，贴着荷包，贴着衣衫，贴着领角鬓边，大半天的功夫才肯慢慢撒手让风儿领回去。饱含着香气的衣衫一拿回家，挂在窗口再被太阳一照，香气又能慢慢地自衣服上飘起，兜来逛去整个屋子跑，都省得再用什么香水熏衣裳。

还是要从1964年说起，伊犁的几个兵团都接到通知，说要培育薰衣草，但没有人知道该如何对待那60粒薰衣草的种子。40多年来，云南、陕西、河南几个大省的薰衣草基地都没怎么成气候，唯有伊犁的薰衣草基地成功了。1985年，原轻工业部正式确定伊犁河谷地区为适宜薰衣草生长的区域，自此才有了大片大片薰衣草花田的出现。早些年在伊犁河谷的人，应当是无福相见。

从老一辈子算起，最古老的月氏人、乌孙人、突厥人是随着水草走，哪里水草丰盛就跑着喊着去；那磨刀霍霍的铁骑也打这里走过，唐代西征也好，成吉思汗的蒙古军也好，军官们挎着刀骑着马盘算着富贵荣华，再不济的想想家里人老婆孩子平安大吉；等到清朝皇帝坐稳了江山，不像明朝把犯了事的政治犯往南边送，反倒是送往了西北的伊犁充军。数百年来中了招的不计其数，白白送命的也有许多，晚清最著名的林则徐和两广总督邓廷桢就因为鸦片战争失败被扔进了充军队伍。邓廷桢心境也还挺好，留了一首《伊丽河上》：万里伊丽水，西流不奈何。驱车临断岸，落木起层波。远影沉欧没，寒声独雁过。河梁终古意，击剑一长歌。

他们的热闹，可能那时河边的白杨林最知道。它们总把身子拉得高高的，很能看四季的眼色。一过了立秋，立马配合地从身上扔黄叶子。你只消看到树脚下堆的黄叶子一片两片地叠起来，山谷白日的温度虽仍是那样，到了夜间就该又冷了。矮一点又密一点的胡杨树和灌木丛是不大喜欢凑热闹的，浓郁的枝叶总要撑到最后

即便是最丰收的季节，薰衣草田仍然是天地间最出彩的那片颜色

的冬季。芦花却配合，软乎了身段，一时间绒白的花絮能攀着风儿渡河而去。若站得高点，远处的田野都撒着金色，晃来荡去地哄得主家开心不已，皱纹都少了好几条。这金色就那样燃着，一路烧了出去，明亮着，在夕阳准备下山那会儿越发灿烂。那时空气是静的，河水是静的。在河谷这儿，每一个傍晚的夕阳都是壮丽的，辉煌的，绚烂的色彩不知要费多少颜色才能调配而成。也不能着急，却要等到晚上八九点钟的时候，风光最美。但饶是我看过金秋时伊犁河谷最丰满的颜色，却仍是觉得五六月的紫色才最雅致。

交通

可从乌鲁木齐坐班车或飞机前往伊犁，到达后可以以伊宁为中心乘长途汽车到各旅游点，或者乘长短途旅游巴士到目的地。剩余路程包车或跟团比较方便。当地已有薰衣草浪漫之行的各种一日游团。

那一年听了长辈的话，飞去新疆的那拉提。当飞机穿过云层的那一刻，伊犁河谷的脉络被所有人看得清清楚楚。那些弯曲游走的河流，那些条块状分割的稻田，都在山脉间坠着横着趴着躺着。而撇开那些蓝的、绿色和小块的红色，抢占了大部分地盘的紫色一下子跳脱出来。我眼睁睁地看着这些紫色在山脉间穿行，时而抱成团，时而松散开让给别的颜色，时而爬上坡，又时而直直地奔着河流跑，又精神又灵动，一时又觉得比起普罗旺斯的薰衣草更加好看。

## 作者手记

① 来伊犁旅游一般下榻在其首府伊宁，这里聚集了伊犁条件设置比较好的酒店。星级酒店和商务宾馆大多分布在迎宾路附近，每晚住宿70-200元不等，视淡旺季而定。

② 建设兵团65团的薰衣草基地规模最大，东山的河里头村是近年来新建的薰衣草山庄，更带着点欧式的风情，门票40元。

③ 由于伊犁地域辽阔，地形复杂，昼夜温差较大，应准备防寒衣物及防晒保湿用品。

④ 烤全羊、熏马肉、纯奶茶、山蘑菇、野菜等都是当地的美食。当地人非常热情，喜欢请客人喝酒。

山脉间

法国著名诗人尚·乔诺夸过普罗旺斯的薰衣草："那魅惑寂静的山峦，连绵无声地静静悠躺，美丽的薰衣草，就这样大片大片地出现在我视野里，绵延不绝直至视线的尽头，这是至美难忘的瑰宝。"薰衣草的每枝顶端盛开蓝紫色的小花，个别偶有粉红、白、黄，近近地看很讨人喜欢。我近距离地见过普罗旺斯的薰衣草，到处都是，不当心就染了一身的木质甜味来。薰衣草的花、叶、茎上的绒毛里生有大量油腺，若是不慎碰上，油腺会破裂，香气也随之释放出来，后来的精油便是如此提炼出的。我曾被迷住过，也深深地喜欢上，如果没有在飞机上瞧见伊犁河谷的那一刻，我大约仍会将普罗旺斯排在第一位的。

其他 · QITA

# 湖北武汉大学

# Hubei Wuhan Daxue

## ——凋零也好，此刻盛开

小清新指数

★★★★★

| 交通指数 | 美食指数 | 住宿指数 |
| --- | --- | --- |
| ★★★★★ | ★★★★☆ | ★★★★☆ |

# 解读→武汉大学樱花节

每年3月中下旬，1000多株樱花在武汉大学的校园内竞相开放，极为壮观。艳丽的樱花带着烂漫到极致后的那种淡淡怅惘，吸引着成千上万的游客慕名而至，大有"三月赏樱，唯有武大"之意。在武大校园里，除樱园外，第四教学楼、鲲鹏广场、人文科学馆、行政大楼、校医院一带以及工学部主教学楼、信息学部星湖、医学部等处皆有樱可赏。

**地理位置：** 湖北省武汉市武昌区珞珈山路

**推荐理由：** 在武汉，春日里最令人向往又最令人惆怅的时候，便是武大的樱花节。彼时樱花粉白色簇拥在旁，女儿家最喜欢的浪漫情怀被全部撩拨出来，文艺气息顿时四溢。

**特色看点：** 武大老建筑、樱花

春花

相较于二月份，三月份的气温渐渐回暖。天上越来越暖的阳光照来，地下的泥土一日比一日温热且潮湿起来。每一株自大地吸纳精气神的植物都知道，万物生息繁衍的循环又将开始新一轮。绿草一棵两棵地站了起来，从初时的没精打采到腰杆越发的挺直。那些该出现的颜色，在树丛中草地上山坡上甚至屋顶盖子上都满满地出现了。最叫武汉人每年等待的樱花树们，自然也乘着这阵狂潮而来，一株一株地显了形。

“樱花节”三个字被越来越多的人吐了出来，报刊编辑们提示着最佳赏樱时间，电台电视里不断重播着樱花树的准备情况，总要等着花苞苞都饱满了之后才能唤大家一并前往珞伽山的，每年都是这样。人们都喜欢乘着这股子赏樱风潮，忘掉之前短短的春寒，琢磨着新一年的好彩头。

一树的灿烂

春之伊始

交通

武汉市内交通十分便利，可乘多路公交车去珞珈山武汉大学。

花是美的，早樱和晚樱的时间交错起，能让每个人都不失望而归。道旁的樱花大片大片地挤在一起，这一株是白色的，密密麻麻地像雪融一样，那一株是粉色的，淡淡的不沾染任何逼人的鲜红，又有几株略红些，再几株就转回了青涩状，是还没开花苞的。如此，珞珈山上人们的眼睛可以随着樱花转，随着樱花跑。近些的是，远些的也是，那些明明不是樱花的树在这里头被人远远地也瞧成了樱花树。

也有那夹缝中长出来的樱花树，细细的小小的，弯折着，也有高过三人头的大樱花树来。小有小的精致，大有大的俏皮，都是叫人喜欢的。不起风的时候，樱花树的架势搭得最好，满头满身的花朵儿，每一朵都引着人来疼。若是微风也还好，那些偶尔抓不住树把的花朵儿粉粉嫩嫩地往人脸上跑，从一个人的肩膀跳到手臂，

盛放

再徐徐地抓着风儿的手落到地上，安安稳稳地睡去，也不去管游人们大呼小叫声中的满意程度。只碰上了强风却要来一番折腾，每一株樱花树都如此。

强风一来，樱花树都失了淡定，粉色的花朵如下雨一般惊慌失措地忙着离开枝干，一个一个奔得飞快，躲进石块的，躲入泥中的，还有干脆跳进湖里的，反正是一片人仰马翻的场景。那些避犹不及的粉白色被裹进了风里，一阵飞翔飘舞下来，好歹也落了地。此刻的游人们眼神最是呆滞，被如此又白又粉的花旋风飘过，思绪一时也跟着飘了，唯有眼睛跟着风左来右去地移，怎样都看不够。

身上是沾满了香的，淡淡的清香味，瞬时

## 作者手记

1. 武大有招待所，若在节日期间最好预订。最好住学生宿舍，武大的校舍古色古香，依山而建。
2. 校园内有同学兜售各类纪念品樱花书签、明信片、地图等，可按需购买。武大的人文建筑值得一看，若只为樱花，推荐东湖磨山樱花园。
3. 武大樱花的最佳观赏期为3月中下旬，届时武大会收20元门票。

沉淀了略显浮躁的心思。回转身，满地都是粉红色，着实令人喜悦。那些跳了湖的樱花们也渐渐地抱成了团，在湖面上游来荡去好不逍遥。可抬头望望树干上略显空白的位置，分明这些樱花树已经失去了刚才的华光。这一段记忆，自樱花初绽至转战泥地，一瞬间异样地清晰。曾听说樱花下落的速度是秒速5厘米，诚然美景总是转瞬即逝的，年年赏花，年年却触景生情。

记得有年碰上了落雨时，樱花大部分都被打残了，早落地的花瓣被雨水一遮住，哪里看得出白色粉色，全同泥水混去了。耳边的雨水淅淅沥沥的，有些还绕过了伞一股劲儿地往人脸上冲，连我都觉得疼，更不要说这些樱花了。可那枝头上还有几株樱花挺着，不完整，少了几朵花瓣，依然生机勃勃。她们缀在枝头的最末端，摇着摇着，我倒觉出了平日不曾看见的几分妩媚来。今年却好，没有什么雨水来捣乱，一切安宁。

日本和武汉之间，总有打不完的口水仗。这武大樱花的由来是如此，我只免不了去想日本樱花节时那些小摊上放着的点心，都用樱花入了味。所谓"不时不识"有的用她作点缀，有的用她碾出花汁和饭团裹在一处，有的直接放她进茶杯用清泉一冲，反正从形态到声色都要用过一番才是好的。武大的樱花树下，倒没有那么风雅的事情。旁边有学生摆摊，卖点同樱花相关的小物件，瞧热闹的多，讨价还价的也多。多半是不值什么钱的小东西，所以买的人也就慢慢地多了起来，几年下来成了气候，许多人还冲着这些小摊来，买了算是留回纪念。

又有一年，有个日本来的朋友说来武大看樱花，随手在草地上捡了些花瓣，封进袋子。回到酒店后，到酒吧一说，借了点东西说要做杯樱花酒出来。瞧着他弄碎了花瓣，用蜂蜜沾了，加了些混了碎冰的清酒和苹果汁，摇了后再倒进同一个杯子。那沾染在杯口一圈的花瓣，看起来浪漫得无可救药。樱花的花香又染了清酒的滋味，混合了一并冲入口中，一下子带我回到了正艳的樱花树下，闻着的都是淡淡的清香。

其他 · QITA

# 湖南凤凰

# *Hunan Fenghuang*

## ——文艺气息与浪漫情怀

小清新指数

★★★★★

交通指数

★★★☆☆

美食指数

★★★★★

住宿指数

★★★★★

# 解读→凤凰古城

在湖南省湘西土家族苗族自治州西南部，有一山酷似展翅而飞的凤凰，古城因此而得名。凤凰是一个以苗族、土家族为主的少数民族聚集地。古城内的青石板街道、江边木结构吊脚楼、众多古建筑以及浓厚的苗族风情，构成了凤凰独具一格的味道。沈从文曾爱它爱不释手，写下《边城》，成就了自己也成就了一座凤凰古城。

**地理位置**：湖南湘西土家族苗族自治州凤凰县

**推荐理由**：整座凤凰就是一个酒吧，七感并存——有暧昧，有迷离，有杂乱，有腐化等。可又能坐在吊脚楼群上看世界，看沱江的水，看跳岩上的姑娘，看对岸酒吧的镭射灯，用旁观者的角色看古城。

**特色看点**：苗寨风情、虹桥小吃街、酒吧一条街、沈从文故居、吊脚楼。

沈从文墓志铭：照我思索，能理解“我”，照我思索，可认识“人”

“如果你本身具备文艺气息，那么浪漫主义情怀多半会趁虚而入。”我曾见过的一个人这样说。他说浪漫主义情怀对文艺女青年而言是一种必需品，你会欢迎它到内心深处攻城略地，一往直前，无怨无悔。所以看着虹桥会觉得美，所以看着吊脚楼会觉得敬仰，所以听见城墙们里的吉他声会被感动，所以见着卖花的婆婆一定要捧场一次，在凤凰的日子就是这样。

见过一位南美摄影师的作品，却忘记名字。她的照片看起来开开阔阔，同自然水乳交融。她拍摄的树里，藏着四季更迭里的草木枯荣，藏着人从幼时到老年的一步步。我在张家铺子看见的那张明信片里，也有同样的味道。虹桥上，两串红灯笼垂着，薄雾从水面上升了起来，天边只剩最后一丝云霞，暗暗淡淡的，总有一种轮回的滋味。

轮回，在凤凰古城有很多。一岁光阴一轮转的味道，刻在每一株树心里，刻成树里头细细密密的同心圆。给我撑船的师傅喜欢捡了树根雕东西，给我看了照片，有的简单，有的张扬，那些树根被凝练住了，是一部部时间的宝卷，你若会读，它也不吝啬数十年的故事。我是避开同它的历史纠缠的，我只愿天天能见到三春的花树，日日有晴天朗朗，次次都能等来春光迷离的模糊感，令人观之则喜，心底阴霾一扫而空。

## 交通

可先到达吉首或怀化后再转车到凤凰。

凤凰之晨

凤凰的街道算不上乱石满径，城里的草木却稀疏。拍凤凰的街道总需要足够的耐心，等一种跌宕的光影布局，或是一种绵长，再加加减减凑成另一种明快的律动。那照片上就有四季流转的姿态，就有了凤凰朝前数的三十岁，看起来明媚缱绻。

酒吧里的人永远比咖啡馆的人多。咖啡馆的颜色是黄色粉色蓝色嫩色，只守着下午的阳光和入夜前的晚霞一瞬。酒吧的颜色是紫色红色蓝色绿色的交织，在河岸旁持续地亮着。人们能从岸东晃来，跳过跳岩，看看吊脚楼，听

听乐手嘶哑的声线，朝着虹桥走完一圈投奔夜市的怀抱。吊脚楼也有颜色，黄色偏绿。总之沱江旁的颜色是丰润的，和所有印象派画家们一样，入夜的沱江最重视光线和色彩的运用。那些灵巧的光影，那些剔透的笔触，互相修补着色相，晕开，沱江就像是亮亮的白色点染其中，就像是一个个普通的日子在发光。

站在沈从文墓前。瞧着不起眼的墓，读着别人追忆的片段，想起他心中的《边城》："若从一百年前某种较旧一点的地图上寻找，当可有黔北、川东、湘西一处极偏僻的角隅上，发现一个名为"镇竿"的小点，那里同别的小点一样，事实上应当有一个城市，在那城市里，安顿下三五千人口……"他其实是一个浪漫的人。当年从湖南的桃源起程，乘一只小船沿着沅江溯水而上回凤凰老家，在船上每天都给北京的新婚妻子写信，用语言和图画描绘沅江两岸的风光、人物，于是有情书集《湘行书简》。

岸旁有人卖莲花灯，一朵朵明黄色在她掌中盛放。十块钱买了一朵，跑下二十几层的台阶，贴着水面放它出去。摇摇摆摆地走，被风一吹，打一个转接着飘。"河岸两旁是紧密挨着的红砖黑瓦的古楼，楼里都是或淡黑或浅黄的木栏和柱子，

作者手记

1. 古城的茶馆多，太阳又晒得好，上千家的店铺看三分之一就足够，其余的店都是进一模一样的货。在凤凰逛街比较舒服，整个古城都是步行街，没有汽车的喧闹，没有高分贝的音响充斥。
2. 古城的住宿许许多多，推荐沱江上游的临江客栈，价格在100元左右。城里非临江的客栈到处都是，随便从沱江旁边哪个巷子进去就是，价格都不贵。
3. 凤凰当地有很多小吃，如油香粑粑、蒿菜粑粑、豆花，还有烧烤。喜欢烧烤的可以奔两条街去，一条是从虹桥到武装部街，做游客生意；又一条是新马路，是凤凰本地的烧烤夜市。
4. 凤凰的姜糖店很多，五步一小店，十步一大店。价格颇有不同，推荐古城里面的刘氏姜糖，好歹是百年老店。

沱江日暮归舟

每个古楼的屋角都挂着大红灯笼。古城的四周都是丘陵起伏，茂林环绕，由深至浅的绿色向远处展开，又与城中沱河水的翠绿交相呼应，相得益彰。"

虹桥下是烧烤摊子，挤满了任君采食的烧烤摊。烤串的香味在桌椅们的上空翻飞，急需客户亲睐的不仅是它们，还有那穿梭在摊位中挎着吉他的流浪歌手。听土家老人说吃社饭，说是等春天，老老少少们把山坡、溪边生长的鲜绿社蒿采摘回家，洗净焙干，加葱蒜、豆干、腊肉丁配上糯米焖制而成。有时旅行也无关爱情和自由，只因肠胃也有一种感觉叫思念。

凤凰风光

其他 · QITA

# 内蒙古呼伦贝尔草原

*Neimongol Hulunbuir Caoyuan*

## ——把远方的远归还草原

小清新指数

★★★★☆

交通指数 ★★★☆☆

美食指数 ★★★☆☆

住宿指数 ★★★☆☆

# 解读→呼伦贝尔草原

世界四大草原之一，被称为世界上最好的草原。这里是中国北方少数民族和游牧民族的发祥地之一，是多民族聚居区，有着开阔的大草原，更有异域风情的边境小城和靠近森林腹地的天然林场。这里的绝大部分森林、草原、湖泊等自然生态环境仍保持其原始古貌。草原的西部、北部与蒙古国、俄罗斯相接壤，是中俄蒙三国的交界地带。

**地理位置**：内蒙古自治区东部，与蒙古国、俄罗斯接壤

**推荐理由**：这里拥有的草原无疑是国内最好的一片草原，“风吹草低见牛羊”的现实版。喜爱迟子建的《额尔古纳河右岸》这本书的，不要错过呼伦贝尔。

**特色看点**：辽阔草原、呼伦湖、额尔古纳河边境、白桦林、那达慕、祭敖包、大兴安岭

献祭祀品的牧民们

在钢筋水泥高耸林立建筑的城市里，对着电脑桌面的万顷晴空的草原，心绪就要驰骋到千里之外了——去远方吧？！

——远方在哪里？

——远方，大概就在草原吧。

呼伦贝尔草原，世界四大草原之一，算国内最好的一片草原。地域辽阔，比一个普通省份辖区都要宽广。拥有多样化美景：水草丰美的草原、膘肥马壮的畜牧群、星罗棋布的湖泊、九曲十八弯的河流、万壑松涛的大兴安岭。三十二个民族，马背上的蒙古族，使鹿部落鄂温克族，每一个民族都有着鲜明的民族特色。

呼伦贝尔大草原是一个宽泛的地理概括，阿尔山以北，恩和乡以南，大兴安岭以西，基本都属于草原区域。自六月开春后，草坡渐绿，羊羔接生下来，睁开眼睛迎接它们的是冒绿芽的草原，牛羊马开始漫山遍野了，海拉尔到额尔古纳的S201省道沿线，都是草甸草原，绿色铺满视野范围，远处起伏的山坡线条，悠长而绵远，像凝固住了的长调声线。

呼伦贝尔短期旅行基本是这两条线：第一条是北线，海拉尔－额尔古纳（途径金帐汗、莫日格勒河、根河湿地）－恩和（途径上户林、下护林）－室韦民族乡、临江（途径三河回族乡）－莫尔道嘎森林公园－折返沿着额尔古纳河到达黑山头、满洲里（途径边防九卡、八卡、七卡等，沿途的额尔古纳河风景大美，与俄罗斯隔岸相望）－满洲里回海拉尔（途径呼伦湖、呼和诺尔景区、巴尔虎陈旗）。第二条是大环线，与北线重合，到达满洲里后继续南下－陈巴尔虎右旗（途径呼伦湖栓马桩，不同于山地草甸类型的金帐汗草原，左旗、右旗是一马平川式的平地草原）－左旗（途径诺门罕战争遗址、甘珠尔庙。如果南下可到中蒙界湖贝尔湖）－阿尔山市。

金帐汗草原旅游点，简直是Windows默认桌面照片的翻版，莫日格勒河蜿蜒穿过草原，九曲十八弯，马儿在远处吃草，悠闲地甩着马尾，时不时打个响鼻儿。草原最美的是雨停之后，那时你才会收到草原的真正礼物。白云洁白如新雪，河面亮堂堂，照映出云卷云舒，草原焕然生机，光影层叠，云朵的阴影像一只大手，匀匀地拂过每一寸地表和绿草。

大兴安岭深处的村庄——太平川

临江位于室韦北边12公里处，是临额尔古纳河而建的一座小村庄，夏季油菜花开得正盛的时候，最为漂亮。低垂的白云压下来，金黄色的油菜花漫山遍野，直铺到天尽头。原木打造的传统建筑——木刻楞，金发碧眼的俄罗斯族，刚出炉的大列巴惹得满村飘香，登上村头的山坡，看临河两岸的中俄两国的小乡村，同时飘起炊烟。

临江继续往北40公里，有一处大兴安岭深处的童话般村庄——太平川，白云朵朵，又肥又厚，压在彩色屋顶上，传统的原木房子，各家屋前屋后，都开满了波斯菊，太平川和林子里的蘑菇、蓝莓、红豆一样，隐秘在大兴安岭里，鲜为人知。

那达慕大会上，套马杆的汉子你威武雄壮

## 交通

呼伦贝尔东山机场夏季与部分城市有直飞航线。海拉尔有火车站，不过夏季火车票比较紧张。呼伦贝尔的旅游业刚刚兴起，市里各旗县都有大巴班车，但是班车无法半途停留，要知道，草原上最好的风景在路上，所以包车走是比较合适的。

要我挑一个可以满地打滚的草原的话，那应该是通往贝尔湖必经之地的贝尔苏木（苏木是当地话，一般指乡或屯子）。贝尔苏木周边的草原，是典型的一望无垠的平原草原，地平线是个标准的"一"字，任你滚来滚去都滚不出地平线，对着蒙古国乌兰巴托的方向，唱"穿越旷野的风啊，你慢些走，我用沉默告诉你，我醉了酒。"对着策马过来的蒙古族人，道一句"萨白诺（你好的意思）"，这样的天地宽阔，才发现，只有草原才是牧歌牧心灵的天堂。

呼伦贝尔北部，是大兴安岭，适合秋季徒步穿越落满斑斓树叶的林子，在疏朗的林间，铺满层层金黄落叶，阳光照进来，光线通透，镜头里每一片树叶脉络都清晰可见。坐在高高的山坡上等光线，太阳穿透云层，大兴安岭层林尽染般的美，公路一侧作防护栏的彩色轮胎，和斑斓森林呼应得同童话一样。大早醒来，河面上升起袅袅的雾气，有野鸭子腾地飞起来，鸣叫着掠过河流。

呼伦湖又叫达赉湖，满洲里往东20公里处。湖域广阔，是内蒙第一大湖。呼伦湖湛蓝澄明，与瓦蓝的天互相辉映，整个湖天一色。它和贝尔湖是姊妹湖，由一条乌尔逊河相连，到了贝尔湖已属于中蒙界湖了，湖边有边防部队驻扎，铁丝网内严禁进入，不过铁丝网内的"银海岸"却已经开发为旅游接待区了，根据中国特色，有熟人关系或者用其他手段，还是容易能获得进入准许的。最壮美的是在湖边看草原火烧云，地平线很低，大半壁天空刷上霞色，湖面倒映着半江瑟瑟半江红。晚风吹来，从蒙古国吹过来。

在我去海拉尔的火车上，遇到一个老大爷，他跟我聊起来他年轻时候在呼伦贝尔的知青生活，夏季一个人被放到草原深处，那时还没普及机器打草，只有人工割草，带上半个月的干粮，半个月后把收割的草料装车拉回镇子里。那些一个人在草原腹地扎营干活的日子，从日出到日落，几乎碰不见人，偶尔有寻马的蒙古族人过来，那是最欣喜的时候，有个人说说话是件奢侈的事情。有次他去着一个偶遇的蒙古族人家里吃饭，就在乌尔逊河畔，都说乌尔逊河是沿河一大片草原的母亲河，水草丰美，物产丰富。在一个与河隔断的一方河沟里，他见识了真正的"棒打狍子瓢舀鱼"中的瓢舀鱼。蒙古族人的爽朗与热情让他难以忘怀，趁自己身体还健康，每年都会再回草原看一看。从左旗到右旗走S203省道，我曾经多次坐车

路过乌尔逊河，每次都会想起这个火车上知青大爷的故事，想着要是有时间有机会，一定要徒步走一次乌尔逊河，和沿岸的大大小小牧业点都打个照面，可惜这个愿望一直没实现，真是个遗憾。

呼伦贝尔夏季的节日很多，最著名的应当是那达慕和祭敖包了。那达慕一般在七月中旬，声势浩大，游客如织。长枪短炮，高头大马和越野豪车一排排，凑热闹的里三层外三层。还是祭敖包比较有意思。

室韦小镇的黄昏

天上散落着白云，地上散落着草垛子

为了参加祭敖包，蒙古族兄弟们不辞辛劳几十几百公里赶来，有的甚至带着自家蒙古包和活羊，亲近大自然的民族都有一股天真气。当天宰杀祭献敖包，有的还捐献积蓄给当地寺庙。在我看来，蒙古族是一个快活的民族，可是骨子里又透着苍凉，正像快活明亮的《酒歌》，又有哀伤的长调，这两种气质矛盾又和谐，在那么多天地辽远独一人的草原孤寂生活里，更懂得欢乐的意义。在这片草原深处，陌生的人见了都是热情的"萨白诺"，一句句"萨白诺"此起彼伏，蒙古族人欢乐起来的气氛，极具感染力。夜里，我们贴着草原，睡在帐篷里，听着附近扎营的蒙古族人欢歌笑语，大碗喝酒大口吃肉，通宵达旦地庆祝着他们的欢聚与丰收。

第二日天微微亮，周围的人就起来忙开了，忙着宰羊割肉，煮大块大块的手把肉，备好祭祀品，准备在高僧诵祝时，献上去以示心意。在山下扎营的人们、当天驱车赶过来的人们，纷纷扛着柳条，提着糖果奶品上山祭敖包。下得山来，敖包山下有高僧主持的念经祝诵仪式，人们端着大块的肉和羊头，甚至煮全羊，跪坐在祝诵台下，有僧侣走过来，给人们的祭礼上撒下藏红色的粉末。仪式结束后，山下运动场里还有一轮那达慕，骑马、射箭、摔跤，蒙古汉子都生得膀大腰粗，这个马背上的民族，在长生天的庇佑下，从小就有着健康壮实的体格和魄力，高原阳光照耀着辽阔敞亮的草原，也照耀着他们辽阔敞亮的胸怀。

如今草原环境不容乐观，煤矿开采、过度畜牧，现代化主流文化挤压少数民族文化，草原东山上升起的月亮还是同一枚，可是，没有了蒙古人的长调，没有马头琴的诉说，没有了风吹草低见牛羊，月亮越发苍凉了。"在那风吹的草原，有我心上的人，风啊，你轻轻吹，听她忧伤的歌。月亮啊，你照亮她，火光啊，你温暖她。"——代青塔娜《寂静的天空》。

## 作者手记

1. 在呼伦贝尔旅行，多数选择找人拼车走，因为草原深处是不通班车的，一般一辆小车除司机外，还可带四个人。最好的办法是在海拉尔（呼伦贝尔市首府）拼车，呼伦贝尔青年旅舍是一个很好的驴友拼车集散地，青旅电话：15048072453。
2. 大东北区域饭菜偏咸，物价较高，但是饭店菜品份量惊人。吃手把肉、烤羊排等，亲民价格的吃食在海拉尔清真寺附近。买蘑菇、蓝莓等山货集中在头道街附近，不放心的可以去海拉尔友谊超市，有自制的风干牛肉等内蒙特色干货。
3. 那达慕在七月中旬，官方比较注重这个节日，临近日期时，可以在网络上查到准确日期。而祭敖包，每年有两次，也没有固定日期，基本是六月份一次，八月份一次，呼伦贝尔的祭敖包集中在宝格德乌拉圣山，距离巴尔虎右旗40公里。

内蒙古呼伦贝尔草原

其他 · QITA

# 哈尔滨太阳岛

*Haerbin Taiyangdao*

## ——秋日暖阳下的浪漫

小清新指数 ★★★☆☆

交通指数 ★★★★★

美食指数 ★★★☆☆

住宿指数 ★★★☆☆

# 解读⊡太阳岛

太阳岛坐落于哈尔滨市松花江北岸，和市区隔水相望。总面积88平方公里，属于河滩湿地公园类型。这里碧水环绕，风景秀丽，林木幽静，有天鹅湖、太阳瀑、水阁云天、松鼠岛等景观，是当地市民休闲的好去处。太阳岛每年都举办国际雪雕艺术博览会，每到白雪皑皑的季节，这里就成为一个玉洁冰清的梦幻童话世界。

岛上的俄式建筑

小时候，那首叫做《太阳岛上》的歌风靡全国，那个温婉的女声也给我留下深刻印象。从此以后，太阳岛在我的想象中就是一个柔软和煦的地方，那里总是沐浴着温暖阳光。

没想到三十年之后，我才第一次踏上存在记忆中那么多年的太阳岛。在暖阳下的秋日午后，穿过繁华的中央大街，走到松花江边，秋日微风拂面，有些凉意，却很清爽。有缆车可以过江，我却选择了便宜的轮渡，仿佛这样更有涉水过江上岛的感觉。松花江宽阔浩荡，可惜没有碧浪清波，想起《松花江上》，居然心情激荡，有种没来由的悲壮。

轮渡靠岸的地方，居然是一片金黄色的沙滩。河岸大树参天，人们就那样无所事事坐在沙滩上，吹着风，看着景，发着呆。

**地理位置：** 黑龙江省哈尔滨市

**推荐理由：** 城市里的浪漫休憩宝地，虽有匠气，却不乏野趣。

**特色看点：** 湿地、冰雕、俄式建筑风情

## 交通

太阳岛位于哈尔滨市区的松花江北岸，可乘29、85、88路公交到太阳岛站下车，还可以坐索道渡江到太阳岛。

十月初而已，南方还是夏末，东北却已入秋。参天大树，黄叶满地，竟然已是深秋的模样。林荫道上，情侣漫步，窃窃私语。白桦林中，新人在拍婚纱照，浑身洋溢着满满幸福。凉亭下，有人野餐。偶一回头，树林深处的小松鼠露出尾巴。暖暖秋阳，一个人坐在树林的角落，柔柔的阳光洒满全身，舒服得想睡觉。

二十世纪初的外国侨民为太阳岛留下了一大批欧式别墅。如今，漫步在这些具有浓厚异域风情的建筑之间，历史悄然远去，徒留怅惘。俄罗斯风情小镇由27座彰显上世纪纯朴、浓郁的俄罗斯风情和建筑艺术的别墅和民宅组成，修缮得很好，绿树掩映，鲜花盛开，看着心旷神怡。

继续往前，来到了太阳岛公园的天鹅湖、丁香园、水阁云天、松鼠岛等景观，尽管大都为人工建造，却也算是城市丛林中一个难得的好地方。太阳岛的风景跟哈尔滨市区的气质并不一样，如果说哈尔滨大气粗犷，太阳岛则有种小家碧玉的秀美，是非常不错的一个地方。

当然，如果冬天来太阳岛，雪雕节或许是个更有吸引力的看点。冬季的太阳岛被誉为都市雪乡，也是一个梦幻美丽的童话世界。太阳岛雪博会是全国雪雕艺术的发源地，作为全国开展最早、规模最大和艺术水平最高的雪雕盛会，这里展出过"万马奔腾""悠悠牧羊曲""东君出巡"等一大批令人叹为观止的优秀雪雕作品。

不清楚太阳岛到底因何而得名，不过在这样一个阳光暖暖的午后，忽然有些醒悟，秋日暖阳下的太阳岛，何尝不是最美。想起那首《太阳岛上》："晴朗天空，姑娘换好游泳装，小伙背上六弦琴，带着鱼竿帐篷还有猎枪，来到令人神往的太阳岛……"太阳岛上，竟然真的如我多年想象，温暖如熏。

秋日暖阳，太阳岛的游人

作者手记

① 岛上面积较大，建议起码留出2-3个小时的游玩时间，在园区内细逛慢品，方可领略太阳岛的风情。岛上有游览车，也有自行车出租，笔者建议还是以自己慢慢走路为佳，一路欣赏沿途风景。

② 太阳岛上每年冬天都会举办国际雪雕艺术博览会，这期间门票也从30元涨为240元，冰雪展览通常从12月持续到次年2月底，

③ 冬季的太阳岛上有丰富多彩的游乐项目，包括打雪橇、抽冰尜、乘冰帆、堆雪人、坐马拉爬犁等，比其他季节更为好玩。

④ 岛上餐馆不多，性价比不高，建议自带一些零食，可在游玩后回市区就餐。

其他 · QITA

# 重庆磁器口

*Chongqing Ciqikou*

## ——繁华与寂寞共存的古镇

小清新指数

★★★☆☆

交通指数 ★★★★☆

美食指数 ★★★★★

住宿指数 ★★★★☆

# 解读→磁器口

磁器口古称龙隐镇，已有千年历史，早在明朝时期就是嘉陵江下游物资集散地，并成为繁华的商业码头，后在清朝初年因盛产青花磁而得名磁器口。民国时期，磁器口码头依然繁华，被当时的国民党主席林森誉为“小重庆”。现在的磁器口留存12条街巷，明清风格的建筑保存较为完好。

**地理位置**：重庆市沙坪坝区
**推荐理由**：位于重庆市区的古镇，交通方便，建筑保存完好，美食众多。
**特色看点**：古镇、老街、美食

大坪到磁器口的公交停在站台，车上乘客噗拉拉蜂拥而下，我和同伴从美梦中清醒，顺着人流一溜儿来到古镇入口。还没来得及看清门口的模样，就被潮水般的人群簇拥着进了古镇。这是十月下旬的一个普通周末，被裹挟在人潮中前行，我俩被重庆人民对古镇的这般热情惊呆，然后瞬间就为朋友所开咖啡店的生意放心了。

来到朋友的小店，还没到下午六点，天色已然有些昏暗。进门的瞬间，两只小猫咻溜一声从我身旁溜走。看到咖啡店中那些漂亮的藏式桌柜，那是朋友斥巨资从拉萨托回的物品。秋天的爬山虎开始发黄，逐渐凋零，想象盛夏季节，小院对面的爬山虎墙面定是清凉盛况。院里很多花花草草依然绿意盎然，在这一片绿色当中，木头围栏上的两朵金色向日葵非常耀眼，尽管只是假花，仿佛也感受到那灿烂和热情。客人在院内喝茶聊天，小院背后的阶梯长了一棵高大的黄桷树，树下小屋透出明亮的灯光，在黄昏的夜幕下显得异常温暖和明亮，面对这样的场景，心里说不出的安然喜欢。

那晚，朋友带我们去吃著名的古镇毛血旺和鸡杂。穿过张胖子酒楼狭窄油滑的楼梯，来到临嘉陵江的二楼，江风徐徐吹来，聊天吃喝，舒服惬意。回到店内，我们霸占了店内最安逸的“包间”。浓郁民族风格的桌布、垫子、挂画，书架上满满的影碟，还有来自拉萨的藏式木柜，小屋温暖而舒适。摆开茶具，泡上普洱，聊天开始天马行空，旅行、感情、生活，还有那些开客栈的梦想，大家轮流去旅行，真是叫人神往啊……

入夜，回到古镇上的青年旅社，简单的房间及设施，却是干净而整洁，木板床散发出好闻的气味。我们的房间正对嘉陵江，推开窗户，见江面上星星点点，甚至能听见江水拍岸的声音。这一晚，睡得非常香甜。

清早起床，听见窗外传来淅淅沥沥的雨声，哎呀，竟然下起了小雨。图方便，在附近小店吃了一碗豌杂面，可惜没能找到我记忆中重庆小面的味道。

宝轮寺是古镇的著名寺庙

秋日的嘉陵江畔显得有些萧索

撑着伞就出门逛古镇。没多远，就是镇上的著名寺庙宝轮寺。爬上陡峭的石梯，来到天王殿和大雄宝殿，尽管都是历经重建，寺庙还是保存了几分古朴的模样。背依白岩山，面对嘉陵江，宝轮寺的地理位置极佳。相传建文帝曾在宝轮寺避难，因此这里又名"龙隐寺"。磁器口的原名龙隐镇，也正是因此而得名。据说从前的宝轮寺规模极大，从白岩山到马鞍山再到童家桥，庙宇相连，到处都是佛像金身。有个抗战时期的故事颇有深意，马鞍山内本来有尊睡佛，据说有人见其睡相安详，便在壁上题诗一首：你倒睡得好，一睡万事了，大家都来睡，国家哪个保？

雨中磁器口

细雨霏霏，并没有停歇的意思，我们逐渐偏离主街，走入那些狭窄而破旧的小巷。没有了俗艳的红灯笼和弥漫着小资气息的咖啡店，这些地方仍然居住着平常百姓。猫咪在虚掩的门后瞪着晶晶亮双眼，房前晾着花花绿绿的床单和衣服，细密的雨丝在屋檐上挂成一道雨帘。房屋虽然破旧，门口却摆满花花绿绿的盆栽，桂花在瓦罐中长得翠绿葱郁，塑料桶里开出鲜艳红花。附近有些房屋已经成为危房，墙壁上的爬山虎枯萎发

### 交通

古镇位于重庆市区，交通比较方便，可乘553、503、808、261、501等公交到磁器口下。

黄，屋檐上的小草偏偏又绿得发亮，形成新与旧的强烈对比。旁边一堵墙上写着个鲜红的“拆”，显得萧索，却是一种触目惊心。披着雨衣带着斗笠的妇人急匆匆在雨中挑担而过，今日的生意，大约因为这雨而受影响了。

只要稍微走远一点，就能发现古镇热闹表象下的寂寞一面。绕出几条陌生的小巷，穿过一道石头砌就的“古文昌宫寨门”，我们已经不知不觉走到嘉陵江边。岸边停着几只破旧的渔船，秋天的嘉陵江显得萧索。“无边落木萧萧下，不尽长江滚滚来”，这句话用来形容秋天的嘉陵江也是合适。

转回主街，顿时重返繁华世界。进古镇的时候就看见几家麻花店门口排着长队，没想到离开的时候，我们也加入了队伍。古镇满眼的××麻花看得人眼花缭乱。再细看，相同招牌的陈麻花居然也有两家，一个陈建平一个陈昌银，这叫人该如何选择？站旁边看了一阵，貌似“陈建平”的门前队伍更长，从众心理让我们也跟风。店里师傅现场制作，店员捧着麻花让游客逐一品尝，场面着实热闹。麻花又酥又脆，味道香甜，吃起来果然很棒。

一条石板路，千年磁器口。古镇历经沧桑，繁华和热闹，寂寞与萧索，在夜幕降临的时候，全都消失在那些青石板小巷之间。

作者手记

1. 古镇有一家磁器口纯真年代青年旅舍，据说是重庆第一家国际青年旅舍，地址在磁器口正街2号，房间比邻嘉陵江，环境还不错。
2. 古镇美食很多，尤以鸡杂、毛血旺、麻花最为出名，胖娃鸡杂、快乐老家、三姐猫儿面、陈麻花等都是有口碑的老店，临走时，可以在陈麻花店买点麻花作为手信。
3. 古镇有很多小资清新风格的咖啡馆和各式小店，有时间可慢慢闲逛，比较出名的有旺斯咖啡、在路上咖啡厅、原点、海上咖啡馆等。有阳光的下午，懒懒坐在小院里，手握一杯香浓的咖啡，要么看书，要么发呆，就很惬意。

其他 · QITA

# 甘肃郎木寺

## Gansu Langmusi

——忘却 红尘 归处

小清新指数 ★★★★☆

交通指数 ★★☆☆☆

美食指数 ★★☆☆☆

住宿指数 ★★★☆☆

# 解读→郎木寺

地处甘、青、川三省交界地带，平均海拔3500米，为安多藏区名镇之一，因境内座落着藏传佛教格鲁派寺院——安多达仓郎木寺，依寺名而演化为地名。四周群山环拱，景色秀丽。郎木寺又是黄河水系和长江水系的分水岭，白龙江穿流而过，白龙江北岸是碌曲所辖的郎木寺，南岸则属四川若尔盖管辖。隔白龙江相望的寺庙也有两座，座落在溪北郎木寺乡的叫"达仓郎木色赤寺"，而溪南的是属于四川的"格尔登寺"。这里素有"东方小瑞士"之称，多年来已成为背包客、小清新的必去之处。

天色蒙蒙，微弱的晨曦还未曾渗透黑夜的缝隙，玛曲城还停留在昨夜的梦境中，我在睡意朦胧中坐上了开往朗木寺的班车。

窗玻璃上蒙了重重的水气，我知道又在穿越草原，坑洼不平的道路还要不断地涉水而过，检验着这部破旧的班车。路过尕海，晨光曦微，车窗上的水汽化开了一些，湿漉漉的草原正在缓缓的苏醒。熹微的天光照射，草甸缓缓展露出绿色的原貌，涓涓细流淌过，闪闪发光。窗外的空气还是刺骨的冰寒，可是，在草原深处牧民的帐篷已升起了炊烟。穿着厚厚藏袍的女人拎着水桶而出，开始了一天的忙碌。

**地理位置：** 甘肃甘南藏族自治州碌曲县郎木寺镇

**推荐理由：** 高原山脉拥抱中的小村镇，有着优美的自然景致和亲切质朴的民风、缓慢随意的生活。

**特色看点：** 格尔登寺、赛赤寺、纳摩峡谷、仙女洞、白龙江源头

郎木寺晨曦

路过的游人总是在看风景，体验新鲜的陌生感，留下照片式的纪念。挥鞭而去，骏马飞驰的藏族男人和女人，是镜头视野中英姿飒爽的意气风发。生活的真实面目却远非那些戏剧或者文学作品所表现的那样光彩夺目，高原的风刀霜剑早已在那些年轻的面庞上刻满沧桑，凌乱的发髻与裸露的皮肤印证着生活的艰辛。

就在某种混沌状态下进入了朗木寺的地界，脑海里逗留的仍是晨光中湿润的草原图画，经过一段薄薄的日光晾晒，小心地收藏起来。

班车刚刚驶入小镇，便在片刻之间爱上这里轻松随意自由淡然的气质。放下背包，唯恐辜负了大好光阴，迫不及待地爬上附近的小山坡，这座小镇的全貌就浮现眼底了。那些散落在山坳中大片的房舍周边围绕着蜿蜒曲折的溪流，一旁矗立着高大的白塔，流动而不呆板，活泼而不散乱，从任何角度看来都不失为一幅精致和谐的构图。

山坡上旗幡飘舞，对面就是著名的红石崖，究竟是怎样的地壳运动才让它们裸露出如此动人的肤色，而那片深暗挺拔的松树林又恰到好处地给这片山峦披上了一袭绿色的袈裟。多一分则臃肿，少一分又轻薄。抬眼是蓝天白云，白云你可知道，站在这片高原之上我与你的距离又接近了两千米，这是苍鹰可以翱翔的高度，可是当我真的站到了这里，苍鹰在天上盘旋的距离依旧是遥不可及。一团一团的浮云飘过，变幻着不同的形状，随之飘过的是不假思索的时光流逝。索性就仰躺在草地上，这一刻什么也不想，浑然与天地合二为一，思绪在白云之上早已忘记了红尘归处。

格尔登寺传出法螺号角的声音，我只得拉回了天边飘荡的心绪，下山。有村民赶了羊群渡过小溪，溪涧清清，隐约中仿佛是映出天上白花花的一片片云彩。噼噼啪啪，一边是羊群踏水的嬉戏，一边是路过的游客手中相机的快门连拍。小村镇上平常的生活场景也成为远方来客绝佳的入镜画面。

在班车上和同车的人聊天，说到要去郎木寺，都言是去看寺庙的啊。郎木寺是处于甘肃和四川交界的地段，这里有两座知名的藏传寺院，一座是位于四川境地的格尔登寺，而真正的朗木寺位于甘肃境内，也叫做赛赤寺。其实，真的到了这里，参观寺庙反而并不是旅行的重点，从建筑的规模和文化精神上来说，这两座寺庙的地位也算不上太举足轻重。相对于大经堂和肉身活佛殿的吸引力，我也许更爱在这大殿前晒太阳发呆遐想的自由时光。

## 作者手记

① 郎木寺如今已经开发为比较成熟的旅游景区，小镇上汇集了西餐馆、川菜馆、清真面馆、宁夏菜馆和藏餐馆，丽莎咖啡的苹果派和超级汉堡不可错过。条件比较好的宾馆有二星级的达仓朗木宾馆，还有口碑不错的萨娜宾馆、仁青宾馆等。

② 郎木寺的喇嘛都非常热情随和，很愿意和游人攀谈，甚至会请你去家中做客，建议体验一下当地的生活风俗。

③ 郎木寺的海拔在3000米以上，有高原反应的游客应随身携带药品。

④ 不要去观看天葬，一种民族宗教的信仰习俗成为收费给游客表演的舞台，这其实是相互的不尊重。

## 交通

可乘坐飞机或者火车先到达兰州，乘坐班车经夏河到合作，合作有开往郎木寺的班车。

佛堂里下课了，人声喧哗起来，突然四周的视野空间中全部挤满了红衣身影。这是喇嘛们的课间休息，三三两两地聚集在阳光下，小卖部门口，一张张面孔赫然都是朝气蓬勃，明朗的微笑，善意的招呼，听不懂他们的功课，可是看得到他们内心的纯净。山清水秀的世外桃源小村，青春作伴好修行哪。

山顶之上仍有殿堂，翻过山去似乎仍有风景，我却无意走得更远。就停留在这半山腰上，清风满袖，看山下的涓涓流水如何能依势而走汇流成河，看远山的轮廓在阳光与云层追逐的游戏中明明灭灭，和身边的孩童喇嘛们交流着世俗的闲话，光阴荏苒。走到没有风景可看，却又无处不是风景。

丽莎的西餐吧生意好得惊人，永远都是客满，还是回川菜馆，围着暖暖的炉火吃热气腾腾的砂锅。娱乐节目是看邻座一位粗壮的藏族男人在酒足饭饱之后穿藏袍的详细动作分解，一圈一圈地围上那宽大的腰带，并不仅仅只是围在腰间的装饰，完全要将整个臀部也包裹其中，最后有力的打结，完成了复杂的穿衣表演。也有乞讨的人，只是多数只面向他们的同胞，在听不懂的藏语交谈中来来往往。走在朝圣的路上，行乞并不是什么羞愧的行当，他们必须以这样的方式来完成生命中最崇高的一次追求，而伸出援助之手的藏人也有着同样的信仰力量。

就是这样一个叫做朗木寺的小村镇，优美的风景和随意的生活节奏让你忘了这是甘南藏区的高原，忘了玛曲草原上刀割一般的寒风和冰冷的空气，忘了红尘俗世的烦恼和挣扎。这就是让时光缓慢脚步的朗木寺，这是让你袒露心扉的心灵家园，这是无数人梦中的香格里拉。

郎木寺光影

其他 · QITA

# 天津五大道

*Tianjin Wudadao*

## ——重拾斑驳历史

小清新指数 ★★★★☆

| 交通指数 | 美食指数 | 住宿指数 |
| --- | --- | --- |
| ★★★★★ | ★★★★☆ | ★★★★☆ |

# 解读 五大道

五大道是迄今中国保存最为完整的外国洋楼建筑群，位于天津中心市区的南部，东、西向并列着以中国西南名城成都、常德、重庆、大理、睦南及马场为名的六条街道。这里汇聚着英、法、意、德、西班牙等国各式历史风貌建筑230多幢，名人名宅50余座。这些建筑形式多样，有文艺复兴式、希腊式、哥特式、浪漫主义、折衷主义以及中西合璧式等，被称为“万国建筑博览苑”。

**地理位置：** 天津市

**推荐理由：** 在五大道可寻找建筑之美，重拾斑驳历史，感知旧日之声。

**特色看点：** 民国建筑

一个清冷的初冬清晨，忽然想要把身体扔到一个陌生又亲切的地方游荡，但又不想恣意妄为地纵情很长时间。不知为什么便想到了天津的五大道，是因为那里有昔年的洋楼，还是因为有梧桐飘零的街道、旧时哀乐的隐事，抑或北方冬日的气质。反正说不清楚，那就不妨用这短暂的几小时时光，在那一幢幢满是异国情调的洋楼间，彻底做一次任性之旅。

最开始知道天津的五大道，是从一个南开大学的朋友口中得知，说那里密集又华美的小洋楼像跟到了外国差不多。后来知道，五大道曾是英、法、日租界的高级住宅区，也知道为了便于称呼，就把成都道、重庆道、常德道、大理道、睦南道和马

五大道上能吃的博物馆——粤唯鲜酒楼

作者手记

1 五大道在每个季节中都有着不同的风韵，建议最好能走进一两幢小洋楼之内，细细品味其中的气质。

2 五大道的小洋楼如果达到保护级别，一般都会在院外的墙壁上镶有汉白玉石牌，上面会很清楚地写着此建筑属于几级文物保护。当然如果想要了解这里曾经所住过哪位名人，那便要提前买本天津名人故居之类的书，来此按图索骥了。

3 五大道是个美食比较集中的区域，这里分布着不少有情调的西餐厅，像是成都道的贡苑法式越南餐厅、小伦敦西餐厅、昆明路的117花园别墅、河北路的成桂餐厅，还有粤唯鲜、鹏天阁酒楼以及公馆私家菜等。

五大道的小洋楼

场道，六条大道统称为五大道，还知道了这里在时势巨变的年代里，自然便成为了“寓公”的“老巢”。这里频繁更迭的历史人物有如过江之鲫般乱哄哄，这里也是他们天然的避风港，可退，可守，可静观其变。

东起小白楼，西至九十中学，南抵马场道，北到南京路，这块当年人们纷纷争相置地建房的黄金地段，便是后来人们俗称的“天津富人区”——五大道。漫步在五大道附近，似乎很容易便会被这一幢挨一幢的洋楼弄得眼花缭乱，停留在这些奇异的房子前，似乎又很容易便被它们吸引了眼球。暗红色的深沉木门，巴洛克式的立柱，简洁的拱形落地窗，精致的墙壁雕饰，优雅的弧形阳台。五大道的确有着很浓的殖民色彩印记，的确仍旧散发着曾经的贵气与奢靡，也的确有着温情与寥落并存的迷人气质。

走近这些建筑时，会在墙壁的汉白玉石牌上发现张学铭、蔡成勋、鹿钟麟、孙殿英等等名字，原来这一幢幢幽静的房子，竟曾是这些显赫一时人物的家啊。今日，大理道上的华屋美宅依旧安在，只是那脉搏已不似往日的惊心动魄。常德道敞着大门的旧宅里，在木楼梯角落的皮球、菜筐、小三轮车依然散发着昨日的温馨，只是那上面已是积垢了一层又一层的灰尘。

那一天，马场道徐氏旧宅的阳台上，有位独自张望行人的老妇人，神情与她手扶的浮雕栏杆同为静默。两个闲聊的天津男人搭讪着："介两天老有人来拍照画画。"一旁矮个儿的男人摇头无奈道："介破方子……"再一抬头，看那阳台上的老妇，身影已经消失，建筑本身"拿来"的希腊式、文艺复兴式、哥特式、浪漫主义的、折衷主义的，仿佛都已随着那妇人的转身而一同不在了。此时独望那空妖娆的灰白阳台，心想留下的或许会有人妄自揣测，或许也会有人怀旧感伤，只是那一幢幢旧宅木地板缝里的尘埃，对于那些隐事秘闻依旧是守口如瓶。

洋楼风情

其他 · QITA

# 青岛八大关
# Qingdao Badaguan
## ——迷失在浪漫古典中的老街区

小清新指数
★★★★★

交通指数 ★★★★★

美食指数 ★★★★☆

住宿指数 ★★★★★

# 解读→八大关

八大关被誉为"万国建筑博览会"，汇集了俄式、德式、日式、美式、丹麦式、希腊式、西班牙式、瑞士式等24个国家风格的建筑。八大关其实就是以八个长城关隘命名的林荫小道。上个世纪40年代就有了其中的八条马路，现在则有了十条马路，另外两条是解放后修建的。十条马路风景各不相同，最大的不同就是路边那大约300余栋别墅，有平面对称、轴线突出的德式，尖塔坡顶的哥特式，还有装饰粗放的西班牙式，让人目不暇接。

**地理位置：** 山东省青岛市

**推荐理由：** 一个容易让人迷失的老街区，醉人的落叶，醉人的林荫小径，醉人的异国建筑，常有拍婚纱照的新人出没，还有典型的青岛特质"红瓦、绿树、碧海、蓝天"。

**特色看点：** 名人别墅群

很多名人都曾住在青岛，这是康有为故居

蓝天、大海、绿树、啤酒、海鲜、欧式建筑……青岛无疑是一座浪漫的城市。但这里也有一段让人铭记的历史，它曾经三次沦为帝国主义殖民地，那种不幸让人铭刻，"红瓦"的欧式建筑则是最好的见证。老城有很多这样的建筑，汇泉角边的八大关是这些建筑最集中的地方。走进八大关，恍然踏上了欧洲大陆，各式各样的外国建筑给这儿增添了一份异域情调，也将古典和浪漫融入了这片海边的街区，有人赞曰，这儿就是一场盛大的"万国建筑博览会"。

从武胜关路的公交车站下车，就算扎进了八大关景区，长年的行走经历让我的方向感特强，不过进去后走一小段就有点迷失方向了。每一条道路都不相同，招展的是树桠丰富的姿态，洒落的是花枝醉人的清香，就是让人分辨不清身处何地，这种迷失在绿树花香中的感觉，应该称之为陶醉吧。

正好碰上附近学校放学，在这片名人别墅区长大的孩子一定有着先天的优越感，家里应该也都是很有背景的吧。突然好奇而无聊，反正也找不着路，于是决定跟着两三个孩子走上一段。一只流浪猫出现在路边，似乎有点饥饿，在那呜呜地叫。孩子们围了上去，我想着这些高贵的后代会去怎样糟蹋一个可怜的家伙，竟然错怪他们了，孩子们从书包里拿出小饼干和鱼片，像是和小猫认识似的，一边抚摸着它，一边嘟哝着喂给它吃，好可爱的孩子们。

绿树掩映下的老教堂

## 交通

可乘火车或飞机到达青岛。八大关附近有多路公交车，从火车站打车15元可到。

每扇生锈的铁门里都有一段故事

到了一个路口，孩子们分开走了，跟着其中一个小姑娘又走了一段，就见她进了路边的一个院子。院墙不高，石为基，基上为砖质的花墙，院子里有好几株苍松翠柏，还有石桌椅。顺着大门就能看见两层别墅的石阶，别墅很精致，二楼还有一大露台，孩子晚上一定是在那听妈妈给她讲童话故事吧，竟然有点羡慕那个小姑娘了，能看着星光、闻着松香入睡。本来想进去跟女孩的家长称赞下孩子的，院门口有“个人住宅，谢绝参观”的提示，想想这样进去还是有些唐突，于是转身继续漫无目的地闲逛。

朝大海边继续走，到了大名鼎鼎的"花石楼"，这栋别墅是八大关名头最大的，所以还收门票。在这栋建筑上能看到多种建筑风格，有哥特式的坡顶，圆形和多角形组合而成的建筑造型则是典型的希腊和罗马式风格。别墅由大理石贴墙面，楼外又砌有鹅卵石，因而得名。据说蒋介石在此避过难，解放后也有多位伟人在此居住逗留，进去一楼就是蒋介石当年的会客厅、办公室、还有他休息的地方，在最里面的房间，摆着几张凳子、椅子和带镜子的梳妆台，房间左边的墙上挂着蒋介石和宋美龄的一些照片，也不知是蒋介石当年留下来的，还是后来加上去的。径直到了花石楼5层的观海露台，虽然大汗淋漓，虽然爬楼时接踵摩肩让人很不爽，但将太平湾整个收入广角镜头的快感让我心里有些激动。

从花石楼出来，继续迷失着，被拍岸的海声带到了海边的木栈道，因为近黄昏，少了烈日的热烈，多的是海风的悠闲。信步徐行在木栈道上，看不远处礁石边拍婚纱照的新人，与无邪的孩童擦肩而过，听扶栏边老人的耳语，这一刻，我彻底地迷失于这个让人醉心的老街区，这个浪漫古典的老街区。

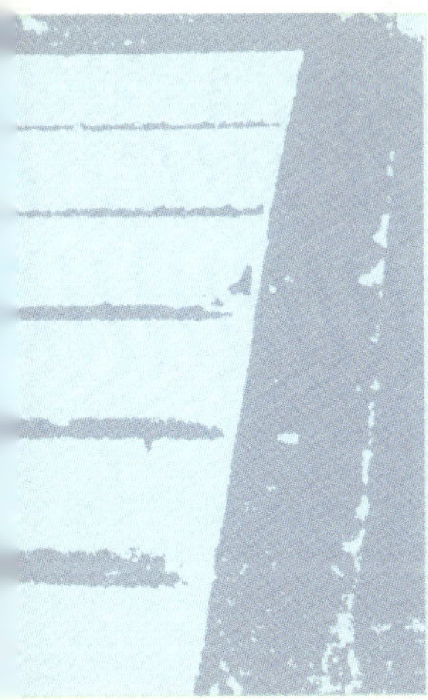

### 作者手记

1. 八大关最大的看点就是风格各异的名人别墅群，比较知名的有花石楼（黄海路18号）、公主楼（居庸关路16号）、宋家花园（居庸关路14号）、元帅楼（山海关路17号）、青岛钓鱼台（山海关路9号），其中只有花石楼对外开放。
2. 八大关白天游人很多，很闹。这儿还是适合黄昏和早晨来散步，曲径通幽，一派安静祥和，在海滨的栈道上走走也很不错。往西步行可到第一海水浴场。
3. 八大关非常适合取景拍照，不论是别墅小径边，还是海滨沙滩上，经常能看到拍摄婚纱照的新人。